MAI 68
DANS L'HISTOIRE

André Fontaine

MAI 68
DANS L'HISTOIRE

Les ambiguïtés du socialisme autogestionnaire

L'Harmattan

DU MÊME AUTEUR

Les socialismes : l'Histoire sans fin, Spartacus, 1992.

© L'HARMATTAN, 2010
5-7, rue de l'École-Polytechnique ; 75005 Paris

http://www.librairieharmattan.com
diffusion.harmattan@wanadoo.fr
harmattan1@wanadoo.fr

ISBN : 978-2-296-11476-0
EAN : 9782296114760

*Tous mes remerciements
pour son soutien constant*

à Jean Michel Kay

*qui a toujours partagé
cette analyse inédite des classes
de la société actuelle.*

Après quatre décennies, on aurait pu espérer avoir le recul suffisant pour mieux comprendre comment Mai 1968 s'insère dans l'Histoire. Les commentateurs, favorables ou défavorables, sont demeurés d'une grande superficialité. Suivant une formule de Hegel, ils abordent cette période « *d'en bas, par le trou de serrure de la moralité ou de quelque autre sagesse* [1]. » Et qu'y voient-ils ? La libération des mœurs. S'ils observaient la Révolution de 1789 par le même trou de serrure, ils verraient les « muscadins, inc(r)oyables et me(r)veilleuses »

De son côté, le président de la République, découvre que nous serions pollués par quelques relents de ce bouillonnement maintenant retombé. En l'occurrence, la question n'est pas de reconnaître les quelques taches, les quelques retouches qu'on retrouve sur nos vêtements d'aujourd'hui, mais, de s'expliquer pourquoi à ce moment-là tout le costume a été nettoyé.

Ayant vécu intensément ces événements et les remous politiques de la décennie qui a suivi, j'ai apporté, dès 1975, au sein du parti socialiste unifié, une réponse à la question qui me taraudait : **pourquoi Mai 1968 ?** Cette réponse, même sommaire, fruit de l'expérience des combats politiques auxquels j'avais participé, présentait l'intérêt d'incorporer l'ensemble du mouvement dans un grand ordonnancement de l'Histoire.

En 1978, après mon départ d'un P.S.U. moribond, j'ai tenu à préciser les notions qui m'étaient apparues comme indispensables à l'explication des événements de mai 1968 et des luttes politiques qui en ont résulté. En ces moments où tous à gauche se recommandaient de la pensée de Marx et de ses successeurs, qu'ils soient léninistes, trotskistes ou maoïstes, je me suis plongé dans la lecture des œuvres des deux maîtres du socialisme. Je me suis alors attaché à dévider le fuseau du fil de la division sociale du travail depuis le début du XIXe siècle, en décrivant le remplacement du savoir-faire ouvrier par des machines de plus en plus performantes en corrélation avec la

---

[1]. G.W.F. Hegel, *La raison dans l'Histoire*, bibliothèques 10/18, p. 28.

baisse de l'emprise des propriétaires des moyens de production et avec la progression du pouvoir, soit de la *classe partisaire*, soit de la *classe compétente*.

Il est impossible d'exposer une nouvelle manière de comprendre les réalités sociales sans introduire un minimum de mots nouveaux, tellement ceux utilisés figent la réalité dans un moule autre que celui dans lequel on désire la présenter. C'est bien le destin des idées inédites de heurter ce qu'on appelle les idées reçues ; en mai 68, ces dernières puisaient leur sève dans une langue de bois marxisante, maintenue, si j'ose dire, dans sa pureté par ceux qui y trouvaient une justification à leur propre espoir révolutionnaire de se transformer en classe dirigeante.

Mai 68 avait aussi mis sur la table idéologique et politique un nouveau socialisme, le *socialisme autogestionnaire*, qui s'opposait à celui qui avait prévalu auparavant, auquel il fallait donner un nom qui lui soit propre : le *socialisme étatique*. J'en déduisais que la suite des événements ne suit pas l'unique rail marxiste menant vers la fin de l'Histoire : le mot « socialisme » cache diverses réalités sociales au sein desquelles se poursuivent les luttes des classes.

Toutes ces notions dégagées lors de ma vie militante ont, à mes yeux, conservé leur efficience. Si on se place dans la perspective plus longue embrassée aujourd'hui, elles perdent leur caractère polémique et on peut espérer qu'elles seront reçues comme une hypothèse historique simple : Mai 68 n'est que la conséquence des transformations qui s'insinuaient depuis de longues années dans la société française ; accompagné d'un changement de fond en comble des idéologies, il a constitué une évidente rupture qu'il faut comprendre et qualifier. En termes marxistes, les idées nouvelles étant l'expression d'une nouvelle classe dominante portée par un nouveau mode de production, on dira que Mai 68 représente l'irruption dans le champ politique de la classe compétente qui, après avoir pris en main une nouvelle forme de production, étend sa domination sur toute la société.

Pour accorder quelque validité à cette hypothèse, il faut accepter que l'Histoire, au-delà de l'explication d'événements ponctuels, soit ouverte à une compréhension plus générale. La voie suivie pour comprendre Mai 68 est-elle la bonne ? N'ai-je pas été intoxiqué par l'air du temps qui se respirait dans les luttes, celui de la révolution prolétarienne ? Je suis conscient de ce risque et il m'a semblé essentiel de livrer au lecteur les concepts auxquels j'ai eu recours pour exorciser la prégnance de la doctrine communiste.

Sans doute n'ai-je pas examiné toutes les faces du problème des sens de l'Histoire, car je n'ai pas lu tous les livres. Tant que les sociétés humaines se sont considérées comme créées et soumises à des puissances supérieures, la question de l'Histoire ne se posait pas : ses péripéties n'étaient que le reflet d'une insondable volonté divine. Rompant avec cette fatalité, la pensée grecque a fait appel à la raison humaine et le retour à l'Antiquité a pris, à la Renaissance, le nom d'humanisme qui, au siècle des Lumières, s'est étendu aux institutions politiques, les unes s'intéressant à leur esprit, les autres les rattachant à des origines naturelles ou biologiques.

Par sa critique de l'Idéalisme, Marx met un peu le point final à toutes ces réflexions car, à partir du matérialisme historique et de la société de son époque, il en déduit la prophétie du *Manifeste*, qui a tant envahi le domaine politique que, devenue doctrine, elle a arrêté toute méditation ou toute critique, alors qu'il eût fallu mettre en œuvre de nouveaux examens, au nom même de ce matérialisme historique dont j'adopterai la vision avec quelques précisions.

Après cette entrée en matière très générale, la première partie, « *Retour sur le passé* », illustre l'application de ma méthode, en mettant en relief et en éclairant quelques zones, non pas passées inaperçues, mais laissées en friche. La doctrine marxiste a connu un échec retentissant en U.R.S.S. Quelles sont les déficiences doctrinales qui ont conduit à ce désastre ?

Je reviens donc sur la période où, depuis sa naissance dans la *Manifeste du Parti communiste*, la doctrine communiste propagée par Lénine, appliquée par les bolcheviks, s'est transformée en *stasicratie* [2] en U. R. S. S. Ce fut un long détour de l'Histoire, sur lequel il fallait revenir pour démêler les interventions des forces stasicrates dans la vie politique française et le poids de leur puissance, alors intacte, tout au long des événements de mai 68. Il a aussi une portée générale : comment une réflexion philosophique remarquable s'est-elle figée en une doctrine immuable ? Comment a-t-elle porté au pouvoir ses grands prêtres, alors même que la réflexion qu'elle inaugurait aurait dû dénoncer les intérêts qu'ils représentaient ?

Vient ensuite l'exposé sur les deux nouvelles classes, la *compétente* et l'*exécutante*, en les caractérisant par leur place dans la maîtrise des nouveaux moyens de production et dans la division du travail qui en résulte. Vers 1975, lorsque m'est venue cette intuition sur les causes profondes de Mai 68, je ne pouvais bien sûr illustrer mon analyse qu'avec les seules données sociales de cette époque; il n'en est plus de même quarante ans après. Dans cette reprise du passé, je m'efforce, cependant, de ne pas faire trop d'incursions dans le présent.

Je consacre un chapitre à l'évolution des forces sociales en France, depuis le début du XXe siècle, pour souligner leur rôle dans les luttes des classes. Pour moi, dans leur volonté de parvenir au pouvoir, les partis politiques sont les expressions de classes dominantes ou aspirant à le devenir. En revanche, les classes dominées organisent leur résistance en créant des syndicats ; moins rivés aux aléas politiques, ces derniers sont de bons révélateurs des divisions sociales à long terme.

J'ai ajouté dans ce même chapitre un exposé sur le parti communiste français qui, marxiste-léniniste, tentait de défendre la possibilité d'un socialisme étatique à la mode stasicratique en le jugeant « globalement positif ». Désavoué par la suite, il n'a d'intérêt qu'en raison de la période historique à comprendre et

---

2. Stasicratie : mot que j'ai forgé pour désigner le « pouvoir du Parti »

de son rôle dans les affrontements politiques, pendant et après Mai 68. Tout ce *Retour sur le passé* est vraiment « histoire réfléchie » au sens de Hegel, c'est à dire écrit dans un tout autre esprit que celui de l'époque concernée, puisqu'il est envisagé sous l'angle des analyses et des concepts nés un siècle plus tard.

La seconde partie intitulée *Le monde de Mai 68* déroule le panorama de la vie politique depuis mai 68 ; ce panorama est « histoire originale » au sens du même philosophe, puisque parcouru suivant l'esprit d'un contemporain.

Il commence par un chapitre, *Le regard de 1968*, description du joli mois de mai parisien, tel que je l'ai vécu, en empruntant à mes quelques souvenirs et aux journaux ou tracts de l'époque, que j'ai conservés, et en m'efforçant de faire revivre l'ambiance révolutionnaire maintenant oubliée au point de n'y voir qu'un train-train politique habituel.

La suite des événements a été divisée en trois grands chapitres, eux aussi intitulés *Regards,* car ils scrutent les luttes des classes en compétition pour y discerner trois périodes limitées par les ruptures politiques les plus évidentes par rapport à mon interprétation de Mai 68. Contrairement à la propagande distillée par les oligarchies de politiciens qui veulent y voir un charivari de « bobos » visant à une libéralisation des mœurs, je pense qu'il s'agit de la révolution la plus importante depuis 1789. Comme sa grande devancière, elle traduit l'avancée d'un nouveau mode de production, totalement inédit, dont la classe dominante, la classe compétente, se lance dans un combat révolutionnaire pour éliminer la classe bourgeoise et barrer la route à sa concurrente, la classe partisaire.

Le regard de 1978 a été effectivement écrit à cette date au moment de mon départ du P.S.U. ; il constitue une « histoire originale » de la décennie d'après 1968 puisque rédigée presque sur l'instant dans l'état d'esprit qui était le mien au moment où je mettais au point mes analyses et le vocabulaire indispensable à leur exposé. Très détaillé, on y voit comment les anciens acteurs tentent de faire émerger des organisations et des projets, qui prolongeraient l'élan né à la Sorbonne, dans les rues et dans les usines. Cette geste groupusculaire en proie à ses démons sectaires se heurte au monolithisme du parti communiste et aux rangs serrés des C.R.S. ; petit à petit, elle s'assagit et son protagoniste le plus réfléchi de Mai 68 se place en retrait, dans les plaines réformistes ; la poussée révolutionnaire se meurt et son expression la plus originale, le socialisme autogestionnaire, perd son chantre. On entre dans une période différente.

Le regard de 1990 correspond au bilan des années 80 qui concluent les affrontements sociaux. La classe compétente s'est ralliée à un cheminement de longue haleine en s'installant au sein d'un parti socialiste qu'elle espère contrôler à terme, tandis que la classe partisaire (le P.C.F.) poursuit sa route parallèle à celle de la Confrérie soviétique. On en était là quand le mur de Berlin et la stasicratie s'effondrent. Événement considérable : une des trois classes en lutte disparaît et le parti communiste français perd son auréole sociale et politique. Notre regard s'est alors porté sur l'essentiel, en particulier et surtout, sur l'état des forces compétentes au moment de leur futur affrontement avec la classe bourgeoise.

Le regard d'aujourd'hui porte sur l'extinction politique de la bourgeoisie nationale avec en corrélation l'ascension de multinationales favorables à une gestion mondialisée et à la délocalisation de la production française. Toutes ces années se terminent par l'installation d'un «système planificateur», comme le nomme J.K. Galbraith, géré par la classe compétente, seule survivante des classes combattantes en mai 68.

J'ai, en guise de conclusion, complété ce déroulé historique par un exposé du mode de production actuel que j'ai nommé « gestionnisme » pour souligner qu'il instaure, en France et dans la civilisation occidentale, la primauté de la gestion sur celle de la production qui marquait le capitalisme. La classe compétente se substitue à la bourgeoisie. Cette mutation est accompagnée de l'abandon des valeurs antérieures : rationalité, démocratie et humanisme

I - COMPRENDRE L'HISTOIRE

Le titre de cette partie pose deux interrogations : l'Histoire, qu'est-ce ? Suivant la réponse qu'on donne, peut-on la comprendre ? Sans éluder ces questions philosophiques, on se bornera au but de cet ouvrage : comprendre les événements de mai 68, ou autrement dit, insérer ce laps de temps dans une Histoire définie.

Les termes mêmes « d'événements de mai 68 », tels qu'ils sont consacrés par l'usage, paraissent découper cette période si courte en une suite plus ou moins chaotique de faits dont chacun pourrait avoir un sens particulier. On veut sortir de ces études variées, politiques, sociologiques, journalistiques ou encore plus particulières qui « regardent par le trou de la serrure » les péripéties de mai 68. Elles amènent des résultats parfois intéressants mais, comme elles ne les incluent pas dans une vision globale, elles ne leur donnent pas à proprement parler un sens. On refuse de pareils tronçonnages, on veut aller vers une compréhension qui englobe l'ensemble de ces événements, en expliquant à la fois leur soudaineté et leur intégration dans la continuité historique.

Avant d'en arriver au « comprendre », on regarde quelle histoire on veut raconter, car, comme chacun sait, raconter une histoire c'est toujours raconter des histoires. En quoi un récit est-il un apport plus ou moins valable à la description d'un événement ou encore une pierre indispensable à la construction de l'Histoire ?

On passera en revue quelques grandes œuvres à la recherche d'un modèle, car donner un sens à un phénomène revient à le rattacher à un modèle déterminé. Quand Newton voit tomber une pomme, il peut décrire les détails de sa chute ; s'il en était resté là, il n'aurait en rien amélioré sa connaissance. Quand il inscrit cette chute dans la loi de la gravitation universelle, il augmente notre compréhension en ouvrant la voie à l'interprétation d'autres phénomènes dont, par exemple, la rotation de la Terre autour du Soleil.

L'Histoire se prête-t-elle à la même approche que les sciences de la nature ? Certainement pas, les événements se suivent dans le temps, ils sont tous uniques et ne peuvent être reproduits à l'identique dans des expériences. Remarques de bon sens qui donnent à la compréhension de l'Histoire une part d'imagination et d'imprécision qui ne doit pas être oubliée mais qui n'invalide pas toute recherche de modèles généraux. Alors que la gravitation universelle s'élargit à des applications pratiques telles que le lancement de satellites, il ne faut pas espérer, à partir des modèles historiques, faire surgir à la demande tel ou tel événement. La compréhension de l'Histoire revient seulement à insérer le présent, devenant passé, dans un schéma raisonnable ; elle est une des expressions de la culture d'un peuple au travers de laquelle il construit son Esprit. Mais elle est souvent utilisée à des fins de polémique politique, qui en dévient le sens.

QUELLE HISTOIRE !

Oui, vraiment, quelle histoire, ces événements de mai 68. Personne ne les avait vus venir ; pas le moindre Tocqueville pour avoir, deux mois avant, mis en garde les députés sur l'imminence d'une révolution, s'ils continuaient dans leurs errements. Aussi brefs qu'imprévisibles, en trente jours, on est passé d'une faculté en chantier à la vieille Sorbonne, de Nanterre à Paris et enfin des universités aux usines, tandis que la majorité silencieuse, estomaquée, regardait ce chambardement à la télévision d'un œil consterné et réprobateur.

Le *Petit Larousse* de 1996 à « histoire » donne comme définition : « *relation des faits, des événements passés concernant la vie (de l'humanité, d'une société, d'une personne, etc.)* ». Les provocations d'étudiants, en mal de secouer les interdictions administratives de circulation dans les bâtiments réservés au logement des filles et apostrophant avec insolence le ministre de l'éducation nationale, méritent-elles de figurer dans des livres d'histoire ? En elles-mêmes peut-être pas. Mais, un mois plus tard, les accords de Grenelle étaient signés et on finissait à toute vitesse la tour Zamanski au dessus de l'ancienne Halle aux vins de Paris. N'en doutons pas, cette insolence fut un point de départ, une impulsion initiale, la goutte de fluorescéine qui a coloré tout le cours postérieur des événements, en vert et contre tout. La contestation générale ne s'est pas contentée de s'attaquer aux règles sociales établies, elle s'est étendue jusqu'à la protection de la nature. Mai 68 mérite bien d'être historicisé en relatant les faits et les événements qui se sont passés dans ce laps de temps. Il le mérite d'autant plus que, après avoir été laissées dans l'oubli, ses conséquences seraient, d'après le président Sarkozy, encore ancrées aujourd'hui dans notre relation au travail. Référence, à ses yeux négative, pour justifier sa politique douteuse dans ce domaine, mais reconnaissance que ce moment et ses suites sont inscrites dans l'Histoire. Comment le raconter ?

Pour Hegel, la relation des faits est toujours leur transcription sous une forme pensée ; elle intéresse l'Histoire si elle s'inscrit dans la recherche d'une portée spirituelle en dégageant une détermination de la Raison en elle-même. Je serai moins ambitieux car je ne suis pas bien sûr d'avoir compris toute la profondeur du philosophe. En revanche, ce dernier distingue une *histoire originale* et une *histoire réfléchie* sur lesquelles il épilogue en quelques pages, les divisant chacune en plusieurs variantes. On peut sans trop le trahir résumer les deux grands types par deux citations :

« *Un autre trait caractéristique de ces histoires, c'est l'unité d'esprit, la communauté de culture qui existe entre l'écrivain et les actions qu'il raconte, les événements dont il fait œuvre.* » « *Ce qui compte ici, c'est l'élaboration des matériaux historiques et ce travail d'élaboration se fait dans un esprit qui diffère de <u>l'esprit du contenu</u>. D'où l'importance décisive que* *revêt le choix des principes dans la méthode d'interrogation et d'exposition des faits historiques* [3]. »

Une « *histoire originale* » présente l'intérêt de relater les événements avec l'esprit de ceux qui en ont été les témoins ; ce témoignage original et irremplaçable ne se retrouvera plus dans une « *histoire réfléchie* » qui, comme son nom l'indique, présente les événements à travers une réflexion qui n'est plus celle du temps de leur déroulement et qui leur donne une tonalité particulière. Tout espoir de reproduire après coup les événements dans leur pureté originelle et *originale* étant perdu, il est impératif de souligner alors le choix des événements exposés mais aussi la méthode de leur appréhension.

En ce qui concerne Mai 68, j'ai vécu les événements parisiens et ensuite les luttes politiques au sein du P.S.U. Peut-on en conclure que l'histoire relatée dans ce livre est « histoire originale » ? Hegel donne comme exemples d'historiens de ce type Hérodote et Thucydide, avec une grande considération pour le premier qui pourtant n'a pas vécu les Guerres Médiques, alors que le second, non seulement a vécu à l'époque de ce qu'on appelle « la guerre du Péloponnèse », mais a même participé à une opération comme stratège, ce qui lui a valu d'être ostracisé pendant vingt ans à cause de son insuccès. Personnellement, il me semble que Thucydide est vraiment « historien original », exemplaire par sa rigueur dans l'exposé des faits, tandis qu'Hérodote me paraît porté dans ses « *Histoires* » vers un goût journalistique de séduction du lecteur.

Finalement, Hegel semble ne pas s'arrêter à quelques années ou à quelques détails. Il considère sans doute que Hérodote est toujours du temps des Guerres Médiques puisqu'il vit dans une Athènes devenue grande cité dominatrice grâce à ses victoires sur les Perses. Thucydide ne se cache pas d'avoir écrit après coup les divers discours qu'il rapporte : Hegel ne lui en tient pas rigueur et même le félicite en raison de leur composition équilibrée et conforme à l'esprit de ceux dont il

---

3. G.W.F. Hegel, *op. cit.*, p. 25 et 29.

transcrit les paroles, qui deviennent ainsi historiquement plus vraies que nature. L'histoire originale est, pour le philosophe, une première pierre de la construction raisonnée de l'Histoire universelle, grand œuvre en gestation.

Peut-on faire « histoire originale » d'événements aussi brefs que ceux de mai 1968 ? Elle se bornerait à une sorte de nouvelle dont il serait difficile de tirer la moindre idée. Pourtant je ne doute pas que ces événements font partie de l'Histoire universelle et demandent d'avoir leur histoire, car la coupure qu'ils illustrent s'inscrit dans le processus d'un changement de pensée. Faut-il les raconter avec l'esprit de ceux qui regardaient à la télévision le tohu-bohu créé par les enragés ? Ou avec celui de ceux qui les ont prolongés et complétés dans le combat politique inauguré pendant ces quelques jours ? Ne serait-ce pas alors « histoire réfléchie » ?

Lorsque Hegel parle d'historien réfléchi, il cite Tite-Live, comme exemple à ne pas suivre, car il décrit le passé à la manière des hommes du présent. L'histoire réfléchie ne doit pas être à la poursuite d'anecdotes dont il faut laisser le soin de les raconter à des romanciers tels que Walter Scott ; elle doit être une étape sur le chemin de l'histoire philosophique et elle « *doit nécessairement renoncer à la représentation individuelle du réel. Elle doit se résumer en abstractions non seulement parce qu'il lui faut omettre quantités d'actions et d'événements mais aussi parce que la pensée, l'entendement est le plus puissant abréviateur* [4] » .

En 1992, dans mon précédent ouvrage [5], j'avais sauté le déroulement des journées de mai pour retomber sur leurs causes et conséquences politiques, laissant à Jean Michel Kay le soin de présenter les événements dans le prologue, sans les éclairer d'une nouvelle analyse politique qui n'était pas présente chez les acteurs. Après un court récit de quatre pages, histoire

---

4. G.W.H. Hegel , *op cit.,* p. 32.
5. André Fontaine, *Les socialismes : l'Histoire sans fin,* Spartacus, 1992

originale, il éprouve le besoin de commenter : « *D'autres aspects originaux de cette période ne laissent pas plus deviner leur signification profonde* [6] ». Il en donne quelques exemples, mais, en tant qu'introducteur, il se garde d'en déflorer le sens puisque son prologue a pour objectif d'inciter le lecteur à le chercher dans l'ouvrage. Sa phrase ci-dessus montre qu'il est sensible à cette déficience de son texte.

Une véritable histoire originale doit laisser transparaître « *l'unité d'esprit, la communauté de culture qui existe entre l'écrivain et les actions qu'il raconte, les événements dont il fait œuvre* ». L'explosion de mai 68 a si complètement englouti les certitudes existantes qu'on peut se demander comment un narrateur réussirait à maintenir une unité d'esprit avec des actions qui bouleversent sa propre façon de penser. Peut-être est-ce la raison de la dispersion des points de vue, des histoires originales de ce moment historique qui, quarante ans après, reste encore en suspens.

Ici, dans la première partie « *Retour sur le passé* » qui reprend sous une forme personnelle l'exposé d'une longue histoire antérieure à mai 68, aucune ambiguïté, je me place d'emblée dans une « histoire réfléchie » ; aussi suis-je obligé de définir et justifier ma méthode d'interprétation.

Dans la seconde partie, « *Le monde de Mai 68* », je commence par le regard d'un homme emporté par le flot tumultueux des manifestations et des contestations, promenade initiatique à un monde nouveau en train de s'exprimer, « histoire originale » par excellence, où je rappelle parfois ma totale unité d'esprit avec les événements.

Suivent ensuite des regards sur le monde politique où s'inscrit ma propre action. Même si je prétends en donner une vision qui n'est pas celle couramment admise, même si je me situe en dehors de l'esprit du temps, le terme de « regard » souligne la connivence entre le regardant et la description du regardé. Donc, histoire qui se veut originale. D'ailleurs Hegel ne

---

6. Jean Michel Kay, *Prologue*, in André Fontaine, *op.cit.*, p. 19.

fait pas grief à Thucydide de montrer parfois le bout de sa pensée personnelle quand il voit dans toutes ces guerres qu'il rapporte la conséquence de la peur que l'expansion d'Athènes inspire à toutes les cités ou quand il souligne la contradiction de l'impérialisme athénien en faisant dire à Cléon « *qu'une démocratie est incapable d'exercer son autorité sur d'autres peuples* ».

Toute histoire originale ne peut éviter d'être en partie réfléchie. Comment décrire des événements sans jamais y mettre son grain de sel, ne serait-ce que pour insister sur leurs « aspects originaux » ? Des distinctions de Hegel, retenons surtout l'exigence pour un historien de déballer et d'étaler la partialité de ses choix, partialité au sens de partiel et de partial.

COMPRENDRE

Ouvrant mon *Larousse* en trois volumes de 1970, je trouve à *comprendre* : « *Saisir par l'esprit la raison d'être, la signification de quelque chose.* » Pour des événements historiques, leur « raison d'être » ne peut se trouver que dans le passé et leur signification n'apparaître totalement qu'après un temps d'incubation pour en appréhender les suites. Les événements de mai 1968 ne sont qu'un instant entre des causes et des conséquences. La détermination de leurs causes ne peut pas être indépendante de celle de leurs conséquences. Assigner des causes dont rien ne se retrouverait dans les conséquences serait une fausse voie, car malgré certaines ruptures apparentes, l'histoire d'un peuple raconte une continuité de son esprit. Les faits sociaux, les bouleversements politiques ne peuvent être analysés qu'après un temps de tassement pour en éliminer les aspérités accidentelles et laisser voir le sol aplani et solide sur lequel sera posée la route de l'Histoire.

En affirmant selon mon intuition de 1975 que Mai 68 était l'irruption d'une nouvelle classe dans le champ politique, n'ai-je pas été un peu rapide ? J'ai approfondi cette hypothèse dès 1978 et l'ai prolongée jusqu'à ce jour ; elle garde toute sa valeur, à mes yeux, car la suite des événements ne la contredit pas. L'Histoire a continué sur sa lancée sans que les acteurs ou les politiques aient conscience que la vie sociale française s'explique par l'existence de cette nouvelle classe.

Cette cécité générale m'impose de renouveler l'exposé et de souligner « *l'importance décisive que revêt le choix des principes dans la méthode d'interrogation et d'exposition des faits historiques* », c'est à dire d'aborder les événements de mai 1968 sous l'angle d'un modèle général, en l'occurrence celui du matérialisme historique.

L'Histoire est le produit des activités de chacun des hommes car tous y prennent part. Embrasser tous les événements particuliers est impossible et le problème d'une « histoire à comprendre » n'est pas de les relater tous avec plus ou moins de détails mais de décomposer l'ensemble des acteurs en de vastes groupes dont la volonté générale des individus qui les composent converge sur un petit nombre d'exigences, pour n'avoir plus qu'à suivre les rapports d'un nombre réduit de forces. Cette réduction à quelques classes, castes ou catégories n'est pas le fait du seul marxisme, elle est présente chez la plupart des historiens, dès que les sociétés politiques ont dépassé un certain seuil dans le nombre de leurs citoyens. Personne ne rejette pour autant l'influence de certains hommes, ceux qu'on nomme les « grands hommes ». Même s'ils mettent leur touche personnelle, « *l'universel qu'ils ont accompli, ils l'ont puisé en eux-mêmes ; mais ils ne l'ont pas inventé ; il existait de toute éternité, mais il a été réalisé par eux et il est honoré en eux*[7]. » Ils sont les acteurs principaux de l'histoire de leur époque, dont ils n'ont pas changé l'esprit.

Le concept de l'apparition d'une classe nouvelle me paraît celui qui apporte aux événements de mai 68 une véritable signification et les érige au rang d'une révolution

---

7. G.W.F. Hegel, *op. cit.*, p.121-122.

cruciale, analogue à la Révolution de 1789, même si les péripéties en ont été bien plus modestes. Mais n'existe-t-il pas d'autres modèles ?

Examinons l'évolution de la pensée politique dans la civilisation occidentale, depuis la naissance de l'Histoire, en se limitant aux trois étapes qui en sont à mon avis les plus marquantes : la pensée grecque, le siècle des Lumières et *L'idéologie allemande* de Marx et Engels.

Même ainsi limitée, l'ampleur de la tâche excède les quelques pages à venir et je m'excuse des inévitables raccourcis que je prendrai, dont je ne peux nier certains partis pris. Les trois auteurs choisis pour illustrer la pensée grecque ou le siècle des Lumières n'en épuisent pas les apports ; mais je pense que tout auteur, artiste, architecte, créateur, dont la postérité retient le nom et les œuvres, n'est célèbre qu'en raison du sentiment que nous avons qu'il est le meilleur témoin de son temps et qu'il s'inscrit dans l'immense vague qui vient mourir au bord de l'éternité. Leur célébrité est une garantie qu'ils sont exemplaires pour étayer notre propos.

LA PENSÉE GRECQUE

Cette pensée, critique raisonnée qui s'étendait à tous les domaines de l'activité humaine et qui nous a laissé tant de témoignages philosophiques et scientifiques, ne pouvait pas ignorer la politique, si présente dans la vie des citoyens, ni ses conséquences, c'est à dire l'histoire en train de se réaliser.

« *L'homme est un animal politique* » ou autrement dit, un animal qui vit dans des cités où chacun se plie aux règles imposées aux citoyens. Dans ces conditions, l'Histoire est avant tout celle des rapports entre des cités ou entre des Grecs, estampillés par leur cité d'origine ou entre des cités et une puissance étrangère. Jamais les Grecs ne se conçoivent comme des individus indépendants des lois de leur cité et du dieu qui la protège, sauf peut-être quelques cyniques.

C'est dans ce monde là qu'Hérodote écrit ses *historiai* : « *En présentant au public ces recherches, Hérodote d'Halicarnasse se propose de préserver de l'oubli les actions des hommes, de célébrer les grandes et merveilleuses actions des Grecs et des Barbares, et, indépendamment de toutes ces choses, de développer les motifs qui les portèrent à se faire la guerre* [8]. » Il n'oublie pas les Barbares ; c'est leur défaite qu'il va raconter et leurs exploits ne rendent que plus méritoires ceux des Grecs. Il propose « de préserver de l'oubli les actions des hommes » et aussi « de développer les motifs qui les portèrent à se faire la guerre » ; par ces deux membres de phrase, il mérite d'être appelé « père de l'Histoire » puisqu'il proclame son ambition de faire histoire originale en relatant les actions de son temps et histoire réfléchie en en développant les motifs. Pour l'essentiel de son propos, son récit très riche nous permet de suivre les Guerres Médiques dans toutes les phases de leur déroulement mais sans le moindre commentaire personnel.

Qu'il en arrive, comme motif de la guerre, à l'animosité des Grecs et des Barbares est plutôt une lapalissade. Il en cherche l'explication dans les avanies des uns aux autres. Il commence par quantité d'anecdotes, de « on-dit », apportant ainsi un matériau irremplaçable aux historiens du futur. Il remonte bien au delà de Mathusalem, rappelle la guerre de Troie, parle de l'enlèvement de Io, pour revenir presque à son époque avec les avatars de Crésus, etc. Son histoire réfléchie est plutôt une histoire originale rétrospective, une enquête sur la suite temporelle d'événements dont le récit se suffit à lui-même et contient en soi sa propre compréhension.

Avec Thucydide finies les naïvetés journalistiques, la rigueur est telle qu'il vaut mieux ne pas résumer :

« *Cette histoire de la guerre entre les Péloponnésiens et les Athéniens est l'œuvre de Thucydide d'Athènes. L'auteur a entrepris ce travail dès le début des hostilités. Il avait prévu que*

---

[8]. Hérodote, *Histoire*, texte numérisé et mis en page sur Internet par F.D. Fournier.,

ce serait une grande guerre et qu'elle aurait plus de retentissement que tous les conflits antérieurs. Il avait fait ce pronostic, en observant que, de part et d'autre, les États entrant en lutte se trouvaient dans tous les domaines à l'apogée de leur puissance. Il constatait d'autre part que tout le reste du monde grec ralliait l'un ou l'autre camp. Ceux qui ne prenaient pas immédiatement parti, se disposaient à le faire. Et ce fut en effet la crise la plus grave qui eût jamais ébranlé la Grèce et, avec elle, une partie du monde barbare. On peut dire que la majeure partie de l'humanité en ressentit les effets.

Quant aux événements qui marquèrent la période précédant cette guerre et, plus anciennement encore, les siècles dont, en raison du temps écoulé, je ne pouvais avoir une connaissance précise, j'estime qu'ils furent, tant au point de vue militaire qu'à tout autre, de médiocre importance. Je fonde cette assurance sur les indices que j'ai recueillis au cours d'une enquête remontant aux temps les plus reculés [9]. »

Texte de quelques lignes, admirable par sa brièveté et sa clarté. Empruntant le chemin tracé par Hérodote, Thucydide met ses pas dans ceux de son prédécesseur, mais avec un tout autre état d'esprit ; on est loin des « grandes et merveilleuses actions » qui entourent la victoire d'Athènes dans les Guerres Médiques, on est devant un terrible engrenage qui précipite toutes les cités dans une guerre inexpiable et qui conduit à la perte de la plus prestigieuse. Quant aux motifs, il ne faut pas les chercher dans le passé. Quelles forces font tourner la roue du destin ? L'historien préfère n'en rien dire, car « *le simple examen des faits nous fera voir qu'il s'agit bien ici d'un conflit plus important que tous ceux du passé* [10]. »

Attitude scientifique qui tranche avec le goût d'Hérodote pour l'extraordinaire et qui fait de *La guerre du Péloponnèse* un exemple, un sommet d'histoire originale dans laquelle, tous

---

9. Thucydide, *La Guerre du Péloponnèse*, Folio classique, Gallimard, 1964, p. 35-36.
10. *Ibid.*, p. 48.

les analystes l'ont souligné, les nombreux discours prêtés aux protagonistes lors de délégations ou devant des assemblées font comprendre quels sont les enjeux et les motifs présents. Le magnifique hommage aux morts par Périclès exalte à la fois la grandeur de l'empire athénien et les valeurs de leur constitution démocratique, dégageant ainsi, sans la moindre appréciation de l'historien, la contradiction qui sera soulignée plus tard par Cléon.

Aristote lui-même n'a pas débordé de la politique vers l'Histoire. Son livre intitulé *Les politiques*, tel qu'il nous est parvenu, avec des redites qui parfois contredisent presque des passages antérieurs, fait penser à un regroupement de notes dispersées, rassemblées par après, soit par l'auteur, soit par ses élèves. Fidèle à son attitude permanente, le philosophe décortique son sujet en s'appuyant sur des analyses des sociétés existantes sans repousser des réflexions plus abstraites. On connaît la postérité qu'aura, par exemple, son classement des formes de gouvernement : monarchie et tyrannie, aristocratie et oligarchie, gouvernement constitutionnel du peuple et démocratie. Il présente des constatations ou des remarques sur des sujets politiques variés mais jamais n'apparaît le concept que la politique pourrait avoir des fondements généraux qui, se répercutant sur l'Histoire, en fournirait le sens.

Pourtant les cités grecques étaient en proie à une *stasis* endémique. Mais cette lutte interne entre deux groupes qui s'affrontent était comprise plus comme un conflit entre des conceptions du pouvoir, démocratie ou oligarchie ou tyrannie, que comme un antagonisme entre les riches et les pauvres, quoique les oligarques aient tendance à se référer à la fortune pour trier les citoyens. Dans sa réforme, Clisthène a pris soin de regrouper dans un même « dème » des bourgades de la ville, du bord de mer et de l'intérieur, plus pour tenir compte de différences d'appréciation que pour apaiser un improbable conflit entre les urbains, les marins ou les paysans. Solon, de son côté, avait fait une loi qui interdisait sous peine de mort de présenter à l'assemblée une proposition de loi pour abroger les dettes. L'éternel problème de l'égalité des revenus était donc bel et bien présent. Aristote en fait presque un problème psychologique : « *Un régime populaire naît du fait que les gens qui sont égaux dans un domaine estiment être égaux absolument : c'est parce qu'ils sont tous pareillement libres qu'ils estiment être égaux absolument. Une oligarchie, par contre, naît du fait que des gens inégaux dans un seul domaine posent en principe qu'ils sont inégaux en tout : c'est parce qu'ils sont inégaux par la richesse qu'ils posent en principe qu'ils sont inégaux absolument* [11]. »

La pensée grecque, pourtant si avide d'explications, en reste à des événements qui, s'enchaînant les uns aux autres, contiennent en eux-mêmes leur propre fatalité. Hasard ou nécessité ? Cette question, les Grecs ne se la posent pas.

LE SIÈCLE DES LUMIÈRES

Ce fut le siècle de la réflexion politique qui ne se dissocie pas de la réflexion philosophique et qui forge les concepts pour sortir les sociétés humaines de leurs contingences divines et pour en chercher les logiques dans des corrélations avec des phénomènes naturels. En France, on s'oriente vers un débat sur l'organisation sociale qui donnerait aux hommes la possibilité de peser sur leur destin politique. En Angleterre, suivant l'individualisme propre aux habitants de cette île, l'attention s'est portée plutôt sur la question de l'utilité de la société pour les individus. Dans le premier cas, on se prépare à une grande révolution, dans le deuxième les changements profonds ont déjà eu lieu au temps de Cromwell avec l'exécution de Charles Ier. Au XVIIIe siècle, la raison politique se divise en deux orientations qui portent en germe les deux grands courants de la civilisation occidentale, l'humanisme et l'utilitarisme.

Réfractaire à la pensée économiste, qui prend naissance en ce siècle, je me bornerai à la pensée politique et la résumerai

---

11. Aristote, *Les politiques*, GF Flammarion, 1993, p. 342.

par les œuvres de trois auteurs français, symboliques d'une avancée vers une compréhension des faits sociaux, pas encore vraiment de l'Histoire.

Même si quelques prédécesseurs avaient déjà mis l'accent sur les études historiques, Montesquieu ouvre la porte à une critique raisonnée de l'Histoire avec ses *Considérations sur les causes de la grandeur des Romains et de leur décadence*, mais sans en extraire des principes généraux.

De l'Esprit des lois a une toute autre envergure qui se dégage dès la lecture du titre complet : « *De l'esprit des lois ou du rapport que les lois doivent avoir avec la constitution de chaque gouvernement, les mœurs, le climat, la religion, la connaissance, etc.* » Montesquieu introduit le concept de « l'esprit » des règles sociales et en donne la définition : le « rapport » qu'elles entretiennent avec le contexte dans lequel elles s'exercent. Elles ne découlent pas directement de certains facteurs, naturels ou sociaux, elles y sont seulement corrélées.

Dès l'avertissement de son livre, l'écrivain élargit sa réflexion à d'autres facteurs attachés aux individus : « *... il faut observer que ce que j'appelle la vertu dans la république est l'amour de la patrie, c'est à dire l'amour de l'égalité. Ce n'est point une vertu morale, ni une vertu chrétienne, c'est la vertu politique ; et celle-ci est le ressort qui fait mouvoir le gouvernement républicain, comme l'honneur est le ressort qui fait mouvoir la monarchie. J'ai donc appelé vertu politique, l'amour de la patrie et de l'égalité. J'ai eu des idées nouvelles, il a bien fallu trouver de nouveaux mots ou donner aux anciens de nouvelles acceptions* [12]. » et il ajoute pour le lecteur « *dans la plupart des endroits où je me suis servi du mot* vertu*, j'ai mis* vertu politique. » Derrière les sociétés républicaines ou monarchiques, il y a des valeurs humaines qui ne créent pas ces formes de gouvernement, mais qui en sont les « ressorts ».

---

12. Montesquieu, *De l'esprit des lois*, Œuvres complètes II, Gallimard, 1951, p. 227.

Esprit, rapport, ressort, ces mots délivrent le message que la vie sociale ne s'explique pas par des relations de causes à effets mais par des corrélations entre certains éléments.

Ce grand livre à tous les sens de l'adjectif aborde tant de matières qu'on tombe souvent sur des aperçus très éclairants, par exemple : « *Chaque société particulière vient à sentir sa force ; ce qui produit un état de guerre de nation à nation. Les particuliers, dans chaque société, commencent à sentir leur force : ils cherchent à tourner en leur faveur les principaux avantages de cette société ; ce qui fait entre eux un état de guerre* [13]. » Remarque au détour d'un paragraphe qui identifie des luttes internes engendrées par des particuliers qui « sentent leur force » ; d'autres parleront de luttes de classes.

Dans le chapitre sur les lois naturelles, Montesquieu énumère celles qui sont inhérentes à l'espèce humaine : le sentiment de faiblesse, la recherche de la nourriture, le rapprochement des sexes et le désir de vivre en société. En ce siècle où le goût de la nature avait envahi toute la collectivité, allant jusqu'à la reine, et même au point de parler de physiocrates, il eût été impensable de l'ignorer, mais il appartiendra à Rousseau d'en faire le cœur de son œuvre.

Ce dernier commence d'ailleurs par un hommage à son prédécesseur : « *Le seul moderne en état de créer cette grande et inutile science (le droit politique) eût été l'illustre Montesquieu. Mais il n'eut garde de traiter des principes du droit politique ; il se contenta de traiter du droit positif de gouvernements établis ; et rien au monde n'est plus différent que ces deux études. Celui pourtant qui veut juger sainement des gouvernements tels qu'ils existent est obligé de les réunir toutes deux : il faut savoir ce qui doit être pour bien juger de ce qui est* [14]. »

---

13. *Ibid., Chapitre III, Les lois positives*, p. 236.
14. J.J. Rousseau, *Émile ou de l'éducation (extrait du livre V), in Du contrat social,* Classique de la philosophie, Livre de poche, p. 167.

Du contrat social part d'emblée de la première structure qui inclut l'homme : « *La plus ancienne de toutes les sociétés, la seule naturelle est celle de la famille.* » Il poursuit aussitôt : « *Encore les enfants ne restent-ils liés au père qu'aussi longtemps qu'ils ont besoin de lui pour se conserver. Sitôt que ce besoin cesse, le lien naturel se dissout.* » Puis « *... le peuple est l'image des enfants, et tous, étant nés égaux et libres, n'aliènent leur liberté que pour leur utilité* [15]. » Incontestable réalité : l'enfant à sa naissance ne survit que grâce à sa famille. dont chaque individu peut se libérer dès qu'il devient capable de satisfaire à ses besoins.

Tout le livre est une déduction raisonnée à partir de l'axiome que des hommes libres et égaux établissent un contrat d'association et que, ce faisant, ils forment le peuple et deviennent citoyens d'un corps politique. Toute la nouveauté, à mes yeux, réside dans l'affirmation que ces prémisses elles-mêmes résultent d'une réalité biologique. Certes, dès Aristote, on avait admis que l'homme est un animal politique qui trouvait son équilibre dans la vie dans des cités ; c'était une donnée de l'être. Rousseau remonte dans la chaîne des causalités en s'appuyant sur l'impératif pour chaque individu de se maintenir en vie. En étant darwiniste, il pourrait dire que l'espèce humaine est une espèce sociale par nécessité mais que les formes de société s'inscrivent dans des contrats raisonnés.

Tous ses détracteurs auront l'ironie facile ; on ne connaît personne qui ait jamais à sa naissance signé le moindre contrat, bien au contraire chacun est, sans donner le moindre avis, façonné par les préjugés de la société dans laquelle il vit : culture, histoire et tradition. Qui pourrait le nier ? Pas même Rousseau qui a, pour ainsi dire, prévu cette objection, quand, se référant à Grotius, il écrit : « *Sa plus constante manière de raisonner est d'établir le droit par le fait* [16]. » Le contrat social n'est pas une réalité tangible mais une construction abstraite de

---

15. Jean-Jacques Rousseau, *Du contrat social, op. cit.,* p. 46.
16. *Ibid.,* p. 46.

la raison, qui déroule sa logique à partir d'un postulat très simple : l'homme doit vivre. Rousseau ne cherche pas l'esprit des sociétés mais la rationalité de leurs institutions.

Cette querelle avec ses détracteurs porte sur la plus ou moins grande influence des caractères innés ou des caractères acquis dans le contrat social. Chacun apporte sa part de subjectivité : ceux qui, oubliant le caractère inné, penchent vers les caractères acquis se rangent plutôt derrière un certain conservatisme ; peut-être sont-ils d'ailleurs plus chagrinés, non par le fondement biologique, mais par la première marche gravie par Rousseau à partir de laquelle il prend son élan : les hommes naissent libres et égaux. Quoi qu'il en soit, pour le contredire, ils apportent une note historique à l'établissement des contrats sociaux, ce que refuse Rousseau attaché à une conception abstraite. Cependant ce dernier examine les aspects de leur disparition : la possibilité de leur annulation, leur vieillissement, leur dissolution de fait lorsque les gouvernements s'émancipent de la volonté générale. Rien sur des causes à long terme de tous ces phénomènes : l'Histoire est absente du livre, mais le livre ne restera pas absent de l'Histoire; il a rendez-vous avec la *Déclaration des droits de l'homme et du citoyen*.

Quoiqu'il appartienne au XIXe siècle, Tocqueville est l'héritier direct du siècle des Lumières par son goût de la réflexion politique, par la clarté de son propos, par sa recherche d'explications. Comme ses prédécesseurs, il applique sa raison à comprendre la société et il est très conscient qu'il lui revient de mettre en lumière les conséquences des récents événements. Auteur charnière, il n'hésite pas à relier ses déductions à leur contexte historique dans lequel il met en lumière et dénonce la cécité et les égoïsmes des classes qui l'ont modelé.

De son voyage aux États-Unis, il tire le livre *De la démocratie en Amérique* dont le point central réapparaîtra souvent dans toute son œuvre : « *Ainsi donc, à mesure que j'étudiais la société américaine, je voyais de plus en plus, dans l'égalité des conditions, le fait générateur dont chaque fait particulier semblait descendre, et je le retrouvais sans cesse devant moi comme un point central où toutes mes observations venaient aboutir* [17]. »

Cette égalité de conditions, due au statut d'émigrant des premiers colons qui, en s'installant sur de nouvelles terres, avaient perdu leurs attaches de classe et le « contrat social » de leur pays d'origine, explique que les États-Unis se soient dotés d'un gouvernement démocratique. Tocqueville sera hanté par la montée inexorable de ce même processus d'égalisation en France et aussi en Europe : « *Je vis l'égalité des conditions qui, sans avoir atteint comme aux États-Unis ses limites extrêmes, s'en rapprochait chaque jour davantage ; et cette même démocratie, qui régnait sur les sociétés américaines, me parut en Europe s'avancer rapidement vers le pouvoir* [18]. »

Cette grande révolution démocratique qui s'étend sur le monde entier, il ne pense pas qu'elle puisse s'arrêter. Il craint que la course à l'égalité ne se fasse au détriment de la liberté et ne conduise à un « despotisme démocratique ». Nostalgique du monde féodal aristocratique, démantelé par l'Ancien Régime et détruit par la Révolution, il a aussi des vues prémonitoires sur des sociétés futures sans honneur et sans vertu. « *L'envie de s'enrichir à tout prix, le goût des affaires, l'amour du gain, la recherche du bien-être et des jouissances matérielles y sont donc les passions les plus communes... Or, il est de l'essence du despotisme de les favoriser et de les étendre* [19]. »

Très sensible à la continuité de l'Histoire, il consacre un livre entier à regarder, par dessus la Révolution, pour apercevoir dans la société monarchique ancienne, les embryons de celle qui l'entoure : « *La Révolution a achevé soudainement, par un effort convulsif et douloureux, sans transition, sans précaution,*

---

17. Alexis de Tocqueville, *De la démocratie en Amérique, I*, Introduction, Œuvres II, Gallimard, 1992, p. 3.
18. *Ibid.*, p. 3.
19. Alexis de Tocqueville, *L'Ancien Régime et la Révolution*, Avant-propos, Œuvres III, Gallimard, 2004, p. 49.

sans égards, ce qui ce serait achevé peu à peu de soi-même à la longue [20]. » *L'Ancien Régime et la Révolution* est avant tout la démonstration que, malgré ses épisodes grandioses et violents, la Révolution n'est que la continuation de réformes déjà bien entamées dans l'Ancien Régime : « *Il y a un grand nombre de lois et d'habitudes politiques de l'Ancien Régime qui disparaissent ainsi tout à coup en 1789 et qui se remontrent quelques années après, comme certains fleuves s'enfoncent dans la terre pour reparaître un peu plus loin, faisant voir les mêmes eaux à de nouveaux rivages* [21]. » Cette vision de l'histoire récente est sans doute le fruit d'une intuition, mais Tocqueville la conforte par une revue de détail des institutions. Il suffit de lire les têtes de chapitre, rédigées suivant la mode des romans du XVIIIe siècle, du genre *Comment ceci est arrivé, comment ceci était déjà en place, etc.*, pour voir que chaque sujet donne lieu à des éclaircissements sur des éléments d'une situation actuelle semblables à l'ancienne.

Le siècle français des Lumières s'achève sur la vision de Tocqueville d'un mouvement continu de l'histoire de son temps, dont le grand moteur serait l'aspiration à l'égalité, plus que de droit, de conditions. Pour Rousseau, cette aspiration serait comme le souvenir des lointaines sociétés qui se bornaient à la famille, mais il faudrait l'associer à la liberté pour que le « contrat social » soit légitime. C'est là le bât qui blesse Tocqueville et lui fait regretter que la Révolution n'ait pas pris plus de soin à préserver ce qui dans l'Ancien Régime était positif : la diversité des structures aristocratiques, qui interdisait à une unique administration despotique de s'imposer. Le débat « liberté ou égalité » n'est pas prêt d'être clos, sauf à inventer la société du « liberté, égalité, fraternité ».

---

20. *Ibid., I,V, Quelle a été l'œuvre propre de la Révolution française*, p. 69.
21. *Ibid. Avant-propos*, p. 46.

L'IDÉOLOGIE ALLEMANDE

On refait un petit pas en arrière et on revient à Hegel, le grand penseur qui a marqué la philosophie de son époque et auquel Marx et Engels vont apporter une contradiction, respectueuse du maître mais méprisante pour ses disciples. Hegel donne à l'histoire une dimension métaphysique. Ce n'est pas totalement inédit, déjà Danton répondait au Tribunal : « *Ma demeure sera bientôt dans le néant et mon nom vous le trouverez inscrit au panthéon de l'Histoire.* » Quel est ce nouveau dieu ? Le philosophe allemand a suivi avec grand intérêt et, au début, avec sympathie, cet immense remue-ménage que connaissait la France. Il y voyait une illustration de l'Histoire universelle : « *De l'étude donc de l'histoire universelle a résulté et doit résulter que tout s'y est passé rationnellement, qu'elle a été la marche rationnelle et nécessaire de l'Esprit du Monde (Weltgeist). Esprit qui constitue la substance de l'histoire, qui est toujours un et identique à lui-même et qui explicite son être unique dans la vie de l'univers (l'Esprit du Monde est l'Esprit en général)* [22]. »

Dans cette citation, « Esprit » n'a évidemment pas le même sens que celui que lui donnait Montesquieu dans ce qu'il appelait l'esprit des lois, c'est à dire les caractères, les nuances, les motivations, qui découlent de phénomènes avec lesquels elles ont des corrélations sans en avoir conscience. Pour Hegel, l'Esprit des individus, des peuples, du Monde, c'est la conscience qu'ils ont d'eux-mêmes, jamais totalement acquise, toujours en construction, car « *L'Esprit parvient à un contenu qu'il ne trouve pas tout fait devant lui, mais qu'il crée en se faisant lui-même son objet et son contenu* [23]. » L'Esprit des individus ne se confond pas avec l'Esprit des peuples mais il en fait partie ; de même l'Esprit des peuples ne se confond pas

---

22. G.W.F. Hegel, *op. cit.*, p. 49-50.
23. *Ibid.*, p. 75.

avec l'Esprit du monde, c'est à dire l'Esprit dans l'absolu, car « *L'Esprit d'un peuple est donc l'Esprit universel dans une figure particulière qui lui est subordonnée* [24]. »

Si Hegel donne la logique de l'histoire universelle, suivre éternellement le chemin inconnu dévolu à l'humanité pour amener peu à peu l'Esprit à prendre conscience de lui-même, il ne nous aide pas à comprendre en quoi « Mai 1968 » était nécessaire ou même rationnel.

Cet idéalisme aura en Allemagne des successeurs sur lesquels Marx, soutenu par Engels, exerce son ironie dans *L'idéologie allemande*. Il mène la polémique dans un style remarquable qui atteint au comique ; elle occupe une partie de l'œuvre, car il lui fallait discréditer les « saint Bruno » et autre « saint Max », sortir du seul domaine des idées, pour préluder à une autre vision de l'Histoire, à une autre philosophie, le matérialisme historique. « *Avec les Allemands dénués de toute présupposition, force nous est de débuter par la constatation de la présupposition première de toute existence, partant de toute histoire, à savoir que les hommes doivent être à même de vivre, pour pouvoir "faire l'histoire"* [25]. »

Dès le début du livre, par le rappel des *Thèses sur Feuerbach*, les éditeurs nous font toucher l'essentiel de la pensée de Marx : « *Le principal défaut de tout matérialisme jusqu'ici (y compris celui de Feuerbach) est que l'objet extérieur, la réalité, le sensible ne sont saisis que sous la forme d'*Objet *ou d'*intuition*, mais non en tant qu'*activité humaine sensible, en tant que pratique, de façon subjective [26]. »

L'exposé des divers sujets abordés comprend souvent deux volets : il commence par une réfutation de tous ces prédécesseurs attachés à l'être des choses et à son idéalisation, il se poursuit par la présentation de l'activité humaine dont le premier supposé est qu'elle a comme premier objectif d'assurer

---

24. *Ibid.,* p. 82.
25. Marx-Engels, *L'idéologie allemande*, Éditions sociales, 1974, p. 59.
26. *Ibid.,* p. 23.

la subsistance de l'homme qui pense. De cette œuvre de Marx-Engels, si riche et si dense, je vais extraire les principaux concepts qui sont à la base du déroulement de l'Histoire ; j'écris « déroulement » car, dans ce chapitre *Comprendre l'Histoire*, je ne me risquerai pas à poser le pied sur le rivage métaphysique des fins de l'Histoire.

Les sociétés s'organisent suivant leur façon de produire la subsistance des individus qui les composent et d'en reproduire l'existence. « *Il ne faut pas considérer ce mode de production de ce seul point de vue, à savoir qu'il est la reproduction de l'existence physique des individus. Il représente au contraire déjà un mode déterminé de l'activité de ces individus, une façon déterminée de manifester leur vie, un mode de vie déterminé* [27]. » La répétition de l'adjectif « déterminé » insiste sur le conditionnement des individus par le mode de production dans lequel ils sont inclus et Marx conclut le paragraphe : « *Ce que sont les individus dépend donc des conditions matérielles de leur production... Cette production n'apparaît qu'avec l'accroissement de la population. Elle-même présuppose pour sa part des relations des individus entre eux. La forme de ces relations est à son tour conditionnée par la production* [28]. »

Les ingrédients du concept de « mode de production » sont rassemblés :

- des « conditions matérielles » qui prendront le plus souvent le nom de « forces productives », comprenant les « moyens de production » et les individus nécessaires à leur mise en œuvre, les « travailleurs »

- des « relations » impliquées par la production au sein d'une société réunissant de nombreux individus, relations qui se condensent dans la notion de « division sociale du travail ».

Tous ces éléments sont interdépendants et le moindre changement de l'un d'entre eux tend à créer les conditions d'un nouveau mode de production. « *L'Histoire n'est pas autre chose*

---

27. *Ibid.*, p. 43.
28. *Ibid.*, p. 44.

que *la succession des différentes générations dont chacune exploite les matériaux, les capitaux, les forces productives qui lui sont transmis par toutes les générations précédentes ; de ce fait chaque génération continue donc d'une part le mode d'activité qui lui est transmis, mais dans des circonstances radicalement transformées, et d'autre part, elle modifie les anciennes circonstances en se livrant à une activité radicalement différente* [29]. »

L'Histoire est donc une succession de modes de production qui s'opère dans une continuité perpétuellement mouvante en raison des rapports dialectiques que les modes d'activités entretiennent avec leur contexte. Ce modèle est une construction concrète formée de composants dont il suffit de suivre les changements pour comprendre pourquoi tel mode de production succède à un autre. Mais, parmi ces composants, la division sociale du travail n'est pas purement matérielle, elle est empreinte d'une idéologie qui découle, d'après Marx, des conditions de production : « *Ce sont les hommes qui sont les producteurs de leurs représentations, de leurs idées, etc., mais les hommes réels, agissants, tels qu'ils sont conditionnés par un développement déterminé de leurs forces productives et du mode de relations qui y correspond, y compris les formes les plus larges que celles-ci peuvent prendre* [30]. » Quelles sont ces formes plus larges ?

Les classes

Dans *L'idéologie allemande*, le mot de classe surgit comme une donnée évidente, compréhensible d'elle-même, au moment où le livre s'envole dans des évocations d'avenir. On en trouve cependant une définition dans une remarque marginale du manuscrit à propos de la contradiction entre l'intérêt particulier et l'intérêt collectif : « *Parmi ces intérêts*

---

29. *Ibid.*, p. 71.
30. *Ibid.*, p. 50.

nous trouvons en particulier comme nous le développerons plus loin, les intérêts des classes déjà conditionnés par la division sociale du travail, qui se différencient dans tout groupement de ce genre [31]. » Les intérêts conditionnés par la division sociale du travail différencient des classes.

À partir de là, les relations au sein d'un mode de production, c'est à dire la division sociale du travail, se cristallisent en rapports de classes dont certaines se placent en position dominante : « *Les pensées dominantes ne sont pas autre chose que l'expression idéale des rapports matériels dominants saisis sous forme d'idées, donc l'expression des rapports qui font d'une classe une classe dominante ; autrement dit ce sont les idées de sa domination*[32]. » L'Histoire se résume à des changements parmi des classes et est ponctuée par une suite de pensées dominantes. On revient apparemment à une sorte d'idéalisme mais il ne faut pas oublier que les idées ne résultent pas d'un cheminement indépendant des rapports matériels ; elles ne doivent être considérées que comme des repères qui nous aident justement à comprendre l'Histoire en distinguant les classes : « *... chaque nouvelle classe qui prend la place de celle qui dominait avant elle est obligée, ne fusse que pour parvenir à ses fins, de représenter son intérêt comme l'intérêt commun de tous les membres de la société ou, pour exprimer les choses sur le plan des idées : cette classe est obligée de donner à ses pensées la forme de l'universalité, de les présenter comme étant les seules raisonnables, les seules universellement valables* [33]. »

Et c'est la célèbre formule : « *L'histoire de toute société jusqu'à nos jours est l'histoire de luttes de classes* [34]. » Au paragraphe suivant, les auteurs ajoutent : « *Homme libre et*

---

31. *Ibid.*, p. 67.
32. *Ibid.*, p. 86.
33. *Ibid.*, p. 88.
34. Marx-Engels, *Manifeste du Parti communiste*, I., *Bourgeois et prolétaires,* Éditions sociales, 1973, p. 30.

esclave, patricien et plébéien, baron et serf, maître de jurande et compagnon, bref oppresseurs et opprimés... » Comme on le voit, les classes vont par deux, à chacune son opposée. On retrouve la pensée d'Héraclite : « Le combat père de toute chose. » Une classe ne se conçoit pas seule, sans son contraire. Par exemple, la mention de « classe moyenne », si souvent invoquée dans les commentaires politiques, n'a aucun sens dans le cadre des luttes des classes ; par définition, elle n'a pas de contraire et donc aucun rôle dans l'Histoire.

Tout au long de mon exposé, je caractériserai les modes de production par l'antagonisme de deux classes qui ne se conçoivent pas l'une sans l'autre ; pas de bourgeoisie sans classe ouvrière et réciproquement. Cet antagonisme est aussi un équilibre. « *Ils ne comprennent pas comment ce qui s'oppose à soi-même s'accorde avec soi : c'est l'harmonie par les tensions opposées, comme pour l'arc et la lyre* [35]. »

CONCLUSION

Au terme de ce parcours idéologique jusqu'au milieu du XIXe siècle, je reste impressionné par le matérialisme historique qui semble être le seul à fournir des bases concrètes pour une analyse en vue de la compréhension de l'Histoire au moins jusqu'à la Révolution de mai 1968, sur laquelle je me penche. Il est d'autant plus essentiel de partir de cette philosophie qu'elle a joué un rôle politique considérable. Elle n'annule pas pour autant les analyses antérieures, elle en donne des explications, formule des critiques et les englobe pour les rattacher à un mouvement des idées dû aux changements dans les forces productives et la division sociale du travail.

Le « choix des principes dans la méthode d'interrogation et d'exposition des faits historiques » est donc le suivant :

---

35. Héraclite, *Traduction et commentaires de Jean Bouchart d'Orval*, Les Éditions du Relié, 1997, p. 176.

- l'Histoire est continue et suit l'évolution des forces productives qui conditionnent la division sociale du travail,
- elle est une succession de modes de production qui peuvent aussi être vus sous l'angle des luttes de classes,
- dans un but d'analyse, je décompose la continuité en une série d'étapes qui conservent plus ou moins les traces des modes d'activités antérieurs. Il y a en quelque sorte des modes de production théoriques définis par deux classes antagoniques précises ; à un moment donné, le mode de production réel est le un mélange dans lequel on distingue un mode dominant.

Ce « choix des principes », dans un langage scientifique moderne, s'appellerait « modèle » social ou historique qui, comme tout modèle, trouve sa justification dans les phénomènes observés « jusqu'à ce jour ». Sa pertinence vient de son efficacité à rendre compte des événements passés ; or, les œuvres des deux fondateurs du matérialisme historique fourmillent d'analyses fouillées et originales qui offrent un panorama inédit et fort judicieux du paysage social des siècles passés ; l'apport de Marx et Engels à la connaissance de l'Histoire est inestimable, c'est même grâce à cet apport qu'ils ont pu ouvrir la voie à une doctrine dont tout le chapitre suivant va désigner les manques et les approximations néfastes.

Aucun modèle ne pourra jamais embrasser toute la suite révolue des rapports humains. Lorsque je dis que j'adopte un modèle, je signifie qu'il me paraît suffisant pour fournir une explication, à mon sens cohérente, des causes et des conséquences de Mai 1968. Je n'ai pas la prétention de tout expliquer dans les moindres détails ; les vies passées de milliards d'individus comportent trop de hasards pour se rétrécir à une centaine de pages d'un livre. Par rapport aux prophètes de la doctrine communiste et à leurs successeurs léninistes, je réduis certes le mode capitaliste à deux classes antagoniques : la bourgeoisie et la classe ouvrière, mais en cherchant à un niveau plus fin les contradictions qui se font jour au sein du prolétariat, et je ne fais pas de cet ensemble hétérogène le rédempteur de l'humanité future.

RETOUR SUR LE PASSÉ

II - LA STASICRATIE

Ce mot est calqué sur le vocabulaire créé à partir de racines grecques pour désigner des formes d'institutions politiques ; il signifie pouvoir d'un parti. Certes, les partis, au sens moderne du terme, n'existaient pas dans la Grèce antique, mais les cités vivaient souvent dans une guerre civile entre des clans, la *stasis*. Ce terme était employé sous la forme composée *stasiarche* pour désigner le meneur d'une faction ; par exemple, on qualifiait ainsi Alcibiade en tant que chef influençant les actions et les votes d'un certain nombre de citoyens, parfois grâce à sa fortune.

Ce mot est bien adapté, car à Athènes, les factions en lutte se bornaient le plus souvent à deux protagonistes et Solon avait fait une loi qui interdisait à tout citoyen de rester neutre dans une *stasis*. Or, comme nous le verrons, les stasicrates s'efforcent de ramener les conflits politiques à deux adversaires, eux et ceux qui ne sont pas eux.

Ce mot est devenu indispensable puisque, depuis un siècle, ce genre de régime a pris une extension considérable et demande une formulation particulière et appropriée, de façon à rejeter les termes de démocratie populaire ou de bureaucratie, qui tous les deux cachent la vraie nature de la stasicratie : le pouvoir du Parti. Ce chapitre sera consacré au rappel des idéologies et des événements qui débouchent sur la Révolution d'octobre et la prise de pouvoir des bolcheviks, premier exemple de stasicratie.

On commencera par étudier la doctrine communiste, telle qu'elle a été exposée par Marx et Engels, en essayant de comprendre en quoi, au milieu du XIXe siècle, elle était l'expression d'une petite classe qui voulait rassembler le prolétariat derrière sa bannière antibourgeoise. Sous l'effet des changements dans les forces productives, cette doctrine a évolué et est devenue ce qu'on appelle le marxisme-léninisme dont le créateur eut la redoutable charge de l'appliquer. Après avoir mis ce régime sur les rails, il a cédé la place à Staline qui l'a institutionnalisée dans la constitution de 1936, créant la stasicratie soviétique, forme politique d'un nouveau mode de production que j'ai appelé le *socialisme étatique* avec deux classes antagoniques : la classe *partisaire* et la *classe populaire*. Depuis, il y eut d'autres stasicraties, la chinoise, la yougoslave l'albanaise, la cubaine qui ont les mêmes caractéristiques, mais la soviétique présente la particularité de s'être imposée par l'application stricte de la doctrine.

Cette vaste question pourrait paraître inutile au regard de l'histoire récente qui a signé sa disparition. Je la reprends aujourd'hui, car en France, le parti communiste français a suivi un chemin parallèle qui explique son intervention conservatrice dans les événements de mai 1968 sur lesquels il a pesé de tout son poids en faveur du gouvernement contre des groupuscules se recommandant pour la plupart de la doctrine communiste. Incroyable, il y eut à ce moment des militants gauchistes pour défendre une version trotskisante ou maoïsante du mythe de la dictature du prolétariat.

LES FONDEMENTS DOCTRINAUX

La stasicratie ne naît pas toute armée des cerveaux de Marx et Engels. Elle forge ses armes et les développe pendant un siècle ; elle est liée au puissant mouvement qu'ont inauguré les fondateurs du marxisme en fournissant à des partis les matières premières idéologiques de la prise du pouvoir par la classe la mieux à même de dominer le mode de production préconisé. Les successeurs des prophètes n'eurent plus qu'à repriser quelques coutures en fonction de l'évolution des forces productives pour revêtir l'habit de guide suprême ou de grand timonier qui les désignait comme les plus fidèles disciples d'une doctrine émancipatrice du prolétariat.

LA DOCTRINE COMMUNISTE

« *Mais la plus grande partie des idées directrices fondamentales, particulièrement dans le domaine économique et historique et spécialement leur nette formulation définitive, sont la chose de Marx... Marx était un génie, nous autres, tout au plus, des talents. Sans lui, la théorie serait bien loin d'être ce qu'elle est. C'est donc, à juste titre qu'elle porte son nom* [36]. » Qui ne partage cet hommage de Engels à son ami ? En revanche, son appréciation sur sa participation à la théorie souffre d'une bien trop grande modestie, car ses propres textes, et en particulier celui dont est tirée cette note, sont d'une clarté qui ne peut provenir que d'une très grande maîtrise acquise sans doute dès la conception elle-même du matérialisme historique. Sans chercher à savoir à quel César il faut rendre ce qui appartient à César, je veux bien croire à une théorie marxiste, mais je parlerai ici de sa forme dégénérée : la doctrine communiste.

Dès la 11e thèse sur Feuerbach, Marx plante son drapeau : « *Les philosophes n'ont fait qu'interpréter diversement le monde, ce qui importe, c'est de le transformer* [37]. » Cédant à la tentation de tirer des conséquences pratiques de ce qu'il a si bien compris et, nous allons le voir, de prolonger sa théorie au delà de ce qu'elle peut donner, c'est à dire jusqu'à la connaissance du futur, le philosophe, lui, se transforme en militant. Démiurge d'une nouvelle doctrine qui ne débouchera pas sur un avenir radieux mais sur la stasicratie.

Le *Manifeste du Parti communiste* n'est que la reprise des passages de *L'idéologie allemande* où les auteurs décrivaient les conditions d'un dépassement de la société bourgeoise et l'apparition d'une solution inédite dans la suite historique des

---

36. Friedrich Engels, *Ludwig Feuerbach et la fin de la philosophie classique allemande*, Éditions sociales, Paris, 1946, note p. 32.
37. Marx-Engels, *L'idéologie allemande, op. cit.,* p. 27.

modes de production : l'arrivée au pouvoir du prolétariat en tant que classe dominante. Après avoir mis cul par dessus tête l'idéalisme hégélien, ils veulent maintenant mettre cul par dessus tête la société de leur temps. Le texte du *Manifeste* est tellement connu que je ne m'attarderai pas sur l'ensemble des propositions mais sur celles qui sont, à mon avis, en contradiction avec le matérialisme historique lui-même. Certes, nous serions heureux si, aujourd'hui, un parti nous offrait un texte de cette valeur d'analyse et de cette qualité littéraire, encore que par rapport à *L'idéologie allemande* on regrette les polémiques avec les saint Bruno et saint Max qui égayaient un exposé ardu.

Texte d'action, il met l'accent sur la réalisation des deux conditions, anciennement dégagées par l'analyse philosophique, pour rendre crédible la révolution à laquelle il appelle les prolétaires. Ces conditions sont exposées dans la première partie :

- la société se simplifie en deux classes antagoniques (bourgeois-prolétaires)

- « *la bourgeoisie envahit le globe entier.... donne un caractère cosmopolite à la production et à la consommation de tous les pays* [38]. »

Les conditions d'extension universelle du mode de production bourgeois et du prolétariat étant remplies, la révolution est à portée de main. Nous avons un doute, car si, du point de vue du mouvement social, l'axe du développement exposé ci-dessus est correct, il est loin de sa plénitude : il reste encore d'immenses régions qui ne sont pas intégrées dans les circuits d'échanges mondiaux et dans les sociétés entrées dans l'ère industrielle, les antagonismes de classes n'ont pas atteint la simplicité d'une division sociale du travail à deux protagonistes ; il ne faut pas oublier la grande masse paysanne et aussi l'artisanat, qui se rattachent encore au monde féodal. Cette contradiction entre la théorie et la propagande

---

38. Marx-Engels, *Manifeste du Parti communiste, op. cit.*, p. 35.

communiste pèsera sur la réflexion politique tout au long du processus de création d'une stasicratie.

Il y a, à mon avis, une ambiguïté grave, essentielle, : c'est le mot « prolétaire ». Les mots ont une importance qui ne peut pas avoir échappé aux rédacteurs de *L'idéologie allemande* et celui-là a, sans doute, été choisi à dessein pour envelopper une réalité générale plus floue. Il aura un succès qui ne se démentira jamais ; on l'applique à tout bout de champ pour désigner ceux qui sont placés dans les conditions sociales inférieures car c'est justement sa signification, mais au niveau de l'analyse et des luttes de classes, la composition du prolétariat varie suivant le mode de production ausculté. C'est d'ailleurs une des raisons qui m'a poussé à considérer qu'un mode de production réel était le mélange de plusieurs modes de production, chacun avec ses deux classes antagoniques, pour mieux décortiquer l'enchevêtrement des classes et, en particulier, celles qui se mélangent sous le vocable de prolétariat.

Le *Manifeste* baigne dans cette imprécision. Dès le début, la liste des classes anciennes se termine par « *bref oppresseurs et opprimés* » , ceci sous le titre du chapitre « BOURGEOIS ET PROLÉTAIRES » ; une note d'Engels de 1888 explique : « *Par prolétariat, on entend la classe des ouvriers salariés modernes* » Définition restrictive qui ramène le prolétariat à la classe ouvrière antagonique de la classe bourgeoise et qui se retrouve un peu plus loin dans le texte ; alors pourquoi parler d'opprimés ou de prolétaires ? Les auteurs voudraient-ils noyer le poisson qu'ils ont eux-mêmes sorti de l'eau ? La classe ouvrière, minoritaire dans la société de leur temps, pour arriver à ses fins, serait-elle « *obligée de donner à ses pensées la forme de l'universalité, de les présenter comme étant les seules raisonnables, les seules universellement valables* [39] » ? Certes, par le mot de prolétaires, ils mettent en avant l'impératif pour la classe ouvrière de ne pas s'isoler et d'entraîner derrière elle toutes les classes ou couches plus ou moins opprimées ou

---

39. Marx-Engels, *L'idéologie allemande, op. cit.,* p. 88.

exploitées. Ils rappellent : « *Tous les mouvements ont été, jusqu'ici, accomplis par des minorités ou dans l'intérêt de minorités. Le mouvement prolétarien est le mouvement autonome de l'immense majorité dans l'intérêt de l'immense majorité* [40]. » Pas de cachotterie, la condition de la réduction de la société à deux classes antagoniques n'étant pas remplie, on la crée sous le seul mot de prolétaires, de tous ceux qui bataillent en vue de la chute de la bourgeoisie. L'unité sera un des leitmotivs de tous les stasicrates pour qui les luttes des classes deviendront la lutte de deux classes, qui oppose éternellement, jusqu'à la victoire, la divine classe ouvrière à la diabolique bourgeoisie.

La deuxième partie distingue prolétaires et communistes, elle ne les oppose pas et elle explique le rôle indispensable des seconds pour guider les premiers vers leur paradis, sans nier les difficultés du parcours : « *... le premier pas dans la révolution ouvrière est la constitution du prolétariat en classe dominante, la conquête de la démocratie* [41]. » Toujours, ce glissement de la classe ouvrière au prolétariat. Dès que la conquête politique sera assurée, « *Le prolétariat se servira de sa suprématie politique pour arracher peu à peu à la bourgeoisie tout capital, pour centraliser tous les instruments de production entre les mains de l'État, c'est à dire le prolétariat organisé en classe dominante.* » Doctrine bien connue, qui a tendance à se perdre, mais qui en mai 1968 était encore bien présente. La formule « Prolétaires de tous les pays, unissez-vous » résume magnifiquement les conditions d'une révolution : obtenir un antagonisme borné à deux adversaires et étendu au monde entier. J'appellerai ce socialisme, le socialisme prolétarien.

On est là dans l'élaboration du catéchisme : le prolétariat s'empare de l'État et se transforme en classe dominante par l'opération du Saint-Esprit. On récite prolétariat en pensant classe ouvrière, car elle est le messie du Saint-Esprit. Ce

---

40. Marx-Engels. *Manifeste du Parti communiste, op. cit.*, p. 45.
41. Marx-Engels, *L'idéologie allemande, op. cit.*, p. 56.

catéchisme a eu une importance historique considérable, parce qu'il a soutenu les espoirs de tous les damnés de la terre et qu'il a été élaboré par deux hommes de génie qui ont révolutionné la pensée philosophique par leur style et leurs analyses.

Les forces productives (vers 1850)

Posons-nous la question : quelles sont les causes concrètes qui pourraient expliquer l'irruption d'une telle œuvre à cette époque ? « *L'existence d'idées révolutionnaires à une époque déterminée présuppose déjà l'existence d'une classe révolutionnaire* [42]. » Pour Marx et Engels, c'est l'existence de la classe ouvrière. Pourtant, ils ont analysé, dans tous ses détails, la progression au cours des siècles de la classe bourgeoise qui présupposait, longtemps à l'avance, le mode de production bourgeois. Comment se fait-il que ce ne soit pas la paysannerie qui ait agglutiné autour d'elle tous ceux qu'opprimaient les nobles ? De même que la bourgeoisie s'est substituée à la paysannerie pour évincer la noblesse du pouvoir, n'y aurait-il pas au sein de la classe ouvrière une classe en gestation ? Aujourd'hui, connaissant la suite, on répond oui : la future classe partisaire.

Malgré les belles phrases, la classe ouvrière, même avec l'aide des autres prolétaires, ne tend pas à se hisser seule au sommet de la société en s'emparant de l'État bourgeois. La deuxième partie du *Manifeste* le lui rappelle, elle a besoin de guides communistes qui, grandes âmes, s'effaceront devant elle au moment de sa transformation en classe dominante. Mais, ces derniers, regroupés dans le parti communiste, seront-ils aussi magnanimes ?

Dans la manufacture, le savoir-faire des artisans s'est parcellisé en se spécialisant dans une action plus réduite, mais dans laquelle ils conservent une part d'initiative. Directement au contact de son patron, cet artisan parcellisé souhaite qu'une

---

[42] *Ibid.*, p. 87.

coopération pacifique et un partage des responsabilités avec ce dernier soient les piliers d'une société plus juste.

Puis, grâce à la fragmentation du processus de production dans la manufacture, il a été possible dans la fabrique de remplacer l'artisan parcellisé par des ouvriers aux commandes de machines mues par l'énergie de la vapeur ; en plus s'est opérée une division en faveur de travailleurs en nombre insignifiant qui, aux ordres des propriétaires, sont nécessaires au contrôle des machines et à leurs perfectionnements : « *La classification fondamentale devient celle de travailleurs aux machines-outils y compris quelques ouvriers chargés de chauffer la chaudière à vapeur et de manœuvres, presque tous enfants, subordonnés aux premiers. Parmi ces manœuvres, se rangent plus ou moins tous les feeders (alimenteurs) qui fournissent aux machines leurs matières premières. À côté de ces classes principales prend place un personnel numériquement insignifiant d'ingénieurs, de mécaniciens, de menuisiers, etc., qui surveille le mécanisme général et pourvoient aux réparations nécessaires* [43]. »

La situation concrète au sein de la fabrique, peut se schématiser en deux catégories principales :
- les ouvriers que je nomme « réalisateurs » car, au sein de la fabrique, ils ont conservé une part d'initiative dans la réalisation des produits confectionnés par leur machine ou encore de responsabilités dans le contrôle des manœuvres,
- le « personnel insignifiant » qui commence à accaparer dans la fabrique les fonctions de dirigeant des moyens de production.

Alors que les artisans parcellisés adhèrent à un socialisme généreux, le socialisme utopique, c'est de l'existence de ces deux catégories de la fabrique que le *Manifeste* tire, à mon avis, son idéologie :
- les ouvriers réalisateurs portent en eux l'idée que si la tutelle des patrons disparaissait, ils occuperaient dans la société la

---

43. Karl Marx, *Le Capital*, livre 1, Garnier-Flammarion, Paris, 1969, p. 303.

première place comme dans le processus de production de leur époque, tout en reconnaissant le besoin d'intellectuels porteurs de la connaissance des forces productives

- les ingénieurs ne doutent pas de leur capacité à remplacer les bourgeois, dès qu'aurait été supprimée la propriété privée, et sont prêts à assumer l'emploi assigné aux communistes au cours d'une révolution. Ce sont eux qui présupposent l'existence d'un embryon d'une classe dominante, la classe partisaire.

Il ne faut pas déduire des considérations ci-dessus que d'office tous les ouvriers réalisateurs et les ingénieurs de la fabrique adhèrent à la doctrine communiste et qu'il n'y aurait qu'eux. Nous voulons simplement montrer que les idées de Marx et Engels ne sont pas le fruit de l'imagination, mais découlent du suc, sécrété par les forces productives industrielles du milieu du XIXe siècle, que ces deux auteurs ont pressuré pour en tirer le *Manifeste*.

LA BIBLE MARXISTE

« *La réflexion sur les formes de la vie sociale, et par conséquence leur analyse scientifique, suit une route complètement opposée au mouvement réel. Elle commence après coup, avec des données tout établies, avec les résultats du développement* [44]. »

KARL MARX

On a inversé l'ordre logique de l'écriture des textes sacrés, on aurait dû commencer par la bible pour en déduire la doctrine, nous suivons ici l'ordre chronologique. Au commencement était le Verbe, c'est à dire la théorie, le matérialisme historique, exposée en opposition à l'idéalisme hégélien dans *L'idéologie allemande*, fourre-tout génial où se mélangent la polémique, la critique, l'analyse et même des prévisions politiques et sociales. Les fondateurs du marxisme eussent pu en rester là, mais le virus de l'action les ayant contaminés, ils se sont mués en

---

44. *Ibid.*, p. 71.

prophètes du paradis et en bergers pour conduire le troupeau prolétarien sur le vrai chemin. Je considère le *Manifeste du Parti communiste* comme une doctrine, car la partie théorique issue des analyses antérieures a été dépassée au profit d'une check-list de la révolution prolétarienne à venir, que personne ne pouvait prévoir. Les voies de l'Histoire sont impénétrables.

Les difficultés à imposer la reconnaissance de la valeur de sa théorie ont conduit Marx à approfondir sans cesse les concepts découverts. Il en est résulté une œuvre immense, un pavé dans la mare dont les éclaboussures n'ont pratiquement rien épargné de la société. *Le Capital* est une œuvre majeure dans l'histoire de la philosophie et de l'économie politique. Elle a eu des répercussions considérables ; on connaît peu de textes non religieux qui aient atteint une telle audience. Il est devenu religion. Chaque prêtre l'ouvre à la page qui lui convient pour en déduire les perspectives politiques ou économistes qui le confortent.

Le marxisme est tellement entré dans le langage que les mots dont Marx a défini le sens au prix de tant de pages sont aujourd'hui monnaie courante. Pour moi, *Le Capital* sonne le glas du débat politique pour le remplacer par un débat économiste. Au mépris de la citation mise en exergue au début de ce paragraphe, chacun se projette dans le futur pour annoncer telle ou telle éventualité sur la baisse du taux de profit, sur la crise, sur le taux de croissance ... Une nouvelle déesse, l'économie, a été façonnée dans la glaise pétrie par Marx. Il faut l'adorer, les prolétaires plus que personne, puisque c'est pour eux qu'elle a été créée, au dire du Parti, pour les mener à la victoire.

Louis Althusser atteint le comble de la flagornerie de la part d'un membre du parti communiste français dans l'avertissement qui figure dans l'édition de la bible que j'utilise : « ... *même des individus sans pratique des textes théoriques (comme des ouvriers) ont éprouvé moins de difficulté devant "Le Capital" que des individus rompus à la pratique de la théorie pure (comme des savants, ou de pseudo-savants très "cultivés")* [45]. » On se demande comment Marx qui n'était pas un ouvrier a-t-il bien pu comprendre ce qu'il écrivait. Avait-il des nègres ? On voit bien tout l'enjeu pour le Parti à la fois de se recommander des fondateurs du marxisme et de se déclarer comme le plus sensible à l'esprit ouvrier. On est en 1969, il faut serrer les rangs. Déjà ébranlés par l'existence du stalinisme et l'écrasement de Budapest, les ouvriers des usines pris dans la tourmente de Mai 68 ne sont plus tout aussi assurés que les lendemains radieux inscrits dans la doctrine leur soient vraiment destinés. Le P.C.F. et la C.G.T. sont-ils leurs alliés ou sont-ce des organisations qui les manipulent ?

Dans mon exposé strictement politique sur la naissance de la stasicratie, je refuse de me lancer dans des considérations économistes pour les bonnes raisons que j'y suis insensible et qu'au nom de la citation mise en exergue, je suis persuadé que l'envahissement de la société par « l'économie » n'a d'autre motivation que de conforter les idées de la classe dominante. Par attachement au pouvoir des mots et pour ne pas laisser leur sens à une certaine appréciation du lecteur, il est indispensable d'introduire dans mon vocabulaire le mot « capital » et ses dérivés « capitalisme » et « capitaliste ». Je ne les aime pas, car dès que je les utilise, je crois entendre Arlette Laguiller ou Olivier Besancenot, sans oublier les grands anciens comme Georges Marchais. Les méfaits du capitalisme et du grand capital sont très réels, mais les mots ont pris une telle patine stasicratique qu'on est dans l'impossibilité de les détacher des récitants du bréviaire et de les voir autrement que comme constituants d'une langue de bois.

Il est évident que par l'entrée dans l'ère industrielle la bourgeoisie est devenue propriétaire des nouveaux moyens de production qui, comme l'a fort bien exposé Marx, ont pris la forme du capital. J'userai du mot «capitalisme» pour désigner le mode de production de la bourgeoisie ; le moins souvent possible car je considère que tout mot abstrait qui désigne un

---

[45]. Louis Althusser, *Avertissement, in Le Capital, op. cit.*, p. 9.

phénomène social fait disparaître les acteurs qui en profitent et participe ainsi à la propagande qui veut le présenter comme une donnée incontournable de la nature ou du ciel. En revanche, je conserverai le mot « bourgeois » pour désigner les propriétaires des moyens de production.

Une fois dépassées ces petites aversions à certains termes rabâchés par les stasicrates, on revient au *Capital*, à cette somme, à cette remarquable et si complète analyse d'une société où tout produit devient marchandise et toutes les relations sociales des rapports marchands, pour constater que Marx aborde assez peu la division sociale qui résulte de la grande industrie. Il part de la manufacture et de son extension dans des pays où la population atteint une certaine densité, ce qui pousse à sa mutation en fabrique grâce à l'apport de l'énergie des machines à vapeur ; il en déduit une nouvelle division du travail avec le passage de l'artisan parcellisé à l'ouvrier réalisateur. En revanche, s'il se penche sur la création d'usines de plus en plus vastes et nombreuses, où le capital tend à devenir collectif, il n'évoque pas de nouvelles divisions du travail incluses dans ces forces productives, comme si ces dernières n'étaient qu'une homothétie de celles de la fabrique

L'ÉVANGILE SELON ENGELS

Il appartenait à Engels d'assurer la survivance de la doctrine en lui apportant quelques touches pour l'adapter au cours du temps. Déjà, on l'a vu, il a tenu dans l'édition de 1888 du *Manifeste* à préciser le sens des mots. « *Par bourgeoisie on entend la classe des capitalistes modernes qui possèdent les moyens de production... Par prolétariat, la classe des ouvriers salariés modernes qui ne possèdent pas de moyens de production* [46]. » Il faut lui savoir gré d'avoir été très attentif à la clarté des analyses et à la rigueur du vocabulaire ; dans cette

---

46. Marx-Engels, *Manifeste du Parti* communiste, *op. cit.,* note p. 30.

note, il est soucieux de donner une teinte moderne au texte, comme le montre l'emploi par deux fois de cet adjectif. Dans une autre préface du 1er mai 1890, il explique pourquoi avec Marx ils ont choisi le mot «communisme» : « *Le socialisme signifiait en 1847 un mouvement bourgeois, le communisme un mouvement ouvrier. Le socialisme avait, sur le continent tout au moins, ses entrées dans le monde ; pour le communisme, c'était exactement le contraire* [47]. »

Sans qu'il en donne les raisons, le mot avait dû lui paraître, dès 1880, plus fréquentable. L'adjectif « scientifique » étant adjoint au socialisme, il n'y avait plus la moindre ambiguïté, le moindre danger de déviation : il évitera tous les écueils pour aborder sur la plage promise à la classe ouvrière, puisque c'est la science qui tient la barre. « *Ces deux grandes découvertes : la conception matérialiste de l'histoire et la révélation de la production capitaliste au moyen de la plus-value, nous les devons à Marx. C'est grâce à elles que le socialisme est devenu une science, qu'il s'agit maintenant d'élaborer dans tous ces détails* [48]. »

Sans entrer dans tous les détails, disons que Engels souligne la principale contradiction d'une industrie composée de fabriques : anarchie accrue dans la société et organisation dans les établissements : « *Mais l'instrument principal avec lequel le mode de production capitaliste accrut cette anarchie dans la production sociale était cependant juste le contraire de l'anarchie : l'organisation croissante de la production sociale dans chaque établissement de production isolé* [49]. » Il s'ensuit des crises, l'extinction de l'entreprise individuelle et la création des monopoles, les trusts. Dans sa conclusion, il résume son analyse de la société de la fin du XIXe siècle :

---

47. *Ibid.*, p. 89.
48. Friedrich Engels, *Socialisme utopique et socialisme scientifique*, Éditions sociales, 1973, p.89.
49. *Ibid.*, p. 101.

« *D - Reconnaissance partielle du caractère social des forces productives s'imposant aux capitalistes eux-mêmes. Appropriation des grands organismes de production et de communication, d'abord par des sociétés par actions, puis par des trusts, ensuite par l'État. La bourgeoisie s'avère comme une classe superflue ; toutes ses fonctions sociales sont maintenant remplies par des employés rémunérés* [50]. »

Tout va dans le bon sens pour rendre les hommes libres, maîtres de leur destin, avec un État qui entrera en sommeil au lendemain de la révolution :

« *Accomplir cet acte libérateur du monde, voilà la mission historique du prolétariat moderne. En approfondir les conditions historiques et par là, la nature même, et ainsi donner à la classe qui a la mission d'agir, classe aujourd'hui opprimée, la conscience des conditions et de la nature de sa propre action, voilà la tâche du socialisme scientifique, expression théorique du mouvement prolétarien* [51]. »

Telle est la dernière envolée lyrique de cette œuvre importante d'Engels qui entretient à nouveau un certain flou sur la définition du prolétariat moderne. Est-ce déjà la classe des ouvriers salariés modernes, comme en 1888, ou un ensemble de prolétaires dont certains pourraient ne pas être ouvriers, par exemple les employés ? En revanche, le caractère scientifique de la théorie du mouvement prolétarien est affirmé sans aucune restriction ; cette science économique renforce l'emprise de ceux qui en ont la maîtrise d'autant que son positivisme n'était, à la fin du XIXe siècle, mis en doute par personne.

Alors qu'ils ont créé le matérialisme historique et sans cesse martelé que les idées surgissaient de situations concrètes, Marx et Engels n'ont pas entrevu que leurs propres théories politiques et la nécessité d'un parti, plongeaient ses racines dans les réalités de leur époque. Pourtant, Engels revient en 1888 sur les thèmes de *L'idéologie allemande* et explique la logique de

---

50. *Ibid.*, p. 120.
51. *Ibid.*, p. 121.

l'apparition de la philosophie marxiste : Hegel s'occupant « *de préférence de l'étude des choses considérées en tant qu'objets fixes donnés... Il fallait d'abord étudier les choses avant d'étudier les processus* [52]. » Puis, suit alors un long exposé sur les apports de la science qui ont permis ce retournement vers les « processus » grâce à trois découvertes cruciales : la cellule en tant qu'unité des organismes vivants, les transformations de l'énergie dans ses multiples formes et la théorie de l'évolution par Darwin. Que n'a-t-il poursuivi ses explications critiques de Hegel jusqu'à une exégèse de Marx et de lui-même en cherchant l'origine de la pensée du *Manifeste* et du *Socialisme scientifique* dans les forces productives de leur temps !

Marx, comme on l'a écrit plus haut, n'a pas examiné les bouleversements sociaux engendrés par la grande industrie et Engels les limite à la collectivisation du capital, accompagnée du remplacement des bourgeois dans leurs fonctions par des employés rémunérés. Mais il a oublié les nouvelles divisions dans le procès du travail de la production mécanique qui opère une scission du savoir-faire des ouvriers réalisateurs de la fabrique en décomposant un geste en une série de petits gestes dont chacun peut être remplacé par une machine. En 1880, Taylor commence ses études d'organisation du travail en chronométrant chaque intervention humaine de façon à décider de la vitesse des machines qui déplacent les pièces d'un poste à un autre et ainsi à optimiser le rendement de la production.

L'ouvrier réalisateur se divise en deux types d'ouvriers :
- les qualifiés qui, comme leur nom l'indique, conservent une certaine qualification pour fabriquer les produits non standards et pour réparer les machines
- les spécialisés qui sont destinés à l'accomplissement de tâches répétitives sans aucune initiative et, véritable robots, sont assujettis aux chaînes pour accomplir un même geste sur chaque pièce

---

[52]. Friedrich Engels, *Ludwig Feuerbach et la fin de la philosophie classique allemande*, Éditions sociales, Paris 1946, p. 35.

Les manœuvres sont toujours là et le « personnel peu nombreux » de la fabrique a pris un tel essor dans la conception et l'organisation des usines que Engels, lui-même, constate qu'il tend à transformer la bourgeoisie en classe superflue. Comment ne pas voir là l'amorce d'une classe dominante d'un nouveau mode de production ? Le socialisme scientifique ne serait-il pas le répondant idéologique de l'organisation scientifique du travail initiée par le taylorisme ?

La grande production mécanique introduit une hiérarchie supplémentaire au sein des ouvriers. Couche supérieure, les qualifiés se reconnaissent dans le socialisme scientifique. Si les bourgeois étaient évincés au profit de l'État, ils conserveraient une position élevée et, même s'ils ne peuvent rejeter les ingénieurs et cadres pour maîtriser la production et les échanges de la future société, ils sont sensibles à un État centralisé semblable à l'autorité qu'ils subissent dans l'organisation de l'usine. La socialisation étatique qui résulterait du premier stade de la révolution prolétarienne peut être compris comme une connivence ingénieurs-qualifiés ; elle prendra de plus en plus une forme despotique vis à vis des petits bourgeois, des paysans et des autres prolétaires.

CONCLUSIONS

Fidèle au matérialisme historique, à la recherche des sources des idées exposées dans la doctrine communiste et dans ses aménagements, je considère que les théories socialistes, qui ont, au cours du mode de production bourgeois, avancé des projets généreux vis à vis du prolétariat, recouvrent les intérêts d'une classe embryonnaire d'ingénieurs et cadres, qui « *donne à ses pensées la forme universelle* ». Les socialismes s'adaptent aux nouvelles forces productives et prennent plusieurs formes :
- dans la manufacture, le socialisme utopique à l'intention des artisans parcellisés,
- dans la fabrique, le socialisme prolétarien à l'intention des

ouvriers réalisateurs aidés par les communistes détenteurs de la vérité du mouvement social,

- dans la production mécanique, le socialisme scientifique à l'intention des ouvriers qualifiés et des cadres, alliés dans un État possesseur des moyens de production et ouvrant la route vers la libération totale des hommes grâce à la science marxiste.

Ces étapes sont liées au durcissement de l'antagonisme bourgeoisie-classe ouvrière, engendré par la mise en place de moyens de production de plus en plus coercitifs, et à la progression de la classe nouvelle qui s'insère entre la bourgeoisie et la classe ouvrière pour la gestion de ces moyens de production complexes.

Le passage de la manufacture à la production mécanique en passant par la fabrique ne s'opère pas en un jour et en tous lieux. Toutes les formes des moyens de production coexistent au sein de la société, il en est de même des catégories ouvrières qui leur sont attachées, à la fois pratiquement et, si on peut dire, spirituellement. Ceci amène l'air du temps à être imprégné de l'idéologie propre à toutes ces catégories :

- les artisans parcellisés rêvent d'une société conçue comme une coopération de toutes les classes au sein d'un phalanstère

- les ouvriers réalisateurs espèrent une révolution, changeant le prolétariat en classe dominante et par là même faisant disparaître les antagonismes de classe de la future société, ceci avec le soutien de ceux qui détiennent la connaissance du mouvement social

- les ouvriers qualifiés sont prêts à s'engager dans une prise du pouvoir, qui, suite de l'actuel processus de collectivisation, remettrait tous les moyens de production aux mains de l'État, en comptant sur l'expérience des salariés qui dirigent de fait les usines pour gérer les entreprises nationalisées .

J'insiste sur ces divisions sociales au sein de la production capitaliste et me répète sur ce point, car je veux me situer dans un modèle historique qui cherche, dans le mode de production dominant en place, les traces des anciens modes et les graines des nouveaux. Pour les marxistes, ces graines sont évidentes car la bourgeoisie prépare d'elle-même l'émergence du mode de production prolétarien. Est-on pour autant sûr que ces graines vont éclore sous cette forme ? Pour la doctrine oui, puisqu'elle est devenue scientifique et peut ainsi annoncer la fin de la lutte des classes, presque comme une certitude. Belle utopie qui se coule dans un avenir qu'elle prétend maîtriser.

Contrairement aux fondateurs du marxisme, je ne suis pas devin et ne peut prédire l'avenir. Cependant, aujourd'hui, devant les événements historiques connus depuis le *Manifeste*, je m'estime autorisé à mettre en doute la doctrine communiste ou socialiste et son caractère scientifique rigoureux auxquels les stasicrates s'accrochent comme à leur dernière bouée, pour se justifier et même continuer. Pour moi, il ne s'agit pas de transformer le monde mais d'interpréter le passé suivant un modèle bien défini. Mon choix étant de comprendre, je retiens des données fournies par les contemporains un découpage en accord avec les idées du temps et la réalité des conditions de travail ; ainsi j'établis les corrélations que je répète :
- artisan parcellisé, manufacture, socialisme utopique,
- ouvrier réalisateur, fabrique, socialisme prolétarien,
- ouvrier qualifié, unité de production mécanique, socialisme scientifique.

Ces divers types de travailleurs forment des couches ou des catégories sociales car, sur l'instant, on ne sait si elles vont donner naissance à un nouveau mode de production et à une nouvelle classe ; on sait aujourd'hui que la troisième catégorie s'intégrera dans la classe dominante de la stasicratie. Ceci n'empêche nullement les idées que chacune distille de se retrouver dans les forces politiques et syndicales, d'influencer les mouvements sociaux de leur époque et même pour certaines de perdurer jusqu'à nos jours. On les reverra tout au long de cette étude.

Marx et Engels sont de grands théoriciens Ils dénoncent les idées de la classe dominante et détectent la moindre brise de changement dans l'air du temps. Par exemple, dans la pensée politique du début du XIXe siècle influencée par l'idéologie bourgeoise de la Révolution, ils sentent qu'elle est en partie dépassée par un socialisme utopique, adapté aux artisans parcellisés. Très attentifs aux problèmes de leur époque, quoique les manufactures soient en 1848 très majoritaires par rapport aux fabriques, ils captent déjà les effluves dégagés par l'emploi des machines à vapeur ; ils en sont, avec le *Manifeste*, au projet de l'ouvrier réalisateur et ils consacrent de nombreuses pages à dénoncer l'impuissance des beaux sentiments, de toutes les utopies socialisantes qui gênent l'éclosion de la doctrine communiste. En ce sens, ce sont des génies, ils découvrent les premiers ce qui est en train de se préparer sous le terreau de la société de leur époque. Cependant, s'ils constatent la naissance d'un personnel de gestion entre les bourgeois et les ouvriers, ils n'en tirent aucune conclusion en termes de luttes des classes, car, en tant qu'intellectuels indispensables à la formulation des projets, ils font partie de cette classe nouvelle.

LA MARCHE EN AVANT

Aucune doctrine ne se répand d'elle-même ; la doctrine communiste progresse grâce à l'action de ses fondateurs à partir du milieu du XIXe siècle et ensuite grâce à ses apôtres jusqu'au début de la seconde guerre mondiale, car, à cette date en U.R.S.S., la stasicratie touche à sa maturité. Pour Lénine :

« *Depuis* (le Manifeste), *l'histoire universelle se divise nettement en trois périodes principales : 1) de la Révolution de 1848 à la Commune de Paris (1871) ; 2) de la Commune de Paris à la Révolution russe (1905) ; 3) de la Révolution russe à nos jours.* »

On comprend que, pour lui, 1905 soit une date importante qui clôt une « période de paix » sociale où « *la victoire du marxisme en matière de théorie oblige ses ennemis à se déguiser en marxistes* [53] ». Certes, mais du point de vue d'une montée historique de la stasicratie, la prise du pouvoir par les bolcheviks paraît mieux adaptée pour ponctuer cette deuxième période ; 1905 n'est qu'une tentative prématurée et avortée, le signe d'un futur accouchement difficile et non une rupture nette comme 1917, début de la période d'installation de la stasicratie.

LES PRÉLUDES

Ils sont exécutés par le duo des compositeurs de la doctrine pour accompagner les grands événements historiques qui ouvrent et ferment la première période. Le *Manifeste*, écrit pour la Ligue des Communistes, scellait une certaine victoire idéologique sur les tenants du socialisme utopique ; pour autant elle était cantonnée dans le cercle étroit de cette organisation.

Dans *Le 18 Brumaire de Louis Bonaparte*, Marx constate que la Révolution de 1848 en France vit le prolétariat perdre rapidement ses atouts dans la répression des journées de Juin, « *Aux côtés du prolétariat, il n'y avait personne d'autre que lui-même. Plus de 3 000 insurgés furent massacrés après la victoire, et 15 000 déportés sans jugement. Cette défaite rejeta le prolétariat à l'arrière-plan de la scène révolutionnaire* [54]. » Puis il montre comment la IIe République ne fut qu'un jeu politique d'éliminations successives à partir de la gauche vers la droite « *jusqu'à ce que toutes les classes, contre lesquelles il* (le prolétariat*) a combattu en juin gisent au sol à ses côtés* [53]. » Analyse lucide de la même erreur politique de chaque clan qui, en se débarrassant de sa gauche, ouvrait la porte à sa propre chute, et ainsi de suite jusqu'au coup d'État de Louis Bonaparte.

Marx rend aussi un vibrant hommage au prolétariat qui « *succombe avec les honneurs de la lutte historique. Non*

---

53. Lénine, *Karl Marx et sa doctrine, Les destinées historiques*, Éditions sociales, 1971, p.165 et 166.
54. Karl Marx, *Le 18 Brumaire de Louis Bonaparte*, Éditions sociales, 1969, p. 24.

seulement la France, mais aussi l'Europe tout entière est secouée d'épouvante par le tremblement de terre de juin [53] ». Il ne le cache pas : dans les circonstances de 1848, le prolétariat ne pouvait vaincre malgré la proclamation d'une république sociale au lendemain de février 1848, car « *à la monarchie bourgeoise de Louis-Philippe ne peut que succéder une république bourgeoise* [55] ».

S'il reconnaît la faiblesse idéologique du prolétariat, il ne cherche pas à savoir de quel prolétariat il s'agit ; or en 1848, l'industrie française avait à peine entamé la reconversion des manufactures en fabriques et majoritairement le peuple restait attaché au socialisme utopique qui faisait bon ménage avec l'idéal républicain petit bourgeois. De plus, la réussite de Louis Bonaparte est brillamment analysée comme conforme à l'esprit des paysans parcellisés qui ne forment pas une classe et ne sont qu'un ensemble hétérogène, « *addition de grandeurs de même nom, à peu près de la même façon qu'un sac rempli de pommes de terre forme un sac de pommes de terre* [56] ». Forme qui éclaire le rôle primordial que joue et jouera la paysannerie dans toute révolution qui pourra se produire en Europe.

La théorie et la doctrine marxistes progressent lentement en corrélation avec les forces productives. En 1864 est fondée la première Internationale au sein de laquelle Marx et Engels s'efforceront de faire prévaloir un point de vue prolétarien sans compromission théorique. Le drame de la Commune de Paris, prévu par Marx avant son déclenchement, sera la source de nombreuses réflexions : « *La grande mesure sociale de la Commune, ce fut sa propre existence et son action, ses mesures particulières ne pouvaient qu'indiquer la tendance d'un gouvernement du peuple par le peuple* [57]. »

---

55. *Ibid.*, p. 23.
56. *Ibid.*, p. 127.
57. Karl Marx, *La guerre civile en France, Adresse du conseil général de l'Association internationale des travailleurs*, Éditions sociales, 1968, p. 72.

Dans la préface à l'édition allemande de 1872 du *Manifeste*, Marx et Engels précisent : « *Étant donné les progrès immenses de la grande industrie dans les vingt-cinq dernières années et les progrès parallèles de l'organisation de la classe ouvrière en parti, étant donné les expériences concrètes, d'abord de la révolution de février et, bien plus encore, de la Commune de Paris, qui pendant deux mois mit pour la première fois aux mains du prolétariat le pouvoir politique, ce programme est aujourd'hui périmé sur certains points.* » Ce programme périmé ce sont « *les quelques mesures révolutionnaires énumérées à la fin du chapitre II* [58] », qui ont besoin d'être époussetées en raison des évolutions des forces productives et des événements historiques.

LE BON APÔTRE

La période de paix indiquée par Lénine est riche en conflits politiques qui se répercutent au sein de l'Internationale où, tant qu'ils sont en vie, les maîtres du marxisme s'élèvent contre tous ceux qui sont prêts à mettre un peu d'eau dans le vin de la doctrine. On ne relatera pas toutes les péripéties des partis sociaux-démocrates ou socialistes avec leurs divers noms, leurs scissions, leur naissance ou leur disparition.

En France, le Second Empire consacre la domination de la bourgeoisie capitaliste. Le nombre des machines à vapeur, de 65 en 1820, passe à 625 en 1830, à 5 300 en 1850 et à 26 200 en 1870. La Commune de Paris est l'œuvre des ouvriers réalisateurs et leur prise du pouvoir politique reste dans le cadre des quelques dispositions prévues dans le *Manifeste*. Quoique périmées, au dire des fondateurs du marxisme, elles ne seront pas immédiatement revues ; ils ont déjà bien du mal à préserver la doctrine de tous les opportunismes du parti social-démocrate allemand. Le combat idéologique est mené par Marx avec la

---

58. Marx-Engels, *Manifeste du Parti communiste, Préface à l'édition allemande de 1872, op. cit.*, p 75.

Critique du programme de Gotha et Engels avec *l'Anti-Dühring*, qui annonce son *Socialisme utopique et socialisme scientifique*. Ce dernier ouvrage n'apporte aucune perspective pratique sur la fameuse élévation du prolétariat en classe dominante, mais en couronnant le socialisme des lauriers de la science, il lui donne une force indéniable en ce siècle positiviste. Quoique difficiles, les contestations ne manqueront pas.

Les proudhoniens sont en perte de vitesse, mais les anarchistes se manifestent à l'Internationale et aussi dans les rues avec des attentats. Ils sont condamnés par les marxistes, comme des hommes qui veulent aller trop vite en demandant une société sans État au lieu d'en passer par une transition étatique qui s'éteindrait d'elle-même. Bakounine est exclu de l'Internationale en 1872, mais l'anarchisme continuera à influencer des forces politiques et surtout les premiers syndicats. Son audience révolutionnaire tire son rayonnement de l'ouvrier réalisateur de la fabrique, qui se reconnaissait dans le *Manifeste*, mais se détourne d'une doctrine dont il ne peut plus contrôler les détenteurs en raison de leur supériorité scientifique.

Au fur et à mesure que la fabrique subit sa conversion en production mécanique les ouvriers réalisateurs perdent leur importance sociale. Tous ne se réfugient pas dans la fuite en avant anarchiste, il en est, qui, devant leur propre faiblesse, n'espèrent plus améliorer leur sort que par une entente avec les patrons. Ils deviennent réformistes, se découvrent beaucoup d'alliés dans différents partis et un sauveur, ancien marxiste bon teint, Bernstein qui, constatant que l'Histoire n'a jamais suivi le processus prévu par Marx et Engels, en tire la conséquence : il faut réviser la doctrine dans le sens d'une adaptation à la réalité concrète en se cantonnant dans des réformes du capitalisme.

« *Le maître mot de Bernstein : "Le but final n'est rien, le mouvement est tout", traduit la nature du révisionnisme mieux que quantité de longues dissertations* [59]. » Ce texte de Lénine

---

59. Lénine, *Karl Marx et sa doctrine, Marxisme et révisionnisme op. cit.*, p. 128.

de 1908 n'est qu'un des témoins de l'acharnement des stasicrates à mépriser et accabler toute défaillance dans la foi en un prolétariat s'érigeant en classe dominante. Révisionniste est la suprême injure. Lénine est conscient que « *à côté du prolétariat se trouvent toujours les larges couches de la petite bourgeoisie, des petits patrons... de nouvelles "couches moyennes" (appendice de la fabrique, travail à domicile, petits ateliers...)* [60] ». Les marxistes auront donc sans cesse à faire front à des révisionnistes ; Lénine est prêt à assurer la relève des prophètes et même à pousser cette tâche au plus loin.

Dans son article d'hommage à Engels, à la mort de ce dernier en 1895, on voit poindre le centre de ses préoccupations : « *Or toute lutte de classe est une lutte politique* [61]. » Dès 1902, il publie *Que faire ?* Dans la première partie s'étale la polémique contre les révisionnistes, les anarchistes et les « économistes ». Il regroupe sous ce dernier terme tous ceux qui pensent que la classe ouvrière peut accéder à la conscience politique grâce à la lutte économique qui, à la fin du XIXe siècle, commence à être prise en charge par les syndicats naissants. Lénine profite de ses diatribes pour rappeler la doctrine et mettre en évidence deux points essentiels : la nécessité de faire appel à des communistes éclairés pour que « *la lutte soit menée dans trois directions théorique, politique et économique pratique (résistance contre les capitalistes)* [62] », d'après Engels. Puis, il cite Kautsky : « *Or, le porteur de la science n'est pas le prolétariat, mais les intellectuels bourgeois (souligné par K.K.)* [63]. » Réaliste pour l'élaboration de la théorie, Lénine ne s'encombre pas de vaine démagogie sur le plan politique : « *Pour apporter aux* ouvriers *les connaissances politiques, les social-démocrates doivent* aller dans toutes les

---

60. *Ibid.*, p. 130.
61. *Ibid., Friedrich Engels,* p. 56.
62. Lénine, *Engels et l'importance de la lutte théorique, in Que faire ?,* Éditions sociales, 1971, p. 41.
63. *Ibid., Le culte du spontané, la Rabatschaïa Mysl,* p. 59.

classes de la population, *ils doivent envoyer dans* toutes les directions *les détachements de leur armée* [64]. » Le langage ne peut pas être plus clair.

Une armée de social-démocrates pourquoi faire ? « ... *je parlais, quant à moi, de l'organisation des révolutionnaires indispensable pour "faire" la révolution politique* [65]. » La base du temple stasicratique est inaugurée. Fini le flou qui nimbait les premiers pas d'une révolution prolétarienne dans l'œuvre des prophètes. Seul un parti de révolutionnaires issus de toutes les classes sera le garant d'une révolution politique durable grâce à une organisation centralisée. À la décharge de Lénine, on doit convenir que, dans les révolutions du XIXe siècle toutes réprimées, la classe ouvrière avait manqué d'un tel outil.

Après la guerre de 1870, les social-démocrates allemands ou français ont beaucoup de mal à s'affirmer, les uns face à Bismarck, les autres dans une France vaincue où les syndicats rallient les prolétaires qui manifestent ainsi leur méfiance vis-à-vis du politique. Lénine concentre ses efforts sur la Russie où il se heurte d'ailleurs aux mêmes oppositions réformistes que Marx et Engels en leur temps au sein de l'Internationale.

Pourtant, il le remarque : « *Le marxisme est assimilé de la façon la plus facile, la plus rapide, la plus complète et la plus durable par la classe ouvrière et ses idéologues dans les conditions du maximum de développement de la grande industrie* [66]. » Il connaît parfaitement la situation de l'industrie russe puisque, en 1899, il a publié le *Développement du capitalisme en Russie*. Il n'en poursuit pas moins sa tâche révolutionnaire qui sera sanctifiée par la révolution d'octobre quoique, à ce propos, Gramsci ait remarqué que Lénine était

---

64. *Ibid., La classe ouvrière combat à l'avant-garde pour la démocratie*, p. 117.
65. *Ibid., L'organisation des ouvriers et l'organisation des révolutionnaires, op. cit.*, p. 164.
66 Lénine, *Karl Marx et sa doctrine, Les divergences dans le mouvement ouvrier européen, op. cit.*, p. 150.

contre Marx, car en Russie le capitalisme était loin de sa plénitude et n'avait qu'à peine entamé le système féodal installé dans les immenses plaines au milieu desquelles les îlots industriels n'étaient qu'un fétu noyé dans la masse paysanne.

Malgré toutes les réflexions, toutes les polémiques et toutes les études, les révolutionnaires, pourtant avertis des problèmes sociaux, ont persisté à se croire les représentants du prolétariat et à justifier leur action au nom de la classe ouvrière, sans même entrevoir que plus les années s'écoulaient, plus ils s'éloignaient du matérialisme historique et s'enfonçaient dans la doctrine pour se substituer à ceux dont ils se recommandaient. Plus l'organisation scientifique du travail grandissait, plus ils avaient de chances de passer du rôle d'avant-garde à celui de guide des qualifiés qui les aideraient à s'installer à la tête d'un nouvel État dont la disparition n'était pas pour demain.

LA VICTOIRE

Les *Dix jours qui ébranlèrent le monde* ont suffit aux bolcheviks pour monter au pouvoir. Malgré le slogan « le pouvoir aux soviets », au soir du 26 octobre, le Sovnarkom ne comprend que des bolcheviks même si cette hégémonie sans scrupule soulève quelques protestations au sein même du Parti.

Lénine avait écrit en août 1917 et publié en décembre *L'État et la révolution*, vaste reprise commentée de toute la doctrine sur la création d'un État en extinction grâce à un prolétariat érigé en classe dominante. Ce catéchisme, répété après la révolution d'Octobre, donne une piètre opinion de la sincérité de l'auteur, quand on connaît la suite. En décembre 1918, paraît la deuxième édition, où, dans la préface, Lénine éprouve le besoin d'avertir : « *Cette deuxième édition est presque entièrement conforme à la première. On a simplement ajouté le paragraphe 3 au chapitre II* [67]. »

---

67. Lénine, *L'État et la révolution, Préface de la deuxième édition*, Éditions sociales, 1976, p. 7.

Ce « simplement » est presque comique car, si on se reporte aux quatre pages ajoutées, on est emporté par un hymne à la dictature du prolétariat, où on chante qu'elle est la phase primordiale pour ériger ce dernier en classe dominante, etc. Cet élan de franchise, un an après octobre, entérine une situation dont il faut se disculper en se montrant bon apôtre des prophètes. Il se réfère à une lettre de Marx à Weydemeyer de 1852 publiée en 1907 : « *... 2) que la lutte des classes conduit nécessairement à la dictature du prolétariat ; 3) que cette dictature elle-même ne constitue que la transition à l'abolition de toutes les classes et à une société sans classes* [68]. »

Cette citation est une véritable providence, l'expression « dictature du prolétariat » a été très rarement employée par Marx ou Engels. En revanche, elle va tout de suite être inscrite en première page du bréviaire qui servira pendant des décennies à l'éducation des catéchumènes qui chanteront avec Lénine : « *Celui-là seul est marxiste qui étend la reconnaissance de la lutte des classes jusqu'à la reconnaissance de la dictature du prolétariat* [69]. » Si on prend cette définition à la lettre, il ne devrait plus y avoir qu'un nombre réduit de vrais marxistes. Et pourtant, il y en eut encore en mai 1968.

Les questions idéologiques vont se faire de plus en plus rares au sein du parti bolchevique. Si le chemin du paradis prolétarien fut parfois pavé de bonnes intentions, l'application de la doctrine sera entourée de turpitudes et d'innombrables crimes qui soulèveront de nombreuses critiques, en particulier celles de Rosa Luxembourg à propos du rôle de la démocratie dans la période de dictature du prolétariat. Quand certains compagnons feront part de leurs doutes, ils seront broyés par la machine infernale.

Il est inutile de reprendre le défilé d'événements connus qui tous ont plus tendu à l'élimination de la moindre opposition qu'à l'application de la doctrine du prolétariat érigé en classe

---

68. *Ibid., Comment Marx posait la question en 1852*, p. 52.
69. *Ibid.*, p. 53.

dominante. Les premières années du pouvoir des bolcheviks, Lénine à leur tête, seront des années de consolidation de la stasicratie tout en évitant de trop heurter les classes petite-bourgeoise et paysanne. Même si la loi de nationalisation du sol est votée, elle n'est pas appliquée et les paysans sont encouragés à prendre possession eux-mêmes de la terre des féodaux ; en revanche la Tchéka est créée, et pour des années. Dès juillet 1918, toute opposition organisée est liquidée, que ce soient les S.R. (socialistes révolutionnaires), les S.R. de gauche, les anarchistes ou les mencheviks. Profitant de l'écrasement des révoltés de Cronstadt (février 1921), au Xe congrès, au nom de l'unité, Lénine stigmatise la brochure de la camarade Kollontaï, titrée *L'opposition ouvrière*, et fait voter la suppression du droit de fraction. Tout le monde au garde-à-vous dans les rangs, le petit doigt sur la couture du pantalon.

Un des épisodes les plus révélateurs fut la destruction de l'armée de Makhno et les massacres de paysans qui l'accompagnèrent. Cette armée avait, pendant plusieurs années, tenu tête aux troupes blanches et, pour en finir avec ces dernières, les bolcheviks signèrent début octobre 1920 la *Convention de l'accord militaire et politique préliminaire entre le Gouvernement soviétique de l'Ukraine et l'Armée insurrectionnelle révolutionnaire (Makhnoviste) de l'Ukraine*. Cet accord en bonne et due forme face au danger des troupes de Wrangel ne durera que le temps de mettre fin à l'avancée des Blancs et les forcer à fuir, en novembre 1920. Immédiatement après, les troupes des bolcheviks passèrent à l'attaque tandis que se multipliaient les arrestations des anarchistes et des makhnovistes.

Après une longue lutte, Makhno, le 17 juillet 1921, faisait son adieu aux armes dans un dernier discours à ses compagnons : « *Les fondements de la société, tels qu'ils ont été instaurés par les bolcheviks-communistes après la destruction des partis et de tous leurs concurrents, n'ont rien à voir avec le communisme. Il s'agit d'une secte fermée, semi-militaire, composée de "soldats de Marx" soumis à une discipline aveugle, animée de prétentions à l'infaillibilité, au non-contestable, et qui s'est fixée pour but la création d'un État totalitaire, sans libertés ni droits pour le citoyen, et propageant un type particulier de racisme idéologique. Elle divise les gens en deux catégories : les bons et les mauvais* [70]. »

Toute la stasicratie est dans cette citation d'un homme qui en avait connu toutes les injures et les attaques militaires. Quatre ans après la révolution d'octobre, le totalitarisme est en place et personne ne s'y trompe : « *... des déportés politiques m'avaient dit que les milieux populaires avaient trouvé dès la N.E.P., la formule suivante : la terre est à "nous" et le blé à "eux", Bakou est à "nous" et le pétrole à "eux", les usines sont à "nous" et ce qu'elles produisent à "eux"* [71]. » Définition parfaite de l'opposition entre la classe populaire et la classe partisaire de plus en plus dominante et privilégiée.

Il ne reste plus que les spécialistes et la masse paysanne pour garder une certaine autonomie. Isolé, Trotski, qui voulait rétablir un droit de tendance, est exclu du Parti en 1927, puis exilé en 1929. Staline peut s'attaquer aux koulaks et inscrit, dans le plan quinquennal (1928-1932), la collectivisation des terres, qui s'accompagnera d'un long cortège de déportés.

Les spécialistes indispensables au développement de l'industrie posent problème ; aussi sont-ils choyés : « *"La vie joyeuse et facile" s'étala au grand jour et mit sur un pied d'égalité communistes et spécialistes. Les avantages matériels ne furent plus cachés et devinrent évidents pour tous* [72]. » Et pour effacer toute différence, les spécialistes « *sans-partis obtinrent l'égalité politique avec les communistes. Staline déclara que les spécialistes sans-parti et l'intelligentzia en*

---

70. Archinov, *La makhnovchtchina, L'insurrection révolutionnaire en Ukraine de 1918 à 1921*, Spartacus, 2000, p. 212.
71. Anton Ciliga, *Les « maîtres » du pays* in *Lénine et la révolution*, Spartacus, 1973, p. 31.
72. Anton Ciliga, *Qui commande en URSS ?* in *Lénine et la révolution*, op. cit., p.39.

général étaient des "bolcheviks sans parti" 73. » La couche qui dans l'industrie mécanique s'insérait entre la bourgeoisie et les qualifiés devient partie prenante du pouvoir.

Dans *l'Histoire du Parti Communiste Bolchevik de l'URSS* rédigée sous la direction de Staline, on trouve un discours de mai 1935 adressé aux élèves des écoles supérieures de l'Armée rouge où il lance un mot d'ordre nouveau : « *Les cadres décident de tout.* » Après avoir longuement passé en revue les réalisations dans le domaine de l'industrie lourde, Staline n'oublie pas de vanter ses propres mérites et de citer aussi les plus engagés dans le soutien du système : « *La première Conférence des stakhanovistes de l'U.R.S.S., tenue en novembre 1935, au Kremlin, ainsi que l'intervention du camarade Staline à cette conférence, eurent une portée immense pour le développement du mouvement stakhanoviste. Le mouvement stakhanoviste, dit le camarade Staline, exprime un nouvel essor de l'émulation socialiste, une étape nouvelle, supérieure, de l'émulation socialiste* 74. »

Il ne restait plus qu'à institutionnaliser tous les acquis de la révolution, que Staline recense dans son discours célèbre de présentation de la constitution de 1936 : « *Plus de classe capitaliste dans le domaine de l'industrie, plus de classe des koulaks dans le domaine de l'agriculture. Plus de marchands et de spéculateurs dans le domaine de la circulation des marchandises. Toutes les classes exploiteuses se sont ainsi trouvées liquidées.* » Et c'est un orfèvre en liquidation qui parle. Pourquoi distingue-t-il, un peu plus loin, une classe ouvrière et une classe paysanne, en ajoutant que la démarcation est en train de disparaître entre elles et les intellectuels ? Pour cacher la nature de la véritable classe dominante ? Même pas.

Le préambule de la constitution clarifie les propos du secrétaire général : « *Les citoyens les plus actifs et les plus*

---

73. *Ibid.*
74. Sous la direction de Staline, *Histoire du Parti Communiste Bolchevik de l'URSS*, chap.XII, parag. 2, Institut d'études marxistes.

conscients de la classe ouvrière et des autres couches de travailleurs s'unissent dans le parti communiste d'U.R.S.S. qui est l'avant-garde des travailleurs dans leurs luttes pour l'affermissement et le développement du régime socialiste et qui représente le noyau dirigeant de toutes les organisations de travailleurs tant sociales que d'État. » On n'est pas loin du rôle des communistes tel que le décrivaient les prophètes dans le *Manifeste*. Notons de petites différences : les communistes sont devenus un parti d'avant-garde qui veille sur le régime socialiste, nous sommes dans la tradition léniniste, mais il n'est plus question d'ériger le prolétariat en classe dominante. Face au peuple, un seul noyau dirigeant, le parti communiste. Ainsi est né, par la force, un mode de production avec ses deux classes antagoniques : la classe partisaire et la classe populaire. Le conflit est si fort qu'il faut toutes les formes possibles de répression pour le contenir. Le combat n'est plus père de toute chose, mais celui d'un immobilisme total.

LA STASICRATIE INSTALLÉE

L'hypocrisie est un vice privilégié, qui de sa main ferme la bouche de tout le monde et jouit en repos d'une impunité souveraine. On lie, à force de grimaces, une société étroite avec tous les gens du parti : qui en choque un se les jette tous sur les bras.

MOLIERE - Dom Juan - acte V, scène II

Avec la constitution du 5 décembre 1936, les stasicrates se sont donné le cadre légal de leur domination et de leurs privilèges. Pour éviter tout retour en arrière, ils vont s'en prendre à ceux qui parfois au cours du long chemin en commun ont exprimé quelques réserves devant l'industrialisation et la collectivisation menées sans aucune considération humaine. Les stasicrates craignent surtout ceux qui ont été les compagnons de

Lénine en raison de leur passé glorieux : Trotski a été neutralisé en 1929. Les procès de Moscou de triste mémoire poursuivront ces sinistres «grimaces» : Zinoviev et Kamenev sont fusillés en août 1936 et Boukharine sera exécuté en 1938. Ce dernier, sans renier son engagement marxiste, finit sa lettre-testament par : « *Sachez camarades que sur le drapeau que vous portez, en marche triomphale vers le communisme, il y a aussi une goutte de mon sang !* » Il sera réhabilité en 1988.

Attardons-nous sur ces procès, très bien analysés par Merleau-Ponty dans *Humanisme et terreur*, essai sur le problème communiste, œuvre dans laquelle il cherche à juger les communistes au nom de leurs propres principes. « *La théorie du prolétariat comme porteur du sens de l'histoire est la face humaniste du marxisme. Le principe marxiste est que le parti et ses chefs développent en idée et en mots ce qui est impliqué dans la pratique prolétarienne* [75]. »

Fut-ce le cas au cours du procès Boukharine ? Alors que lui n'y voit qu'un effort d'analyse de chaque situation concrète, de « *ce qui est impliqué dans la pratique prolétarienne* », il est reproché à Boukharine ses louvoiements passés. Or en s'intéressant à toutes les révoltes, à tous les mécontentements populaires et en se penchant sur certaines critiques faites en interne au Parti, il a cherché à comprendre et non à trahir. En même temps, il reconnaît que l'Histoire lui a donné tort, puisque il n'a pas désapprouvé des voies contraires à celles du Parti qui a poursuivi sur une voie plus juste pour une U.R.S.S. en butte, à l'heure de son procès, à l'hostilité du monde et aux dangers d'une guerre qui monte. Il accepte d'être condamné, car son attitude critique passée, au regard du présent, est devenue en fait un soutien aux ennemis de la construction du communisme.

« *La justice bourgeoise prend pour instance dernière le passé, la justice révolutionnaire l'avenir* [76]. » Boukharine en

---

75. Maurice Merleau-Ponty, *Du prolétaire au commissaire*, in *Humanisme et terreur*, Gallimard, 1947, p. 127.
76. *Ibid.*, *L'ambiguïté de l'histoire selon Boukharine*, p. 30.

vient à considérer que sa liquidation est logique dans la situation concrète de 1938 : « *Voilà pourquoi, aux procès mêmes, les accusés parlent d'égal à égal à leurs juges et semblent quelquefois être moins leurs adversaires que leurs collaborateurs* [77]. » Terrible sacrifice, pour rester fidèle à son passé militant et à la libération du prolétariat. « *Assurément, Trotski n'aurait jamais accepté cette interprétation. "Les conditions objectives" de la phase présente, aurait-il dit, sont pour une part le résultat de la politique stalinienne* [78]. » Ceux qui croupissaient dans les prisons, comme Anton Ciliga, tout aussi marxiste que Boukharine, avaient une vision toute autre de la situation concrète : « *La bureaucratie communiste est organisée en un système hiérarchique très strict analogue à l'ordre des Jésuites dans l'Église catholique* [79]. »

Alors pourquoi toutes ces « grimaces », toute cette « hypocrisie », ces exécutions ? Comme le dit Molière « pour fermer la bouche à tout le monde ». L'avertissement est envoyé au peuple et surtout aux membres du Parti, organisation où l'obéissance *perinde ac cadaver* est si nécessaire que toute entorse à la discipline vous transforme en cadavre. Et les liquidations ont continué : celles des hauts cadres de l'armée alors que la guerre menaçait ; les crimes aussi : massacre à Katyn de milliers de prisonniers polonais ; sans compter l'assassinat de Trotski. La lutte acharnée contre l'envahisseur allemand a soudé dans un sursaut d'héroïsme le peuple russe autour de ses dirigeants. Aura-t-il sa récompense ?

Le système est tel que toute initiative est impossible, que tout changement serait mortel. Le Parti n'a aucune légitimité ; après avoir perdu le semblant d'audience que lui assurait les membres vieillissants issus de la révolution, il n'a pas encore acquis celle qui pourrait résulter des capacités de cadres bien formés. Toutes les structures sont purement formelles et ne se

---

77. *Ibid., Du prolétaire au commissaire*, p. 65.
78. *Ibid., Le rationalisme de Trotski*, p. 81.
79. Anton Ciliga, *Qui commande en URSS ?, op. cit.*, p. 38.

maintiennent que par la suspicion et la répression. Au sommet, Staline, seul survivant de la grande époque, fait l'objet du culte de la personnalité car, dans son entourage plus jeune, tous ne doivent leur place qu'à sa bienveillance paternaliste qui peut à tout moment se retourner. La flatterie et la platitude ne sont pas des moyens supplémentaires pour faire carrière, elles en sont l'incontournable nécessité. Et l'exemple venu d'en haut, descend jusqu'au plus bas de l'échelle, tout est verrouillé.

Plus personne ne se pose des questions de doctrine marxiste. Les communistes forment la classe de tous les thuriféraires de Staline, qui n'existe que par le sac qui les enveloppe : le Parti. Et tous chantent l'hymne aux Membres :

> *On a beau faire, on a beau dire,*
> *Me le dit-on assez :*
> *Comment ? Tu n'es pas Membre? Vite!*
> *Il faut y adhérer !* [80]

Comme le remarquait, lors d'une interview, Léopold Sédar Senghor parlant pour lui-même : quand on instaure un régime de parti unique, on est sûr de trouver parmi ses membres tous les arrivistes. Les stasicrates se serrent les coudes et « qui en choque un, se les jette tous sur les bras ». Pas question de provoquer ou de tolérer la moindre déchirure dans l'enveloppe à l'abri de laquelle ils jouissent de privilèges qui s'envoleraient avec elle. Avant d'être accepté dans cette « société étroite », il faut donner des preuves de sa foi, il faut s'armer d'une longue patience et supporter une période d'initiation qui dure cinq années. À la moindre inattention, fini l'espoir d'être parmi les élus dans le sac aux privilégiés, les confrères, prudents, sont attentifs. Non pas à la valeur technicienne ou littéraire ou scientifique des cooptés, mais à leur capacité d'avaler toutes les couleuvres inventées par des dirigeants, qui n'ont eux-mêmes que ce mérite. Seuls sont acceptés, sans examen et sans attente,

---

80. Alexandre Zinoviev, *Hymne à la gloire du Membre, in Les hauteurs béantes*, L'Âge d'Homme, France, 1976, p. 403.

ceux qui sortent des jeunesses communistes, organisation, librement ouverte aux seuls enfants des Membres.

On est en présence d'un mode de production parfait qui ne laisse rien subsister des modes de production antérieurs ; l'antagonisme qui le définit se réduit réellement à deux classes seulement : la classe partisaire et la classe populaire.

Autour du sac, estampillé parti communiste de l'U.R.S.S., placé sur une hauteur béante, s'étale presque à l'infini, tout au moins sur un territoire immense, les restes de l'ancienne société, composants de la classe populaire. Ils n'ont en commun que leur assujettissement à un Parti qui exerce sa dictature au nom des prolétaires qu'ils sont devenus, sans qu'ils en ressentent le moindre bienfait. Bien au contraire, sujets réprimés jusqu'à devenir des objets muets et certainement pas classe dominante. Sur cette classe populaire pèse une contrainte permanente et obscure. On peut être du jour au lendemain convoqué au commissariat à la suite de vagues dénonciations. Il faut apporter soi-même les preuves d'une culpabilité inconnue et offrir ainsi le motif de son inculpation. L'absurde du procédé en augmente l'efficacité : comment protester, s'organiser ou même se révolter contre ce qu'on ignore ?

Aime-moi ma poulette, tant que j'suis encore libre,
Tant que j'suis encore libre, et à toi [81].

Il faut tout l'humour grinçant d'Alexandre Zinoviev pour, en 1976, opposer sa dérision à un dérisoire qui durait encore. À la suite de la publication de son livre, il a d'ailleurs été démis de ses fonctions, privé de ses diplômes et exclu du Parti. Car le dérisoire du comportement du pouvoir va de pair avec une répression féroce et sans faille. Le K.G.B. est toujours là.

La classe partisaire ne dure que par l'enchaînement de ses membres les uns aux autres. Comme la propriété privée a été

---

81. A. Zinoviev, *La légende du barbouilleur, in Les hauteurs béantes, op. cit.,* p. 260.

supprimée, l'individu n'a aucune autre issue pour améliorer ses conditions de vie que d'en passer par une allégeance à l'organisation ; cette nécessité rend suspecte la ferveur idéologique des membres. Aussi, de temps en temps, le Parti s'assure de la profondeur de la foi des adhérents : lors de procès plus ou moins absurdes, on demande à ceux qui avaient connu le coupable ou l'avait rencontré, à ses amis, à ses parents de l'accabler par leurs dépositions, faute desquelles ils risquent d'être montés dans la charrette du condamné. Plus on se montre veule, plus le Parti peut vous laisser dans votre place. Le plus célèbre exemple fut la fameuse affaire Lyssenko où les savants soviétiques furent amenés à approuver une théorie génétique fausse qui avait eu l'heur de plaire au Petit Père des Peuples. C'est la logique des procès de Moscou : les accusés finissent par reconnaître des péchés par intention.

« *D'après la légende, le Patron avait d'abord sorti les ancêtres des Ivaniens de leur sombre caverne et les avait amenés sur une voie radieuse, en leur édifiant un avenir lumineux. Puis ayant vaincu tous les ennemis et amis, il s'enorgueillit de ces hauts faits et se mit à châtier tous les autres. Il s'ensuivit un progrès immense. Vers la fin de sa vie, il eut une illumination subite et gracia tous les survivants. On décida en l'honneur de ce triste événement, de lui donner le nouveau nom de Kroukrou et de lui ériger un monument* [82]. » Telle est l'histoire de la stasicratie jusqu'à la mort du premier Patron dont la succession ne fut qu'un changement de nom.

On aurait pu croire à la disparition du régime avec celle de son maître. Mais Béria, se considérant comme l'héritier de Staline, avait éveillé le soupçon de vouloir se rendre populaire par la promulgation, contre toute attente de la part du chef de la police, de mesures de libéralisation. Porté responsable de la rébellion de Berlin-Est et surtout craint pour les informations qu'il pouvait détenir, il est arrêté par ses pairs, en plein Politburo en juin 1953 et exécuté en décembre 1953. Le régime

---

82. *Ibid.*, p. 251.

résiste et Khrouchtchev se permet de dénoncer les crimes du petit père des peuples au XXe congrès en février 1956 sans que la stasicratie changeât dans sa nature, comme le prouva l'envoi la même année des troupes soviétiques pour mater les Hongrois de Budapest en octobre 1956 et exécuter Imre Nagy en 1958.

CONCLUSION

Il est certain que les bolcheviks sont partis à l'assaut dans un pays où les forces productives modernes, concentrées en certain point du territoire comme les grandes villes de Saint Petersbourg et Moscou, n'offraient pas de quoi contenter toutes les couches de la population. Ce leur fut souvent rappelé par les docteurs en marxisme. En s'emparant de l'État, ils n'avaient que deux possibilités : répartir égalitairement les ressources ou, comme le préconisait le *Manifeste*, augmenter rapidement les moyens de production. La première solution a vaguement été tentée en réduisant la hiérarchie des salaires, elle a été rapidement abandonnée avec la N.E.P. car si « le socialisme, c'est l'électricité dans les campagnes », la technique n'en était pas encore là. Les efforts furent concentrés sur la production mécanique lourde, privilégiant de fait les ouvriers qualifiés et la couche des cadres. Il fallut faire des concessions à ces derniers, leur octroyer des privilèges. Le plus simple fut alors de les aligner sur les Membres en les intégrant dans les rangs du Parti où déjà certains d'entre eux occupaient d'ailleurs une place dirigeante grâce à leur formation intellectuelle.

Anton Ciliga a raison d'y voir là un tournant, mais il y voyait plutôt une marche vers l'élimination des communistes par la couche des cadres se constituant en classe dominante. Il n'en fut rien. On peut penser que la situation concrète d'un pays où primait la production mécanique, ne donnait pas à cette couche la puissance politique suffisante pour se passer d'un certain soutien de la part de ceux qui travaillaient directement sous ses ordres dans les usines. La stasicratie soviétique est une alliance, un compromis des cadres et des ouvriers qualifiés, réunis dans le Parti pour diriger l'État. Et comme le gâteau de la production nationale n'était pas assez copieux pour distribuer des parts conséquentes à tous, le Parti commença par ses Membres et imposa à toute la population la portion congrue.

À la mort de Staline, les forces productives avaient légèrement progressé, pas au point de produire suffisamment pour satisfaire la classe populaire. La répression est toujours indispensable car les moyens de production restent, ne serait-ce que par habitude, centrés sur l'industrie lourde ; cette orientation a d'ailleurs connu quelques succès spectaculaires dans les domaines nucléaire et spatial : une première bombe atomique explose en 1949, un premier spoutnik est lancé en octobre 1957. Les stasicrates atténuent très légèrement la répression mais en gardent l'arbitraire car il est à la mesure de l'absurdité et de l'hypocrisie d'un système censé être une dictature du prolétariat.

On peut se demander comment un régime pareil a pu subsister encore pendant des décennies et surtout continuer à trouver des imitateurs, en Chine, en Yougoslavie, en Albanie, mais aussi à Cuba. Pourquoi, partant eux aussi de forces productives de faible niveau et ayant l'exemple de l'expérience soviétique, ces autres peuples n'ont-ils pas reculé devant cette dictature du prolétariat si peu avenante ? Peut-être ont-ils crû à la doctrine généreuse élaborée par deux philosophes hors pairs et soutenue par des propagandistes d'une trempe politique exceptionnelle ? Disons plutôt qu'ils n'ont pas eu le choix et que, comme les prolétaires du mythe, ils n'avaient rien à perdre. J'ai consacré ce long exposé, depuis la doctrine du *Manifeste* jusqu'à l'après-Staline à la stasicratie soviétique, car au moment de Mai 68, elle était encore solide et les événements ne peuvent être compris, si on ne les replace pas dans un contexte où la société française était imprégnée de cette idéologie et où les grévistes se sont heurtés avec autant de force au parti communiste qu'à la bourgeoisie nationale.

On vit en mai 1968 s'épanouir les fleurs d'une doctrine rénovée. Pour les trotskistes, la clique au pouvoir en U.R.S.S. (essentiellement Staline) a laissé se développer une bureaucratie tentaculaire qui a étouffé toute réflexion politique. Peut-être, mais d'où sortait cette bureaucratie ? Il est clair qu'à la mort de Lénine, celui qui s'est rapidement imposé à ses pairs était le responsable de l'appareil du Parti ; preuve que dès 1925, les Membres n'avaient plus aucune appétence pour la dictature du prolétariat mais bien pour la conservation du Parti. Tous les trotskistes de « mai 68 » étaient encore prêts à se fondre dans un parti discipliné dont ils étaient sûrs qu'il les mènerait à la révolution sans sombrer dans les erreurs des bolcheviks. Conviction peu crédible, les adhérents ne se pressèrent pas en foule et groupuscule ils restèrent. Leur solidité militante eut une certaine influence positive ; mais leur foi sectaire en une doctrine douteuse déversa dans les assemblées des idées toutes faites et une langue de bois peu engageante qui ne cadraient pas avec les forces productives de la France et qui ont noyé les idées nouvelles sous un flot archaïque.

Du côté des maoïstes, même aveuglement : après la mort de Staline, les Soviétiques seraient tombés dans un capitalisme d'État. Accusation qui aujourd'hui, devant l'évolution du parti communiste chinois actuel est un tantinet risible, mais personne ne peut prévoir l'avenir et les groupuscules maoïstes n'avaient d'yeux en mai 68 que pour la révolution culturelle et l'envoi des intellectuels dans les campagnes. Certains d'entre eux se l'appliquant à eux-mêmes allèrent au devant de la classe ouvrière en s'embauchant en usine. Tout aussi déterminés que les trotskistes, leur combat prolétarien allant jusqu'à la séquestration de cadres était en porte-à-faux avec la situation sociale sur laquelle soufflait un vent révolutionnaire mais d'une toute autre nature, comme on va le voir dans le chapitre suivant.

Aussi, pour conclure sur cette stasicratie apparemment installée pour longtemps en U.R.S.S., on ne peut que lever les yeux vers les hauteurs béantes :

« *En leur temps, les classiques avaient prédit que lorsque l'Isme serait réalisé dans son intégralité, l'État et la Confrérie dépériraient. Je ne discuterai pas cette affirmation. Je ferai seulement remarquer que l'expérience historique ivanienne laisse plutôt prévoir le dépérissement des formes fictives de pouvoir, comme par exemple les soi-disant organes élus, qui ne sont qu'une pure comédie destinée à la propagande. Quant au dépérissement de la Confrérie je suis entièrement d'accord avec les classiques, à condition de parler de la Confrérie comme d'une organisation politique. Seulement, ils ont laissé échapper un point de détail : cela fait longtemps que la Confrérie a cessé d'être une organisation politique.*[83] »

---

83. *Ibid.*, p. 402.

III - LA CLASSE COMPÉTENTE

Après être revenus jusqu'au milieu du XIXe siècle pour comprendre l'ascension et l'installation de la stasicratie soviétique, nous aurons plus de mal à détecter les bourgeons de la classe compétente dans le passé antérieur aux événements de mai 1968, car ce fut alors la première fois qu'elle manifesta son existence avec une telle force, en insufflant son idéal aux manifestants.

Le passage de la production mécanique à une production de plus en plus automatisée élimine une grande partie de la main d'œuvre ouvrière qualifiée pour la remplacer par des exécutants n'ayant qu'à assurer l'alimentation des machines automatiques et l'expédition des produits finis. Il en résulte d'importants bouleversements dans les conditions de travail et dans la composition du prolétariat.

Les problèmes se déplacent de la production proprement dite vers la gestion et les échanges internes ou externes, l'appel à de nombreux travailleurs intellectuels est indispensable pour les achats, le fonctionnement de la production, l'écoulement des marchandises sur le marché et le suivi de l'innovation. Ces derniers se chargent de plus en plus des prises de décision dans l'évolution des entreprises dont les plus grandes deviennent des holdings, simples gérants d'activités multiples. Le nombre des actionnaires augmentent et, en devenant collectif, le capital laisse une grande autonomie à ceux qui le gèrent.

Tous ces phénomènes se cristallisent dans une nouvelle division sociale où la compétence est le caractère principal de la nouvelle classe dominante qui, en mai 1968, tend à rendre universelle ses aspirations à travers une autogestion qui atténuerait encore le pouvoir de gestion des propriétaires du capital.

Ces changements en cours depuis la fin de la seconde guerre mondiale n'étaient pas passés inaperçus et certains sociologues avaient bien pointé, dans les nouvelles formes de travail, l'apparition d'une importante couche d'ingénieurs, de cadres et de gestionnaires, mais personne n'était allé jusqu'à y voir la montée d'une classe inédite, révélatrice d'un nouveau mode de production.

LES FORCES PRODUCTIVES
(au début du XXe siècle)

Comme on vient de le voir, les changements dans les idées, dans l'air du temps, proviennent des changements dans la situation concrète des forces productives où les divisions dans le procès du travail se répercutent sur les rapports entre les hommes et sur l'ensemble de la société. Personne ne doute que Mai 68 a été une période de mise en cause des rapports bourgeois, mais pour quelle raison ? Et chacun d'y aller de son hypothèse : l'attitude fermée et autoritaire du pouvoir gaulliste, les aspirations de la jeunesse, la férule patronale... Causes fondées mais partielles, et insuffisantes devant l'ampleur d'un mouvement qui a soulevé toute la population. On parle de révolte, pour moi, non : c'est une révolution. Ces journées révolutionnaires inaugurent un nouveau mode de production, en balayant les valeurs qui fondaient antérieurement la société française. Il était en gestation depuis quelques décennies, d'une part dans l'évolution des moyens de production et de l'autre dans la division sociale qui en résulte

LES MOYENS DE PRODUCTION

La stasicratie et son mode de production si particulier s'est imposée par la force, mais en relation avec les passages de la manufacture à la fabrique puis de celle-ci à la grande production mécanique. Il suffit de revoir *Les temps modernes* de Charlie Chaplin pour avoir un panorama de l'usine taylorisée dans les années 30. D'un côté Charlot, une clé à la main, court après le boulon à serrer qu'il a laissé passer par inattention ; d'un autre côté une immense machine formée d'énormes engrenages, qui a englouti son compagnon, juste au moment où elle s'arrête à cause de la pause de midi, laissant ce dernier coincé, couché et nourri dans cette position par Charlot.

Nous sommes en plein cœur de la production mécanique où l'énergie motrice était celle de machines à vapeur et se propageait aux machines productrices par une transmission mécanique à base d'engrenages ou de pistons. Marx avait bien souligné l'importance de la machine à vapeur qui autorisait l'installation des usines loin des sources antérieures d'énergie, comme les moulins à vent ou à eau. De fait, l'industrie lourde a commencé par s'organiser et se concentrer autour des mines de charbon ; en même temps le réseau ferré a pris une grande extension grâce aux locomotives à vapeur adaptées à la traction de lourds trains de matières premières comme de produits finis. La dispersion des usines était en partie limitée par la complexité et le coût des grandes machines à vapeur et, à l'intérieur des unités de production, par les entraves d'une diffusion mécanique de l'énergie. Personne ne pouvait présager que ces techniques allaient être dépassées grâce à de nouvelles connaissances scientifiques.

Par définition même, ni la date ni le domaine des inventions ne peuvent être prévus. Les savants sont d'abord motivés par le goût de la découverte. « *Le commencement de toutes les sciences, avons nous dit, c'est l'étonnement de ce que les choses sont ce qu'elles sont* [84]. » Cet étonnement, pour devenir science, doit rencontrer un homme qui ait l'intuition de sa compréhension, et pour se propager, un terrain favorable à son extension technique. L'innovation humaine est, comme celle de la nature, le fruit du hasard et de la nécessité. Newton par l'intuition de la loi de la gravitation universelle a ouvert un

---

84. Aristote, *Métaphysique, A, 2, in Magazine littéraire*, février 2008, p. 29.

immense domaine à la science, sans savoir ni comment ni à quel moment elle aurait des applications. Il pouvait peut-être penser à des satellites artificiels, mais il était loin d'avoir les moyens de les réaliser. Les découvertes se produisent dans un certain contexte et elles peuvent dormir longtemps sans que leur nécessité trouve un terrain favorable.

Les phénomènes électriques étaient connus depuis des siècles et il a fallu toute une série d'études, de théories, pour qu'à la fin du XIXe siècle émergent à la fois leurs emplois pratiques et les moyens de leur production soit à partir de l'énergie hydraulique, soit à partir de machines à vapeur. Cette nouvelle énergie est difficile à transporter en grande quantité, mais, les réseaux une fois établis, elle peut se ramifier facilement au sein des unités de production. Les progrès furent lents ; le réseau ferré de la première moitié du XXe siècle était encore à traction à vapeur sur la majeure part de ses lignes.

C'est aussi à la fin du XIXe siècle que débute la mise au point de moteurs à explosion qui présentent l'avantage d'être relativement légers et autonomes, puisque les carburants liquides apportent une bonne capacité énergétique sous un volume réduit. Aujourd'hui, il est sorti de nos mémoires qu'avant la seconde guerre mondiale les automobiles n'étaient encore, dans notre pays, qu'à la disposition des plus riches.

La production mécanique tend donc à être supplantée par de nouvelles formes plus souples. Déjà, le taylorisme, encore florissant, conduisait naturellement à remplacer dès que possible l'ouvrier à la chaîne par un mécanisme qui supplante les gestes les plus répétitifs : on entrait dans une ère d'automatisation grâce à de nouvelles machines. Reportons-nous aux *Temps modernes* : nous y voyons Charlot servir de cobaye dans la présentation d'une machine à faire manger l'individu sans son intervention pour diminuer les pertes de temps ; naturellement l'automatisme se détraque, ce qui est l'occasion d'une scène des plus comiques. Il n'en sera pas toujours de même et la ramification de l'énergie électrique apportera une souplesse supplémentaire à la conception des machines automatisées.

L'entre-deux-guerres marque en France l'apogée de la production mécanique et le début d'implantation de machines mues à l'électricité. Puis, cette évolution sera renforcée par l'effort de guerre dans tous les pays industrialisés, en particulier aux États-Unis, et par la reconstruction dans les pays dévastés.

Les vingt années, du retour de la paix à mai 68, font partie des trente glorieuses, comme on désigne souvent cette période de croissance continue, aidée par une automatisation en expansion. À cette époque, la décolonisation est déjà un signe que la puissance économique remplace la puissance politique ; les grandes sociétés n'ont plus besoin d'une assistance nationale pour les protéger dans leur extension.

LA SÉPARATION DU SAVOIR ET DU FAIRE

La production mécanique a décomposé le travail humain en trois phases : un « savoir intellectuel » dévolu à un personnel d'ingénieurs et de gestionnaires, un certain « savoir-faire » resté aux mains des ouvriers qualifiés et un « faire » légué aux ouvriers spécialisés et aux manœuvres. Dans la production automatique, le savoir-faire des ouvriers qualifiés est de plus en plus absorbé par des machines et devient presque marginal.

Ce savoir-faire tend à être non seulement sans intérêt mais encore un frein à la qualité. Que ce soit du point de vue de la composition des produits ou de la précision de l'usinage des pièces, les connaissances de la structure de la matière ont engendré des progrès considérables dans l'appréciation des composants et dans le suivi des transformations chimiques, tandis que la progression de la métrologie a permis aux machines d'atteindre une précision supérieure aux possibilités humaines. Ce degré de qualité est d'autant plus nécessaire que l'objet à fabriquer est le résultat du passage dans plusieurs unités qui réalisent chacune des opérations qui s'inscrivent dans un processus général. Plus l'usine s'automatise, plus le savoir-faire de l'ouvrier qualifié, posté à une machine, devient inutile ; en revanche il reste indispensable pour contrôler et parfois réparer les machines. Les ouvriers qualifiés diminuent en nombre mais ne disparaissent pas, leur tâches auparavant continues se transformant en des interventions sporadiques.

Les progrès techniques ne touchent pas que l'industrie ; le moteur à explosion a lui aussi des conséquences importantes en supplantant la force physique des hommes et des animaux dans les transports et dans l'agriculture. Un paysan seul sur son tracteur laboure, sème, récolte avec un rendement inconnu jusqu'à ce jour. Un routier au volant de son camion transporte plusieurs tonnes de marchandises de Marseille à Paris en quelques heures, empruntant un réseau autoroutier de plus en plus dense. Il résulte de cet essor technique des bouleversements qualitatifs et quantitatifs dans la répartition de la main d'œuvre.

Cette nouvelle forme de production n'élimine pas toutes les formes précédentes ; il y a encore des artisans boulangers, des menuisiers, des petites entreprises manufacturières, des petites fabriques et des petites usines, car la grande production ne peut pas inonder d'un seul élan tous les marchés locaux. En mai 68 nous n'en sommes pas encore au degré actuel de spécialisation. Il subsiste donc dans la société des restes de la division sociale qui s'est diversifiée depuis l'essor industriel.

Dans *Les socialismes : l'Histoire sans fin*, je rappelle les statistiques suivantes sur la répartition des travailleurs [85].

	1954	1962	1968
Qualifiés	2 837 442	2 345 080	2 506 180
Spécialisés	1 815 265	2 465 090	2 630 120
Manœuvres	1 125 323	1 405 140	1 489 140
Techniciens	193 220	343 986	533 940
Contremaîtres	141 280	306 142	360 120
Ingénieurs	81 140	138 061	190 440

---

85. Nicolas Poulantzas, *(tiré de) les Classes sociales dans le capitalisme d'aujourd'hui*, Paris, Le Seuil, 1974, p. 259.

Ce sont les nombres de l'I.N.S.E.E. ; ils illustrent bien que seule la catégorie des « Qualifiés » a, en quatorze ans, diminué en nombre alors que les autres augmentent dans des proportions importantes, celle des ingénieurs est multipliée par 2,5. Ces statistiques mélangent tous les secteurs et ne donnent aucune indication sur la répartition entre production et gestion au sein de l'industrie. On en a une idée dans le tableau suivant :

Pourcentage de variation des effectifs dans différents secteurs de 1954 à 1962 [86]

	Non ouvriers	Ouvriers
Pétrole	+80,5	+24,0
Construction électrique	+56,2	+31,9
Verre	+48,0	+11,0
Industries mécaniques	+38,8	+14,6
Bois et ameublement	+21,3	-6,8
Industrie alimentaire	+10,9	-2,7

On voit que sur huit ans dans tous les secteurs le nombre des employés a progressé de façon beaucoup plus grande que le nombre des ouvriers. Cette évolution au sein des secteurs productifs est générale à toute la société et le secteur tertiaire tend à concentrer l'activité du pays :

Pourcentage des emplois dans le secteur tertiaire en France [87]

1901	18,7	1951	25,5
1921	19,4	1959	35,8
1936	25,0	1969	42,4

Après une croissance lente, dans la première partie du XXe siècle et aucun changement pendant la seconde guerre mondiale, le secteur tertiaire a fait un bond et, en 1968, employait déjà presque la moitié des actifs dans des conditions

---

86. D'après G. Lefranc, *Histoire du travail et des travailleurs*, Garnier-Flammarion, 1975, p. 426-427.
87. *Ibid.*, p. 341 et p. 426.

de travail tout autres que celles de la production. L'antagonisme des bourgeois et des ouvriers se dissout dans celui des petits bourgeois et des employés ou, comme nous le verrons plus loin, dans celui des compétents et des exécutants.

L'agriculture suit un parcours semblable.

Pourcentage des paysans dans la population active (hommes seulement) [88]

| 1921 | 46,4 | 1946 | 43,3 | 1962 | 20,5 |

Ces changements dans la division sociale, à leur début en mai 1968, continueront leur expansion. Plus l'automation se développe et moins la main d'œuvre devient prégnante, en revanche les nouveaux équipements demandent des investissements considérables et conduisent à une concentration dans de vastes unités où les besoins d'innovation, de fabrication de nouvelles machines et d'organisation de la production exigent le recrutement d'un nombre accru d'ingénieurs et la mise en place de services de gestion des personnels.

À terme, une production automatisée élimine les qualifiés et augmente le nombre des spécialisés ou des manœuvres pour alimenter en produits entrants et pour emporter les produits sortants. Le coût de cette main d'œuvre ouvrière devient faible par rapport à la valeur des investissements. L'apparition de nouveaux matériaux comme les plastiques concourt encore à faciliter la production de pièces compliquées et à améliorer le rendement. Dans un certain sens, on peut dire que le volume produit ne dépend que de la vitesse des machines qui ne peut être réglée que dans certaines limites. En cas de baisse des commandes : ou on arrête tout, ou on continue en accentuant la recherche des marchés.

En production automatique, comme il ressort de toutes les analyses, les problèmes se déplacent de la production vers les

---

88. *Ibid.*, p. 418.

échanges. L'essor des services commerciaux explique la montée du secteur tertiaire où se multiplient des petites entreprises publicitaires, des sociétés d'intérim, des bureaux d'études en tout genre... sans oublier les banques. On va bientôt entrer dans la société de consommation et de loisir.

En conclusion, dans les nouvelles entreprises, les ouvriers se scindent en deux ensembles : les qualifiés qui décroissent et les spécialisés ou les manœuvres qui augmentent, tandis que les fameux personnels « insignifiants » dans la fabrique ont crû au point qu'ils ont accaparé tout le « savoir ». On est loin des forces productives et de la division sociale qu'ont connues les prophètes de la doctrine communiste ; il n'y a donc pas lieu de s'étonner que l'air du temps ne soit guère porteur de leur idéologie ; pourtant, ce sera encore à elle que se référeront les plus politisés des manifestants de 68, tout en condamnant les stasicrates, accusés de son dévoiement. Les forces sociales (partis et syndicats) n'avaient pas encore forgé un corps de doctrine cohérent avec la division sociale contemporaine, ce qui explique l'invocation de la dictature du prolétariat pour certain et la rage destructrice de l'ordre bourgeois pour le plus grand nombre ; cette dernière s'est exprimée à hue et à dia dans les manifestations et dans des slogans imaginatifs, souvent teintés d'un grand humour.

COMPÉTENT ET EXÉCUTANT

Après ces longs détours, on arrive au point crucial qui fonde l'intuition de la montée d'une nouvelle classe dans le mode de production de la société française au moment des événements de mai 1968. Qui dit nouvelle classe, dit nouveauté de deux classes, puisque chacune n'existe que par son antagonique ; mais, des deux, la classe dominante parfume l'air du temps marqué, comme on vient de le voir, par l'apparition dans les unités de production de machines qui remplacent la plus grande part de l'apport intellectuel de l'ouvrier.

On examinera le propre du travail humain tel que l'a décrit Marx et comment la division sociale entérine un partage entre travail intellectuel et travail matériel. Cette séparation qui autrefois se concrétisait par les corvées des uns et par les privilèges des autres s'introduit au sein du processus du travail où elle donne naissance à des catégories diverses d'ouvriers ou d'employés. Ceux qui détiennent la compétence intellectuelle acquièrent un pouvoir qui les porte à en demander la traduction politique ; c'est là l'origine de la révolution de mai 68.

TRAVAIL INTELLECTUEL, TRAVAIL MATÉRIEL

« *Une araignée fait des opérations qui ressemblent à celles du tisserand, et l'abeille confond par ses cellules de cire l'habileté de plus d'un architecte. Mais ce qui distingue dès l'abord le plus mauvais architecte de l'abeille la plus experte, c'est qu'il a construit la cellule dans sa tête avant de la construire dans la ruche. Le résultat auquel le travail aboutit préexiste idéalement dans l'imagination du travailleur. Ce n'est pas qu'il opère seulement un changement de forme dans les matières naturelles ; il y réalise du même coup son propre but dont il a conscience, qui détermine comme* loi *son mode d'action, et auquel il doit subordonner sa volonté* [89]. »

Ce texte célèbre a conduit à un contresens très répandu : beaucoup pensent et écrivent qu'il y a deux formes de travail, le travail manuel et le travail intellectuel. Certes Marx parle de « changement de forme dans les matières » ce qui semble impliquer une intervention manuelle, mais en même temps il parle de « l'habileté d'un architecte » ; or, en français, le mot « habileté » est plutôt associé à l'adjectif « manuelle ». Il y a donc dans ce texte, non pas une confusion mais une intention de caractériser l'activité humaine, qu'elle soit intellectuelle ou manuelle, comme ressortissant de la façon d'aborder la moindre

---

[89]. Karl Marx, *La production de valeurs d'usage*, in *Le Capital*, livre 1, chap. VII, *op.cit.*, p. 139 (distingué par nous).

réalisation. Cette façon distingue l'homme de l'animal : l'un obéit à son instinct, l'autre conçoit dans son esprit le projet et le mode d'action pour le réaliser.

Le mot le plus important, c'est le mot « loi » car il met l'accent sur une subordination de la réalisation à la conception au sein même de la conscience du réalisateur : le travail matériel est subordonné au travail intellectuel. L'ingénieur qui réfléchit à la conception d'une nouvelle machine en calculant la dépense d'énergie, en dessinant des plans, utilise sa main pour écrire des formules, pour dessiner des pièces ; s'il construit lui-même sa machine, il continue à effectuer des travaux manuels ; ces travaux sont sous la dépendance de sa conscience et il n'est pas pour autant devenu un travailleur manuel. La main est toujours guidée par le cerveau dans toute réalisation ; il n'y a aucune raison pour transformer cette subordination physiologique en une subordination sociale, comme l'affirment parfois ceux qui opposent travailleurs manuels et travailleurs intellectuels.

Tous les artisans effectuent le plus souvent un travail manuel tout en restant libres de leur volonté ; ils déterminent eux-mêmes la loi de leur mode d'action. Un tisserand africain à côté de ses fuseaux entrecroise les fils au gré de sa fantaisie et des goûts de sa clientèle, mais sans suivre une loi imposée. Un poète qui écrit une poésie est un travailleur intellectuel ; l'acteur ou le récitant qui font entendre le texte à un public effectuent un travail intellectuel, ils ne sont pourtant que de simples auxiliaires pour réaliser en sons les vers écrits ; ce sont des interprètes qui jouent de leur voix pour faire passer un message qu'ils n'ont pas conçu, on dira que ce sont des travailleurs matériels d'un secteur intellectuel. De même le muezzin qui crie à heure fixe « Allah akbar » ne fait que suivre une règle, une loi, élaborée par d'autres dans une longue tradition, il n'effectue manifestement pas un travail manuel et il n'est pas pour autant un travailleur intellectuel.

Le curé qui dit la messe au service d'un culte fixé par le clergé est dans la même situation que le muezzin, mais il a, en plus, une petite initiative lors de son sermon. Ceci montre bien que parfois conception et réalisation peuvent se mêler dans le travail d'un homme. Comme l'indique ces exemples, la distinction entre travail intellectuel de conception et travail matériel de réalisation est claire : or ces adjectifs ne font en rien référence à un organe. Personne n'employant les termes de travail cérébral pour désigner le travail intellectuel, c'est en toute confusion que certains parlent de travail manuel en lieu et place de travail matériel ; on crée ainsi un faux parallélisme entre un organe, la main, et une faculté. On poursuit au niveau social et on parle d'une division entre les travailleurs manuels et les travailleurs intellectuels qui occuperaient une position supérieure.

Personnellement j'en reste aux définitions du travail intellectuel et du travail matériel telle qu'elles ressortent de la citation de Marx pour en tirer celles de travailleur intellectuel et de travailleur matériel. Ceci revient à dire que le découpage que Marx décrit dans la conscience d'un homme, est élargi à plusieurs acteurs, à une division sociale. Il en résulte une petite variation dans le sens des mots. Le travailleur intellectuel est la conscience de l'entreprise ou de la société, il imagine les réalisations à effectuer ; dans un contexte social, il ne fait pas qu'imaginer, il encourage aussi à aller dans le sens de telle ou telle réalisation. On revient au sens étymologique latin du mot intellectuel : lego, choisir et inter, parmi. Certes, le travailleur intellectuel a peut-être le sens de l'intérêt de son entreprise auquel est lié le sien propre ; mais, entre plusieurs solutions, plus ou moins équivalentes, on peut supposer qu'il choisira celle qui va renforcer ses avantages. Son imagination n'est plus seulement technique ou organisationnelle, elle est moyen de pouvoir.

Dans ce contexte, le travailleur matériel écope de la seule réalisation : il opère seulement un changement de forme et ne réalise pas son propre but ; la loi qui détermine son mode d'action ne vient pas de sa conscience mais de celle d'un autre. La subordination de la réalisation à la conception a pris consistance en deux hommes différents, à l'un les choix, à l'autre les tâches matérielles. Le travailleur intellectuel fait du travailleur matériel un homme subordonné et aussi aliéné dans sa nature d'homme puisqu'il a perdu l'élaboration de la loi qui différencie le travail humain du travail animal.

Pour éviter toute confusion dans les mots, comme celle introduite par l'opposition de « intellectuel » à « manuel », on appellera les uns les « compétents » et les autres les « exécutants ».

« *La division du travail ne devient effectivement division du travail qu'à partir du moment où s'opère une division du travail matériel et intellectuel [...]* par la division du travail *il devient possible, bien mieux, il arrive effectivement que l'activité intellectuelle et matérielle, la jouissance et le travail, la production et la consommation échoient en partage à des individus différents* [90]. »

Au sein de chaque mode de production, la division sociale du travail sépare les producteurs matériels qui travaillent et produisent de ceux qui, ayant accaparé les tâches de direction, jouissent et consomment. Dans l'Antiquité, les esclaves sous les ordres de leur maître n'avaient aucune liberté et étaient dévolus aux travaux le plus souvent subalternes : entretien de la maison, nourriture de la famille, culture des champs. À partir du Moyen Âge, les nobles dans leurs demeures étaient entourés de toutes sortes de serviteurs tandis que leurs serfs travaillaient leurs terres et leur apportaient une part des récoltes. Les bourgeois, dès les manufactures, fixaient le but de leur entreprise et avaient ôté aux artisans parcellisés l'initiative du produit final. Avec les débuts de la production automatique, au sein des entreprises, les compétents décident des orientations de la production laissant aux exécutants les besognes sans attrait. Ainsi apparaît une nouvelle division sociale en deux classes. Comme le remarquait Engels, la bourgeoisie est devenue une classe inutile, il est temps qu'elle cède sa place à celle qui en est plus digne, ou plutôt, mieux adaptée aux forces productives : la classe compétente.

---

90. Marx-Engels, *L'idéologie allemande, op. cit.*, p. 64-65.

LES EXÉCUTANTS

Les exécutants exécutent une loi qui leur est imposée pour concourir à un résultat défini en dehors d'eux, qui ne préexiste que dans l'imagination des compétents. Mais aucun homme, aussi compétent soit-il, ne peut tout prévoir ; au cours de l'exécution surviennent parfois des imprévus. Lorsque le travail matériel n'obéissait qu'à un mode d'action envisagé dans la conscience du travailleur lui-même, cette déficience était réglée par celui qui avait conçu la loi ; appréciant la situation, il disposait de tous les remèdes qui venaient à son imagination et, à la rigueur, il changeait la forme du résultat. Dans l'élaboration collective d'objets standards, cette souplesse est impossible.

La connaissance théorique, et même déjà expérimentée, d'un processus de production ne pouvant entrevoir tous les aléas du passage de produits initiaux à un résultat bien calibré, les écarts entre la théorie et le parcours pratique forment ce qu'on appellera le *bruit*. Depuis qu'on est entré dans l'ère industrielle, toute l'évolution des forces productives a tendu vers des lois mieux définies, confiées à des machines plus précises, pour aboutir à un minimum de bruit. Même avec l'automation actuelle, cette élimination de toute incertitude est irréalisable ; en conséquence il est nécessaire d'avoir des ouvriers qualifiés ou des techniciens aptes à pallier les carences inopinées. Leur intervention est temporaire et indispensable. Ils ont une certaine initiative dans la limite de l'ampleur du bruit ; nous appellerons ces travailleurs des « intervenants » qui se distinguent des autres exécutants voués aux applications répétitives, que nous appellerons des « applicants ».

On arrive ainsi dans les usines ou dans les services à deux catégories d'exécutants :

- les plus nombreux, les *applicants,* sont l'infanterie du travail matériel ; simples soldats, sans possibilité de contrevenir aux ordres, chargés de nettoyer le terrain avant et après les opérations effectuées par les machines automatiques ;

- beaucoup moins nombreux, les *intervenants* sont les sous-officiers capables de réparer les machines et de réguler le travail des applicants.

Cette façon d'aborder une réalisation collective par découpage des tâches est dans la logique humaine. Si on éprouve le besoin de la fixer dans le vocabulaire, c'est à cause de l'ampleur qu'elle prend dans une production où des machines automatiques assurent l'essentiel des opérations. On touche là un problème très mal analysé par ceux qui veulent voir dans la division du travail une barrière sociale entre employés et ouvriers, alors que dans les entreprises modernes ce sont tous des exécutants ; par exemple : les caissières des grandes surfaces comme les ouvriers spécialisés sont des applicants et leurs surveillants comme les contremaîtres des intervenants

Certaines catégories de personnel tels que chef d'ateliers, assistantes sociales ... sont chargés d'un bruit particulier, le bruit humain. Un accident, un malaise, un congé de maladie, des retards... sont encore plus imprévisibles que les pannes de machines et sont très gênants sur des chaînes de production automatisées, car ils entravent le déroulement sans heurt d'un fonctionnement réglé à l'avance. Les intervenants dans le bruit humain ont le même type de tâches que les techniciens ; il arrive d'ailleurs que ce soient justement ces derniers qui soient nommés chefs d'atelier ; car, connaissant déjà le matériel par leur métier et connaissant aussi les ouvriers par leur ancienneté, ils sont bien formés à cette tâche.

Un clivage semblable s'étend à la société entière : au secteur productif est confiée la réalisation matérielle et au secteur tertiaire la régulation intellectuelle ; mais dans les deux secteurs, on retrouve des catégories internes d'exécutants. L'État français est un très bon exemple d'une organisation basée sur une telle division du travail. Dans sa grande majorité, il s'agit d'un secteur tertiaire où les fonctionnaires ont une mission de régulation sociale. Ces fonctionnaires sont divisés en corps, eux même répartis en trois grandes catégories quel que soit le domaine d'activité : les « A », corps compétents, les « B », corps intervenants et les « C », corps applicants. Si on se reporte aux tableaux de présentation générale des emplois de la fonction publique, on constate que dans chaque catégorie on distingue des corps techniques, administratifs ou enseignants ; ainsi, dans des métiers aussi divers que les travaux publics, l'administration des douanes, l'enseignement, ceux qui les exercent ont des déroulements de carrière et des rémunérations semblables liés à la catégorie à laquelle leur corps appartient.

La société contient toutes les formes de production que j'ai distinguées dans ce texte, que ce soit à propos de la stasicratie ou de la montée vers une production automatique. Comme déjà évoqué, il existe toujours des artisans, des manufactures avec des artisans parcellisés, des fabriques avec des ouvriers réalisateurs, des unités de production mécanique avec des ouvriers qualifiés et des ouvriers spécialisés, des usines automatiques avec des exécutants, intervenants et applicants. Cette longue énumération suit le chemin historique et montre bien que le progrès a conduit à chaque étape à une déqualification des travailleurs en standardisant les métiers pour les remplacer par des machines. « *L'on reconnaît de la façon la plus manifeste le degré de développement qu'on atteint les forces productives d'une nation au degré de développement qu'a atteint la division du travail* [91]. »

Ainsi, en un siècle, on est passé des artisans parcellisés de la manufacture aux exécutants de la production automatisée parmi lesquels seuls les intervenants conservent une parcelle d'initiative. Mais ces derniers sont sans cesse menacés dans leur métier, car la conception des processus de production évolue dans le sens de la diminution des bruits. Les machines n'ont pas encore atteint la souplesse de l'intervention de l'homme pour corriger certains aléas de leur fonctionnement ; les robots se répandent mais restent limités dans leur intelligence, ils se

---

91. Marx-Engels, *L'idéologie allemande, op. cit.,* p. 44.

perfectionnent en permanence pour éliminer certains bruits connus ; par là même, ils en créent d'autres moins importants mais du ressort d'un technicien adapté. La déqualification des intervenants est permanente mais leur disparition encore lointaine. Ils se sentent à la merci d'un avenir incertain, mais, comme les qualifiés de l'industrie mécanique se savent toujours indispensables ; cela leur confère une place privilégiée au dessus des applicants et un certain goût pour une organisation sociale rigide qui leur offrirait une position stable.

LES COMPÉTENTS

Quand il s'est agi de désigner par un mot les travailleurs intellectuels d'une organisation collective, qui choisissent la loi du mode d'action de tous les autres travailleurs, je n'ai pas eu beaucoup d'hésitation pour adopter l'adjectif « compétent » car, à cette époque, prônant la fin des propriétaires privés et entrevoyant d'y substituer ceux qui avaient le plus de capacité pour prendre leur place, beaucoup des textes de la C.F.D.T. ou du P.S.U. parlaient alors de « compétence ».

Ce mot est plutôt relatif à un individu. Chacun se glorifie d'avoir telle ou telle compétence dans telle ou telle activité ; on signifie ainsi qu'on connaît le mode d'action pour réaliser le but fixé. On est compétent pour balayer ou pour faire une facture. Le mot ne se rapporte pas à la capacité matérielle d'accomplir l'action mais à la capacité intellectuelle de la maîtriser, aussi simple soit-elle.

C'est tout à fait le sens que le *Larousse* donne à l'adjectif « *compétent* » : « *qui a l'aptitude voulue pour décider de quelque chose.* » Nous sommes bien dans le phénomène social à désigner : les compétents sont ceux qui décident. Les bourgeois décidaient eux aussi de l'organisation de leur manufacture ou de leur fabrique au nom du droit de propriété ; mais avec la place grandissante prise par la technicité et par la maîtrise de la coordination des machines, il s'avère qu'aujourd'hui il faut faire appel à des salariés compétents, aptes à décider pour les autres, pour tous les exécutants assujettis à leur décision ; tâche redoutable, véritable pouvoir.

Cette notion de compétence a donc pris une importance sociale dont on retrouve des échos philosophiques chez certains auteurs : « *Le problème (celui de rendre compte de la connaissance humaine) ne pourra être formulé de façon sensée tant que nous n'aurons pas développé le concept de compétence à côté du concept d'apprentissage et de comportement* [92]. » Chomsky est particulièrement intéressé par l'acquisition du langage chez l'enfant. Comment procède le cerveau pour réussir à décrypter un sens dans les sons reçus et surtout des règles d'organisation telles que les conjugaisons, la grammaire, l'ordre des mots ? On est au cœur d'un problème complexe qui paraît différent de celui de la compétence sociale. Cependant, comment procèdent les compétents pour aboutir à une décision ? On sent bien que derrière cette capacité intellectuelle se cache une connaissance du domaine où elle s'exerce. Est-ce suffisant ? Certainement pas ; l'enfant réussit à franchir des étapes dans sa compréhension du langage par une longue fréquentation des paroles entendues et par quelques indications données par les parents. De même, la compétence des compétents ne s'acquiert pas seulement par l'étude théorique mais aussi par la fréquentation des problèmes à résoudre.

Dans la complexité des sociétés modernes, il est évident qu'un seul homme ne peut développer une compétence étendue à tous les domaines. La moindre décision est accompagnée de rapports, d'études scientifiques, d'enquêtes sociales, de réunions interminables et variées... La réflexion de tous ces collectifs concourt, à n'en pas douter, à cerner les problèmes, mais aussi, comme on le constate journellement, à leur élargissement vers d'autres structures compétentes. « Passe-moi le séné, je te passe la rhubarbe. » Tous ces travailleurs intellectuels se tenant par la

---

92. Noam Chomsky, *Le Langage et la Pensée*, Petite bibliothèque Payot, 1970, p. 115.

main enferment dans leur réseau toutes les activités et considèrent que leurs mérites justifient une domination assortie de privilèges.

« *J'appelle compétence l'aptitude organisationnelle à conditionner ou déterminer une certaine diversité d'actions, transformations, productions, et j'appelle praxis l'ensemble des activités qui effectuent transformations, productions, performances à partir d'une compétence* [93]. » Edgar Morin entre de plein pied dans la division du travail et oppose comme nous la compétence à la praxis. Le fait que son livre ait paru en 1977 attire l'attention sur la concordance de deux analyses à la même époque, corrélation due à la progression de ces idées dans un air du temps encore sous le coup du bouillonnement des événements de mai 1968. Il faut aussi remarquer que l'auteur en reste à une caractérisation abstraite du phénomène au lieu de désigner les hommes qui déterminent et ceux qui effectuent, comme s'il craignait de parler d'une division sociale, de deux classes antagoniques. Pourtant, il est clair qu'à ses yeux les activités sont organisées par certains et exécutées par d'autres suivant les directives des premiers. On est bien en présence de deux catégories totalement liées l'une à l'autre, les uns n'existent que par rapport aux autres et réciproquement ; vu l'importance que prennent ces deux catégories dans la société moderne, rien ne s'oppose à considérer qu'il s'agit des deux classes d'un nouveau mode de production, que j'appelle momentanément « socialisme autogestionnaire ».

CLASSE COMPÉTENTE, OÙ ES-TU ?

Ayant étudié les phénomènes sociaux avec un maximum de rigueur, le fondateur du marxisme avait constaté qu'ils ne deviennent compréhensibles et analysables qu'après coup. En effet, le changement s'opère progressivement, en s'insinuant dans les mœurs et dans les rapports sociaux sans que leurs

---

93. Edgar Morin, *La méthode*, Seuil, 1977, p. 157.

résonances soient perçues. Le mouvement général connaît des alternances, tantôt s'accélérant tantôt régressant ou même s'arrêtant. Il faut une accumulation étagée sur de nombreuses années pour que les effets donnent l'impression à ceux qui les ont vécus qu'ils sont en présence d'un monde différent et de classes différentes.

Pendant cette gestation où le nouveau se mêle à l'ancien, les contemporains, lorsqu'ils détectent des infléchissements des modes de vie, ne peuvent les rattacher qu'à leur façon de voir habituelle tant qu'ils ne disposent pas de concepts nouveaux et du vocabulaire pour les appréhender. Au moment de la Révolution de 1789, il y avait longtemps que la bourgeoisie s'était installée en classe dominante, mais elle était comprise comme une nouvelle noblesse, d'autant qu'on avait créé pour elle la noblesse de robe. Il a fallu attendre le développement industriel pour qu'un demi-siècle plus tard Marx définisse le caractère capitaliste de la société bourgeoise et fasse de la révolution française la marque d'un changement de mode de production.

On sait donc que certains bouleversements historiques sont des repères dans la succession des modes de production, ou pour le moins, de forces productives nouvelles. La Révolution de 1830 n'a pas changé le mode de production bourgeois mais elle était liée en France à la montée du capitalisme industriel au détriment du pouvoir monarchique ; elle apparaît, à juste titre, comme le passage du roi de France au roi des Français, une marche de plus, gravie dans le sens des intérêts bourgeois en affaiblissant ce qui restait de l'idéologie aristocratique.

Il est certain qu'en mai 1968, le mode de production des compétents, le « socialisme autogestionnaire », était en progrès depuis des années, mais son idéologie était enfouie sous la chape bourgeoise de toute la société, ce qui est l'explication de cette soudaine explosion. Dès les premiers jours des événements, la pensée compétente s'est épanouie dans une floraison d'idées contestataires dirigées contre ses ennemis : la bourgeoisie et la stasicratie. Cette double opposition s'est cristallisée autour de l'autogestion et un peu plus tardivement autour de l'écologie. Ces questions politiques seront examinées dans le chapitre suivant, mais voyons d'abord si, malgré les difficultés à l'analyser, le nouveau était totalement passé inaperçu.

La technostructure

Si la classe compétente en tant que classe dominante d'un nouveau mode de production, où elle s'oppose et s'harmonise avec la classe exécutante, n'avait pas été, jusque là, définie en ces termes, elle apparaît dans différentes analyses d'auteurs qui se sont intéressés à l'organisation de la société qui les entourait. Le plus important, à mon sens, est J.K. Galbraith, car il avait sous les yeux la collectivité états-unienne aux prises avec des transformations techniques et sociales plus avancées qu'en France. Par exemple, aux États-Unis, le pourcentage des emplois dans le secteur tertiaire était déjà en 1969 de 57% contre 42,4 % dans notre pays. Malheureusement, pour éviter d'avoir le moindre contact avec la méthode marxiste honnie dans son pays, Galbraith emploie un vocabulaire qui lui est propre : « ... *En fait, c'est à une véritable métamorphose de la société économique que l'on assiste. L'instrument déterminant de cette transformation n'est ni l'État, ni l'individu, c'est la société anonyme moderne. C'est elle qui donne le branle... Mais le point de départ qui en détermine de bout en bout le déroulement, c'est la technologie et son associée, plus importante encore, l'organisation*[94]. »

Il se place au niveau des forces productives et décrit une situation où le processus technologique et organisationnel est déjà clairement installé dans les sociétés anonymes modernes. Ces technostructures, comme ils les appellent, dominent leur

---

94. J.K. Galbraith, *La société économique et l'intérêt général*, chap. V, *Théorie générale du développement avancé*, NRF, Gallimard, 1974, p. 58.

secteur d'activité et chacune « *est en négociation avec sa force de travail, elle évite les conflits en acceptant des règlements dont elle répercute le coût sur d'autres secteurs de l'économie. La solution n'est sans doute pas parfaite. Mais ceux qui veulent trouver la lutte des classes traditionnelle dans le système de planification privée chercheront longtemps et comprendront bien peu de chose* [95]. »

Le refus d'entrer dans la logique de la « lutte des classes traditionnelle » ne devrait pas l'empêcher de sortir du schéma traditionnel de la doctrine communiste et d'envisager de le rénover. Une telle attitude lui est presque impossible dans son pays obnubilé par le danger soviétique au point qu'il faille même récuser toute référence à la philosophie du matérialisme historique. Il a été en quelque sorte contraint d'inventer son langage particulier et de ne pas insister sur la division sociale interne à ses technostructures, dans lesquelles, comme il le souligne, les compromis salariaux atténuent les conflits entre les catégories de salariés. Il se justifie en tant qu'analyste en remarquant que, Marx, à son époque, ne pouvant pas avoir tout prévu, sa doctrine est devenue caduque ; mais ce qui est vrai pour la doctrine ne l'est pas forcément pour la méthode d'examen des sociétés.

Galbraith élargit sa vision à l'ensemble de son pays et dénonce ceux qui veulent encore croire à la loi de l'offre et de la demande et au rôle régulateur du marché. Croire que le consommateur est l'arbitre en dernier ressort de la production est un mythe comparable à celui qui consiste à croire que ce sont les élections qui déterminent la politique de la nation. Les technostructures et l'administration étatique vivent en symbiose, formant ce qu'il appelle le « système planificateur » ; le mot est explicite : les technostructures planifient toutes les activités suivant leur intérêt.

---

[95] *Ibid., chap. XX, Une logique économique adaptée aux inquiétudes de notre temps*, p. 256.

Tout son livre est construit sur ces grandes idées ; il suffit de glaner quelques citations et donc de le laisser parler : « *La technostructure s'assigne comme première fin affirmative la croissance de l'entreprise... Celle-ci devient alors un objectif majeur du système planificateur et, par voie de conséquence, de la collectivité sociale dans laquelle la grande firme est prépondérante... La croissance acquiert, en tant qu'objectif, une importance d'autant plus grande que ses promoteurs sont étroitement intéressés aux fruits qu'elle porte... C'est pour cette raison, du moins en grande partie, que la croissance économique occupe, en tant qu'objectif social, le rang le plus élevé* [96]. » En lisant ces phrases aujourd'hui, on ne peut qu'être frappé par l'analogie de cette analyse avec les discours politiques actuels, ce qui est à méditer. En mai 68, l'idéologie de la croissance n'était pas aussi totalement envahissante, pour la bonne raison qu'elle n'était là que depuis deux décennies et qu'il n'était pas aussi valorisant de s'en faire le propagandiste. Galbraith précise un peu plus loin : « *Dans le processus de Marx, la motivation était l'exploitation et le profit ; dans le processus moderne la motivation est la satisfaction de la bureaucratie, c'est à dire le gain de prestige et le gain tout court de la technostructure. Somme toute, dans ce dernier processus le pouvoir du capitaliste se trouve diminué ; celui de la technostructure en sort renforcé* [97]. »

Mais comment ce système planificateur se procure-t-il ses ressources, puisqu'il régule en son sein les conflits par des compromis relativement avantageux pour ses salariés ? À côté ou plutôt au-dessous de ce système, l'économiste, et aussi le conseiller politique démocrate, montre que les exploités sont réunis dans le « système de marché » où les petits entrepreneurs et leurs ouvriers ou employés sont assujettis et pressurés par les

---

96. *Ibid., chap. XI, L'exercice du pouvoir (suite) et la stratégie affirmative*, p. 130, 131 et 133.
97. *Ibid., chap. XI*, p. 137.

contrats léonins de sous-traitance fixés par les technostructures. Le vocabulaire est clair, le système de marché est le lieu où s'exerce la collecte de la plus-value dans les activités ou les services qui sont trop particuliers pour être déjà du ressort d'entreprises automatisées.

Cette dichotomie est un très bon outil d'analyse dont j'emploie parfois le vocabulaire car le système planificateur est, à mon sens, l'image du mode de production des compétents où les capitalistes ne perdurent que comme classe inutile. Galbraith étend la domination des technostructures sur le monde entier, dans un système transnational, simple transposition du système planificateur national, sans y voir l'impérialisme de son pays alors que beaucoup des technostructures mondiales sont états-uniennes et trouvent à l'étranger le terrain de leurs profits.

La nouvelle classe ouvrière

Ce titre du livre de Serge Mallet résume tout le sens de son ouvrage. Ce sens ne résultait pas forcément de son analyse sociologique. Dès la première page, il explique que, dans cette quatrième édition publiée après Mai 68, il reprend la description des grandes entreprises, qui était au cœur de son ouvrage publié en 1963, car elle reste actuelle ; mais il précise qu'il se place dans une perspective modifiée : « *Mai 1968 est la première réponse à mai 1958, la première lutte socialiste répondant au capitalisme moderne* [98]. » Le livre fourmille de pensées d'une telle pertinence qu'on ne voit pas pourquoi il reste prisonnier de cette chimère de la lutte socialiste contre le capitalisme.

Il commence d'ailleurs par une critique du marxisme : « *Attachés à définir le rôle spécifique de la classe ouvrière, les marxistes ont souvent été amenés à déduire du concept philosophique du prolétariat une unité sociologique de la*

---

98. Serge Mallet, *La nouvelle classe ouvrière*, Avertissement au lecteur, Éditions du Seuil, 1969 , p. 9.

classe ouvrière, qui en réalité, n'a jamais existé. Cette tendance s'est particulièrement affirmée avec le développement des idées léninistes [99]. » On ne peut mieux dire.

Si le prolétariat est traversé de contradictions, quelles sont les couches porteuses du socialisme ? « *Seules les couches de la population active qui sont insérées dans les processus les plus avancés de la civilisation technique sont en mesure d'en formuler les aliénations et d'envisager des formes supérieures du développement* [100]. » On ne peut qu'approuver.

Son livre, rédigé, ne l'oublions pas, dès 1963, présente une étude générale de la division du travail dans sa partie intitulée « *Syndicalisme et société industrielle* ». Après plusieurs grands paragraphes consacrés à une description du syndicalisme dans les formes antérieures de production que je dirais être celles de la fabrique et des unités de production mécanique, il en vient au cœur du sujet : « *L'automation, révolution de la technologie industrielle.* » et il résume : « *Dans l'industrie automatisée, la nature du travail ouvrier se modifie totalement : on parle plus volontiers de "surveillant" ou "d'opérateur" que de producteur proprement dit. La logique finale de l'automation élimine, semble-t-il, l'homme du stade de la production des objets* [101]. »

Le paragraphe *Le travail dans l'industrie moderne* fournit la véritable justification du titre général de l'ouvrage : « *On a donné aux ouvriers travaillant dans l'industrie automatisée (ou en passe de l'être) le nom de "nouvelle classe ouvrière". En fait cette terminologie recouvre deux types différents de salariés, l'un et l'autre créés par les nouveaux développements techniques, l'un et l'autre participant à ce processus "d'intégration aux entreprises"...*

a) Encore classés dans la catégorie des ouvriers proprement dits, l'usine nouvelle utilise deux sortes de travailleurs : les

---

99. *Ibid.*, p. 25.
100. *Ibid.*, p. 24.
101. *Ibid., Syndicalisme et production industrielle*, p. 75.

surveillants, chargeurs, opérateurs, préparateurs, affectés aux unités de production et les ouvriers d'entretien, chargés de la réparation et de la surveillance des mécanismes de l'outillage.

b) L'autre couche, plus importante numériquement, créée sinon par l'automation exclusivement, du moins par la tendance de l'industrie moderne à porter le maximum d'efforts aux opérations se situant en amont du procès de travail classique (études et recherches) et en aval (commercialisation, études du marché, etc.), est celle des techniciens des bureaux d'études [102]. »

Les premiers sont des travailleurs en équipe dévolus à une unité automatisée, les seconds des ouvriers plus individuels qui ont conservé leur professionnalisme. On retrouve bien la division entre intervenants (les seconds) et les applicants (les premiers), à qui, contrairement à moi, il attribue une polyvalence dans leur attention aux défaillances de la machine et aucune implication dans un travail matériel, ce qui encourage des rapports plus direct et moins déshumanisés avec les ingénieurs.

Les deux groupes de cette « nouvelle classe ouvrière » sont très marqués par la technique de production, alors qu'ils englobent pourtant les secteurs non productifs. Surtout, on ne trouve aucune trace des travailleurs matériels, que ce soit ceux des unités automatisées ou ceux des services de gestion. Ce tour de passe-passe conviendra au P.S.U. qui fourrera tous les salariés dans la classe ouvrière à l'exception des vilains technocrates occupant les postes de décision les plus élevés.

Cependant, Serge Mallet ne reste pas insensible à l'unification des conditions de travail des deux couches :

« *L'analogie des maladies professionnelles observée aujourd'hui dans l'une et l'autre couche (essentiellement nerveuses et psychiques) confirment cette homogénéisation des conditions de travail entre bureaux et ateliers.*

---

102. *Ibid.*, p.84 et 85.

L'ensemble de ces caractéristiques a profondément marqué le mouvement syndical dans les unités modernes de la production [103]. »

Dans cette unification des deux couches de la « nouvelle classe ouvrière », on serait tenté d'y voir la classe exécutante, puisqu'elle en forme la majeure partie ; malheureusement la classe compétente a disparu, sauf à en voir des bribes dispersées entre les deux couches.

En fait, malgré le titre général de l'ouvrage qui se réfère à la notion de classe, cette question est pour l'auteur réglée en ce sens que ce qui change avec l'automation, ce n'est ni le mode de production, ni la classe dominée, ce sont simplement les conditions de production qui se répercutent non sur la politique mais sur le syndicalisme. Ce dernier mot qui regroupe tous les syndicats montre qu'ils ne sont que l'expression d'une seule et même nécessité : se défendre contre l'unique classe dominante. Malgré la critique politique du mot « prolétariat », les contradictions en son sein ne s'élèvent pas jusqu'à des séparations entre classes dominées, pour la bonne raison qu'il n'y en a qu'une : « la nouvelle classe ouvrière ».

À l'éternelle classe dominée s'oppose l'éternelle classe dominante, la bourgeoisie, donc nul besoin de chercher la classe compétente. Serge Mallet dans les exposés politiques de l'avertissement au lecteur sacrifie lui aussi à cette tendance qui a fleuri en mai 68. Il pose la question « *La nouvelle classe ouvrière est-elle révolutionnaire ?* » et il répond : « *Si l'on entend par là une conscience révolutionnaire au sens classique du terme, se traduisant par la volonté de s'emparer d'abord du pouvoir politique par n'importe quel moyen et quel qu'en soit le prix, puis seulement dans une phase ultérieure d'organiser la société d'une façon nouvelle, alors il est incontestable que la nouvelle classe ouvrière n'est pas révolutionnaire.* » Puis, un peu plus loin : « *Mais si l'on entend par révolutionnaire le*

---

103. *Ibid.*, p. 86.

souci de modifier fondamentalement les rapports sociaux existants, alors les conditions objectives dans lesquelles agit et travaille la nouvelle classe ouvrière font d'elle par excellence l'avant-garde du mouvement révolutionnaire et socialiste[104]. »

La première réponse repousse le léninisme et la seconde ressuscite l'avant-garde. Ces réminiscences politiques expliquent le terme de « nouvelle classe ouvrière » choisis par le sociologue, mais n'entachent en rien la validité de ses descriptions des nouvelles formes de travail introduites par l'automation de la production. Son ouvrage est le témoignage de la pression idéologique de la doctrine communiste qui, à cette époque, jetait l'anathème sur toute interprétation nouvelle de faits avérés, même dans le domaine de la division sociale.

L'idéologie compétente

La classe compétente puise sa puissance dans l'extension du travail intellectuel. Dans les années 60, l'automatisation des usines entraînait une croissance de la production qui restait le secteur primordial de l'économie, l'idéologie compétente ne se faisait sentir qu'à la marge et prenait pour cible les points cruciaux de l'idéologie de ses ennemis : la bourgeoisie et la classe partisaire. Contre la première, elle prônait une certaine décentralisation et le refus d'une croissance irraisonnée de la production, contre la seconde un certain apolitisme. Et par dessus tout un hymne au modernisme et à l'innovation.

La classe compétente est à cette époque le fer de lance de la croissance économique et dans ce sens elle est l'alliée de la bourgeoisie nationale qu'elle aide à se maintenir. En même temps, pour améliorer la productivité, elle préconise la parcellisation du processus de production en le découpant en une suite de phases, dont chacune d'elle donnera, dès que possible, naissance à une unité automatisée. Il en résulte

---

104. *Ibid., Avertissement au lecteur,* p. 41.

III - La classe compétente - 111

l'augmentation de son pouvoir grâce à son rôle dans l'innovation industrielle et surtout en raison de la nécessité de créer des services de gestion et de contrôle pour coordonner l'ensemble des unités.

La comptabilité analytique, fille de l'informatisation, permet de suivre le détail du fonctionnement de chaque unité et de calculer sa rentabilité propre, en se gardant de savoir si la multiplication des échanges n'est pas un frein à l'efficacité générale. Ainsi se prépare le recours à la sous-traitance auprès de petites entreprises, ou à des délocalisations dans des régions à faible coût de main d'œuvre. Le tissu industriel lourd et hiérarchisé se délite.

Dans une telle perspective, les États nationaux deviennent un cadre vide de tout sens économique et la classe compétente tend à s'universaliser en s'installant au cœur de multinationales apatrides, de fait le plus souvent aux mains de capitaux états-uniens. C'est l'alliance avec ce que j'appelle la bourgeoisie transnationale qui se renforcera au fur et à mesure de la décadence et, à terme, de la disparition, de la bourgeoisie nationale. Déjà, à cette époque, on en sent quelques effets ; en France, l'intelligentsia milite en faveur de la décolonisation et prend position contre la guerre d'Algérie ; on peut même remarquer que c'est autour de ces problèmes que se cristallisent les premières forces sociales compétentes.

Ces conceptions et ces remaniements se répercutent dans tous les domaines. Partout il faut innover, disséquer, parcelliser, décentraliser. L'informatique à ses débuts apporte sa pierre aux nouveaux édifices : elle scinde le travail intellectuel lui-même en une phase compétente, l'analyse et la programmation (l'élaboration de logiciels), et une phase exécutante, la mise en œuvre des programmes (l'emploi des logiciels). Cette façon de concevoir toute activité atteint même la paysannerie dont la forme de travail se prête pourtant mal à de tels découpages. La mécanisation des outils agricoles réduit la pénibilité et augmente le rendement mais encourage une culture extensive qui demande l'organisation des marchés pour l'écoulement des produits. Le passage par l'intermédiaire de coopératives spécialisées rend le paysan tributaire de celles implantées dans sa région et diminue sa liberté de décision ; il est moins maître de sa « loi » et Bernard Lambert pourra parler de « paysans prolétarisés ».

Ces bouleversements touchent l'ensemble des salariés traditionnels et même la petite bourgeoisie ; aussi, malgré la croissance, une certaine inquiétude se fait jour chez ceux qui voient sombrer la forme de travail dans laquelle ils puisaient leur dignité et leur salaire. La classe compétente reporte toute la responsabilité de cette évolution sur la bourgeoisie qu'elle accuse, par son appât du gain, de se jeter dans la recherche d'une productivité à outrance sans tenir compte des problèmes humains et de la préservation des ressources naturelles. La classe compétente est écologiste, car l'introduction des paramètres de la nature, qui sont en nombre presque infini, ouvre un champ considérable aux études les plus variées et bloque aux entournures le pouvoir de la bourgeoisie qui ne peut plus utiliser sans contrôle les moyens de production qu'elle possède. Cette dernière devient de plus en plus « une classe inutile ».

L'appel à une croissance raisonnée, allant parfois jusqu'à envisager une « croissance zéro », ne reçoit pas l'adhésion enthousiaste des exploités qui sont loin d'avoir reçu tous les bienfaits d'une croissance jusque là irraisonnée. Cantonnée dans son rôle d'amélioration et de coordination de la production automatique et du secteur tertiaire, la classe compétente n'a pas encore élaboré les projets politiques qui pourraient lui apporter l'aide des exécutants. Elle reste muette, à l'inverse de ses ennemis stasicrates qui naturellement voit d'un très mauvais œil la dispersion des industries lourdes, réservoirs des ouvriers qualifiés. Le parti communiste continue à prôner le socialisme étatique et à se présenter comme le rempart le plus sûr contre les méfaits de la bourgeoisie et de la société du profit ; son audience ne faiblit pas.

En conclusion, à la veille de Mai 68, le mouvement général de la société française vers une division de plus en plus marquée du travail intellectuel et du travail matériel n'avait pas réchauffé le fond de l'air du temps où soufflait encore la bise du calcul égoïste des notables bourgeois. Ce vent glacé convenait fort bien aux notables politiques de droite, mais aussi de gauche, qu'ils soient à la S.F.I.O. encroûtée dans son réformisme désuet ou au P.C. figé dans la stasicratie. Le vent nouveau n'était perceptible que dans la production automatisée où il prenait naissance et chez certains idéologues états-uniens.

Quand ce vent s'est levé, ce fut la tempête.

IV- LES FORCES SOCIALES

Les parties précédentes ont été surtout consacrées à la corrélation entre les idées et la division sociale. À partir du moment où la liberté d'expression a été élargie au droit d'organisation (liberté politique et liberté syndicale), la création et la disparition des partis ou des syndicats sont devenus autant de repères de la progression ou du déclin des projets des diverses couches sociales et donc des jalons sur le chemin de l'évolution de la division sociale du travail. On retrouvera, dans cette partie, des références à l'existence de telles ou telles classes ou catégories dégagées dans l'étude précédente.

L'éventail des forces politiques est extrêmement ouvert car il recouvre souvent, non seulement les intérêts de couches bien déterminées, mais souvent les arrangements que la vie politique leur impose. On se bornera à un survol des oscillations entre les deux partis de la gauche socialiste dans la période qui va de la première guerre mondiale à mai 1968, car les partis bourgeois ou petits bourgeois qui ont connu eux aussi de grandes variations n'ont joué qu'un rôle secondaire dans les journées de mai 1968, laissant l'U.D.R. et surtout son leader charismatique, le général de Gaulle, en première ligne, quitte à reprendre des initiatives un peu plus tard, comme on le verra dans le *Regard de 1978*.

On débutera par une analyse des forces syndicales, fondée sur deux idées :
- d'une part, les syndicats sont des partis ; les prolétaires, dans la position sociale qui est la leur, ne pouvant prétendre animer une force politique qui serait à même de les porter au pouvoir, se réfugient dans des organisations dont la politique est de rechercher la meilleure forme de résistance dans une société qu'ils sont obligés de subir ;
- d'autre part, les prolétaires cherchent d'abord à se protéger, avant de s'unir et les syndicats se répartissent suivant les intérêts des diverses couches d'exploités. Les confédérations

doivent être considérées comme des regroupements en rapport avec les principales contradictions qui traversent le prolétariat.

La différence de nature soulignée par les mots « parti » et « syndicat » n'est pas aussi profonde qu'on veut bien le croire : ce sont des organisations qui simplement représentent des classes différentes, pour les unes les classes dominantes, ou aspirant à l'être, pour les autres les classes dominées. Comme j'ai posé que tout mode de production était l'imbrication de modes de production simples, caractérisés par leurs deux classes, l'une dominante, l'autre dominée, on essayera dans cette partie de déterminer à quel mode de production se rapporte telle ou telle grande confédération syndicale.

Après ce retour sur le passé syndical, on reviendra à grands traits sur le projet du socialisme étatique, tel qu'il était propagé dans notre pays par le P.C.F., car c'est à lui que se sont heurté les manifestants de Mai 68, tant sur le plan idéologique que sur le plan de l'action.

LES SYNDICATS, PARTIS PROLÉTARIENS

Comme le soulignait le *Manifeste*, les luttes politiques n'ont toujours été jusqu'à présent que les combats de minorités au profit de minorités ; de plus, il est apparu que la doctrine d'un mouvement prolétarien d'une majorité au profit de la majorité n'a eu d'autre résultat que de porter au pouvoir une minorité, le Parti. On maintient donc notre hypothèse :
- les modes de production se suivent poussés par les évolutions des forces productives,
- les idées dominantes sont celles des classes dominantes,
- les divers modes de production se livrent à une compétition permanente pour accéder à leur prééminence dans la société.

Dans ce processus, les classes dominantes s'organisent dans des partis tandis que les classes dominées restent à l'écart, cherchant seulement à améliorer leur condition. Ces dernières, comprenant qu'il vaut mieux appartenir au mode de production dominant qu'à un mode en déclin, apportent un certain soutien aux batailles politiques de leur propre classe antagonique, quitte à monnayer ce soutien et à reprendre vigoureusement la lutte dès que la prééminence de leur mode de production est acquise : les luttes des classes prennent place dans la concurrence que se font les modes ou les formes de production. Ainsi, la classe ouvrière, dont l'existence est indissociablement liée au capitalisme, a toujours manifesté une méfiance vis à vis des minorités intellectuelles qui lui annonçaient un mode de production socialiste où la majorité exploitée verrait la fin de son aliénation. Pendant la première moitié du XIXe siècle, les artisans parcellisés puis les ouvriers réalisateurs se sont d'abord affirmés républicains, combattant ainsi les ennemis de leurs ennemis.

Les projets des partis politiques, expressions de leur capacité à organiser une société faisant une large part aux intérêts et aux pouvoirs des catégories, des couches ou des classes dont ils sont les mandants, traduisent fréquemment des compromis temporaires, parfois qualifiés d'historiques, centrés sur une simple avancée de leur influence sociale. Les syndicats, liés à la résistance au jour le jour, ne sont pas portés à établir des projets politiques : ils suivent au plus près le méandre des possibilités qui s'offrent à la classe dominée qu'ils représentent, c'est à dire les mouvements d'extension ou de régression du mode de production dans lequel cette classe s'insère.

Comme l'avait déclaré Marx à une délégation de syndicalistes allemands : « *Tous les partis, quels qu'ils soient, n'enthousiasmant la masse des ouvriers qu'un certain temps, momentanément. Les syndicats, en revanche, captent la masse de façon durable ; seuls ils sont capables de représenter un véritable parti ouvrier et d'opposer un rempart à la puissance du capital* [105]. »

---

[105]. K. Marx, *Déclaration publiée dans le Volkstaat (27 novembre 1869).*

Leur durée et leur capacité à capter la masse exploitée font des syndicats d'excellents témoins dans la suite des modes de production. Comme on ne peut pas nier leur liaison avec les partis, on englobera, dans cette histoire sociale du début du XXe siècle à mai 68, les péripéties partisanes indispensables à une bonne compréhension de l'histoire du syndicalisme.

Les deux guerres mondiales découpent la vie politique française en trois moments bien délimités, d'autant qu'elles ont accéléré les changements dans les moyens de production qui passent d'abord de la fabrique à la production mécanique, puis commencent à s'automatiser dès la seconde guerre mondiale.

À l'orée du XXe siècle, les partis socialistes sont imprégnés de la doctrine communiste, mais, en France, après la répression de la Commune et avant la première guerre mondiale, la tendance dure social-démocrate a le plus grand mal à s'imposer à une foule de tendances qui s'agitent au gré des événements politiques. En revanche, à partir de la victoire léniniste en Russie, ils se diviseront en deux organisations, l'une emboîtant le pas derrière Lénine et ses successeurs, l'autre s'y refusant par révisionnisme ou plutôt réformisme.

De leur côté, les fédérations syndicales et les bourses du travail qui viennent de se réunir dans la Confédération Générale du Travail en 1902 entreprendront une marche parallèle : certains admettront le rôle de courroie de transmission du Parti que leur assigne le léninisme, les autres, tout en criant leur autonomie, ne seront pas insensibles aux chants des sirènes socialistes,

AVANT LA PREMIÈRE GUERRE MONDIALE

Toute la fin du XIXe siècle a été en France ponctuée par un chassé-croisé de partis qui se divisent sur leur vision de la perspective socialiste. Ils sont tous l'expression d'intellectuels qui tentent de se rapprocher d'une classe ouvrière influencée par les réalisateurs de la fabrique car l'industrie taylorisée n'en est qu'à ses balbutiements. Dans leur tentative de se rallier les prolétaires, les partis oscillent de l'anarchisme au jauressisme et se divisent face à des syndicats en plein essor.

En 1903, tout ce remue-ménage se coagule en deux partis : le parti socialiste français, plus réformiste, dirigé par Jaurès, et le parti socialiste de France, plus révolutionnaire où les guesdistes fournissent la majorité des effectifs. L'année suivante, ils participent séparés au congrès d'Amsterdam de la IIe Internationale où Guesde prononce un discours contre l'approbation par Jaurès de l'entrée du socialiste Millerand dans un gouvernement bourgeois :

« *Pour nous, et pour l'immense majorité des socialistes représentés à Amsterdam, le socialisme a sa base dans les phénomènes économiques ; il sort tout armé du capitalisme, dont il est à la fois l'aboutissant et le correctif. Nous sommes, pour employer l'expression pittoresque d'un des nôtres, les fils du cheval-vapeur... Tout change, au contraire, dès qu'on ne voit dans le socialisme - cessant d'être une étape économique - qu'un postulat, le prolongement ou le mouvement démocratique issu lui-même de la Révolution bourgeoise de la fin du 18e siècle. Et c'est parce que Jaurès - dans sa manière actuelle au moins - se rattache à cette dernière conception, c'est pour cela qu'il accepte et réclame - qu'il peut le faire logiquement - une collaboration de plus en plus permanente avec les éléments les plus avancés, c'est à dire démocratiques et républicains de la bourgeoisie* [106]. » Longue citation qui pose très clairement qu'en ce début de siècle les « fils du cheval-vapeur », c'est à dire les réalisateurs de la fabrique se divisent entre ceux qui visent la fin de la bourgeoisie et ceux qui acceptent de s'allier à la petite bourgeoisie républicaine. Guesde définit très bien la position réformiste de Jaurès ; ce n'est pas un révisionniste, il ne révise pas la doctrine communiste ; il est à l'extérieur, c'est un partisan du socialisme démocratique, mélange de socialisme généreux et d'espoirs petit-bourgeois.

---

106. Jules Guesde, *Discours au congrès d'Amsterdam*, in Brochure du parti socialiste de France (compte-rendu du congrès d'Amsterdam).

Les guesdistes, marxistes fidèles au socialisme prolétarien du *Manifeste*, ne sont pas les seuls révolutionnaires. Les réalisateurs, comme on l'a maintes fois souligné, en contact direct avec leur patron, voient dans la disparition de la bourgeoisie l'aube d'une société humaine et égalitaire ; certains d'entre eux ne conçoivent pas la nécessité d'un État chargé de régler des contradictions de classes qui n'existeraient plus : ceux-là sont anarchistes. Leurs partis interdits ou réprimés, ils s'investissent dans les syndicats pour en faire le levain de la révolution grâce à la grève générale

Malgré leurs différences, les deux partis socialistes français suivent les recommandations de l'Internationale et, au congrès du Globe à Paris en 1905, la section française de l'internationale ouvrière est créée. Les jauressiens représentent le tiers de la direction, sans leur leader en raison de l'incompatibilité statutaire avec son mandat de député. Quoique, tout au long de son existence, la S.F.I.O. ait, la rose au poing, professé un socialisme prolétarien, elle gardera, en pratique, un penchant pour le jauressisme et son réformisme.

La loi Le Chapelier du 14 juin 1794 avait aboli les corporations et du même coup interdit aux citoyens de s'organiser sur une base professionnelle. De nombreuses luttes, souvent durement réprimées, ont desserré ce carcan au cours du XIXe siècle et au début du XXe. La naissance de la Confédération Générale du Travail confirme une certaine cohésion des réalisateurs de la fabrique, elle « *est constituée : d'une part par les Fédérations nationales (à défaut les Fédérations régionales) d'industries et de métiers ou par des syndicats nationaux ; d'autre part, par les Bourses du Travail considérées comme Unions régionales, départementales ou locales* [107] » . À partir de 1902, ce type de structures restera un modèle pour tout le syndicalisme.

---

107. *Texte de l'accord du congrès de Montpellier de 1902, in* Georges Lefranc, *Le syndicalisme en France*, Que sais-je ?, Presses universitaires de France, 1968, p. 28.

La Charte d'Amiens (1906) reprend les positions de 1902 et surtout règle la question des rapports avec les partis, qui avait été l'objet de tant de discussions au sein des organisations ouvrières. Comme le remarque André Barjonet : « *... pour la plupart des auteurs, cette "charte" consacrerait, en effet, les principes du syndicalisme apolitique, ce qui, comme nous allons le voir, est totalement faux* [108]. » Que dit donc cette charte d'Amiens ? « *Mais cette besogne n'est qu'un côté de l'œuvre du syndicalisme ; il prépare l'émancipation intégrale, qui ne peut se réaliser que par l'expropriation capitaliste ; il préconise comme moyen d'action la grève générale et il considère que le syndicat, aujourd'hui groupement de résistance, sera, dans l'avenir, le groupement de production et de répartition, base de réorganisation sociale* [109]. » Beau programme politique.

Plus loin, la charte reconnaît au syndiqué le droit de s'engager comme il le souhaite et où il le souhaite, « *se bornant de lui demander, en réciprocité, de ne pas introduire dans le Syndicat les opinions qu'il professe au dehors* ». Et un peu plus loin, elle affirme que les organisations confédérées n'ont pas à se préoccuper « des partis et des sectes ». Il y a bien refus de toute compromission organisationnelle avec les partis, mais nul apolitisme. La mention de la « grève générale » rappelle l'influence prépondérante des anarchistes.

Au sein de la S.F.I.O., les guesdistes sont réticents sur cette répartition des rôles ; cependant, au congrès de 1907, une majorité approuve la charte d'Amiens. Dans les années qui suivent, face aux menaces de guerre, on trouve un Jaurès qui préconise la « grève générale », tandis que, le 28 juillet 1914, le comité confédéral de la C.G.T. réaffirme son opposition à toute guerre. Au lendemain de l'assassinat de Jaurès, les uns se rallient à « l'Union sacrée » et les autres acceptent le fait accompli.

---

108. André Barjonet, *La C.G.T.*, Éditions du Seuil, 1968, p. 13.
109. *Ibid., citation de la Charte d'Amiens,* p.16.

On peut conclure cette période d'unification politique ou syndicale des réalisateurs de la fabrique en constatant comme Georges Lefranc : « *Le capitalisme de ce début du siècle, demeure un capitalisme de petites unités ; l'ouvrier qui se révolte contre sa condition n'a pas le sentiment d'être techniquement ou intellectuellement inférieur à son patron ; il est porté à penser qu'il n'a pas besoin de lui pour faire vivre les entreprises* [110]. »

L'ENTRE - DEUX - GUERRES

L'effort de guerre nécessite le contrôle de l'État sur les industries d'armement et la collaboration avec les syndicats apparaît souhaitable pour éviter toute grève. Ces rapprochements subsisteront après la paix et le gouvernement Clémenceau fera voter, la veille du 1er mai 1919, la loi sur la journée de 8 heures, ce qui n'évitera pas une grève des métallurgistes ce même mois. L'élan cependant fait défaut ; Merrheim, au nom des minoritaires de la C.G.T., lance à Jouhaux : « *Il vous manque l'essentiel : la foi dans la classe ouvrière* [111]. » Toujours la même vieille querelle. Cependant, la confédération décrète une grève générale le 1er mai 1920, qui sera facilement endiguée par le gouvernement qui licencie 22 000 cheminots.

Comme le remarque Georges Lefranc, le ralliement de la C.G.T. à la nation a eu pour conséquence une certaine réconciliation avec l'État et l'apparition des revendications de nationalisation et de contrôle ouvrier. « *C'est Charles Gide, le théoricien de l'École coopérative de Nîmes, qui fournit la définition cherchée :"Une entreprise est nationalisée lorsqu'elle n'est plus exploitée qu'en vue des besoins de la communauté et qu'elle n'a d'autre but que de procurer aux consommateurs le*

---

110. Georges Lefranc, *Le syndicalisme en France*, Que sais-je ?, P.U.F, 1968, p. 26.
111. *Ibid.*, p. 46.

maximum d'utilité et d'économie... Dans les conseil prévus, les syndicats d'ouvriers n'auraient qu'un sixième des sièges, les techniciens obtenant l'autre moitié du tiers dévolu aux salariés [112]. » On sent déjà la montée d'une idéologie favorable aux techniciens et aux qualifiés.

Parallèlement, sur le plan politique, au congrès de Tours (décembre 1920), la majorité des socialistes opte pour le ralliement à Lénine et la section française de l'internationale communiste est créée, elle deviendra le parti communiste. Les minoritaires avec Blum conservent la vieille maison S.F.I.O. et ne tarderont pas à prendre le pas sur les scissionnistes dont le sectarisme léniniste, en particulier vis à vis des syndicats, écœurera les adhérents dont le révolutionnarisme se teintait d'anarchisme.

Les partisans de l'internationale communiste s'efforcent de noyauter la C.G.T. et contrairement aux statuts de la confédération se regroupent dans les Comités Syndicalistes Révolutionnaires. Jouhaux réagit et, en novembre 1920, le comité confédéral national vote la condamnation des syndicats qui adhèrent aux C.S.R. et, en septembre 1921, une interdiction définitive. Les C.S.R. réclament un congrès extraordinaire, il leur est refusé. Ils se réunissent à Saint Étienne et créent la Confédération Générale des Travailleurs Unitaire. La rupture est consommée sur les deux plans, syndical et politique.

« *Les années qui suivent cette guerre (14-18) sont, tout à la fois, la fin d'une époque qui ne veut pas mourir et le début d'une ère nouvelle* [113]. » Les réalisateurs de la fabrique restent majoritaires à la C.G.T. et à la S.F.I.O., mais se profile la montée des qualifiés qui contrôlent les deux organisations minoritaires.

« *Après 1920, la tactique pour le communisme est d'opposer aux ouvriers qualifiés, syndiqués, rétifs au bolchevisme, la masse nouvelle prolétarisée, d'employés et*

---

112. *Ibid.*, p. 47.
113. André Barjonet, *op. cit.*, p. 27.

d'ouvriers, qu'il juge devoir être plus malléable (Collinet)[114]. » Ceux qui sont nommés « qualifiés, rétifs au bolchevisme » par Collinet sont les réalisateurs, syndiqués à la C.G.T. Il n'en reste pas moins que la tactique employée de se tourner vers « la nouvelle masse prolétarisée » manifeste la présence des industries mécanisées. Il est paradoxal qu'une C.G.T.U., ayant choisi l'allégeance à Lénine, n'en reste pas moins sensible aux plus défavorisés, c'est à dire à un révolutionnarisme anarchiste. Au cours des années, les communistes élimineront ces relents, mais en même temps verront fondre le nombre des adhérents, malgré un anticapitalisme allant jusqu'à dénoncer les nationalisations comme symboles de la collaboration de classe.

La C.G.T. poursuit une pratique modérée, sans que ses demandes de nationalisation ou de contrôle ouvrier ne reçoivent le moindre écho favorable, ni celles de conventions collectives ou de congés payés. Jouhaux est discrédité aux yeux de la C.G.T.U., il n'obtient quelques satisfactions que sur le plan international où il soutient la Charte de l'Organisation Internationale du Travail et où il est appelé à participer à de multiples travaux au sein du Bureau International du Travail.

La dénonciation par les communistes de la collaboration de classe vole en éclat, le 12 février 1934, après le ralliement de la C.G.T.U à la grève générale, même si, dans un baroud d'honneur, elle s'était auparavant associée à la manifestation du P.C.F., place de la République. Les querelles continuent, mais à l'automne 1934 des conversations s'engagent entre les deux C.G.T. La création du Front populaire les amène à collaborer dans les comités qui se forment. La signature par Laval du pacte franco-soviétique en mai 1935 bloque le parti communiste dans ses velléités de politique d'opposition. Doriot, enclin à jouer de sa popularité pour contourner les directives, a été éliminé au profit de Thorez et de Duclos ; les stasicrates se mettent en place et le P.C. ne démordra plus de son attachement à la stasicratie soviétique.

---

114. Guy Lefranc, *Le syndicalisme en France, op. cit.,* p. 47.

La C.G.T.U. emboîte le pas : « *À tous les travailleurs qui nous écoutent, nous disons que le salut réside dans leur unité pour combattre leur ennemi commun : le capitalisme* [115]. » Le mot magique des stasicrates est prononcé : « l'unité ». Et décidée en septembre 1935, cette unité est réalisée au congrès de Toulouse en mars 1936, sur la base d'un compromis plutôt favorable aux adhérents de la C.G.T. puisque les nouveaux statuts entérinent et le nom de la confédération et son indépendance vis à vis des partis.

La victoire électorale du Front populaire, amplifiée par l'immense vague de grèves sans précédente de mai-juin 1936, se solde par les accords de Matignon qui consacrent les revendications de la C.G.T. et apportent les avancées sociales bien connues : congés payés, extension des conventions collectives...

À partir de cette date, la situation se complique face à la montée du fascisme, ce qui encourage les luttes internes à la C.G.T. En son sein, les ex-unitaires progressent avec les échecs du gouvernement Blum, ce qui suscite la création d'un journal, *Syndicats*, pour soutenir la résistance à ce qu'on appelle la colonisation « communiste ». Les manœuvres de B. Frachon pour neutraliser le groupe « Syndicats » conduisent au maintien de Jouhaux à la tête de la confédération, mais les effectifs qui avaient dépassé les deux millions après 1936 retombent à ce qu'ils étaient auparavant. La signature du pacte germano-soviétique le 23 août 1939 place les communistes dans une position délicate et, après l'invasion de la Pologne par les troupes soviétiques le 17 septembre, la cohabitation devient impossible : le bureau confédéral exclut les communistes ; il s'ensuit une grande confusion dans les fédérations et les syndicats où ces derniers étaient majoritaires, les minoritaires préférant alors créer de nouvelles structures favorables à l'éviction décrétée par le bureau confédéral.

---

115. Benoît Frachon *discours au C.C.N. de la C.G.T.U. d'octobre 1934*, in André Barjonet, *op.cit*, p. 106.

Cette période de l'entre-deux-guerres est un équilibre instable entre les forces qui puisent leur idéologie chez les réalisateurs de la fabrique et celles qui la trouvent dans les qualifiés de la production mécanique montante. Elle se termine comme elle avait commencé par une séparation des deux protagonistes mais à front renversé. Après une réunion de quelques années qui traduit sans doute leur équilibre, les plus forts du début sont devenus les plus faibles à la fin. La guerre va troubler les jeux politiques et sociaux ; une fois la paix revenue, on oubliera les discordances et, au niveau syndical, on s'appliquera à œuvrer dans une unité qui connaîtra le même sort que les précédentes.

L'APRÈS - GUERRE

Ces deux décennies, jusqu'en mai 1968, apparaissent de prime abord en continuité avec les luttes politiques et syndicales de l'avant-guerre dans un contexte inchangé. Les partis communiste et socialiste retrouvent leur audience avec un léger déplacement en faveur du P.C.F. Conformément aux accords du Perreux (1943) et à une ordonnance d'Alger (27 juillet 1944), la C.G.T. est rétablie dans ses droits antérieurs à 1939 ; des commissions nationales et départementales contrôlent la reconstitution des structures syndicales avec égalité des deux anciennes tendances au niveau confédéral.

Ce retour aux équilibres antérieurs se fait en France dans une situation de concurrence entre les deux grands modes de production : le capitalisme en déclin et le socialisme étatique qui, lui aussi, ne tardera pas à donner des signes d'essoufflement sous les coups des nouvelles forces productives en plein développement.

À la Libération, les gouvernements qui se succèdent mettent en place les grandes réformes préconisées par le Conseil National de la Résistance : nationalisations, sécurité sociale, statut de la fonction publique... , et font appel à un effort national de reconstruction. Le capitalisme français est mité de socialisme étatique et le conflit entre les deux composants principaux de la société ouvrière française repartira de plus belle.

Déjà, en juillet 1946 une grève dans les P.T.T. aboutit localement à une scission syndicale, tandis qu'une grève partielle à Renault met le feu aux poudres : les responsables communistes du syndicat sont hués par les ouvriers, car le gouvernement Ramadier où siègent des ministres communistes a désavoué le mouvement. Le P.C.F. fait machine arrière et approuve les ouvriers ; immédiatement accusés de double jeu, les ministres communistes sont exclus du gouvernement ; on ne les reverra pas de sitôt ; le Parti se réfugie dans une opposition politique systématique et un soutien à tout mouvement revendicatif.

Dès la fin 1945, Jouhaux et ses amis avaient entrepris de regrouper autour du journal *Force Ouvrière* tous les cégétistes opposés à la « colonisation communiste ». Au moment de l'exclusion du P.C. du gouvernement, les deux camps s'affrontent sur le plan Marshall qui, malgré la position favorable de Jouhaux, est condamné par le comité confédéral. Immédiatement après, un grand mouvement de grève est lancé en novembre-décembre 1947 ; très dur, il engendrera de véritables batailles entre les grévistes et les forces gouvernementales envoyées par Jules Moch, ministre socialiste de l'Intérieur.

Suivant le désir des militants et quoique lui-même ne soit pas favorable à la scission, le 19 décembre 1947, Jouhaux et ses amis remettent leur démission à Benoît Frachon. En avril 1948, la C.G.T.- F.O. se constitue ; elle est loin d'avoir l'importance de la C.G.T. d'avant-guerre car certains syndicats ne se rallient pas à son anticommunisme systématique et, par exemple, la Fédération de l'Education Nationale préfère s'organiser en toute autonomie.

Se confirme ainsi la rupture entre une classe ouvrière de petite entreprise, proche de la fabrique, et celle plus qualifiée des entreprises nationalisées et des grandes industries mécaniques ; le rapport des forces militantes montre à l'évidence la supériorité de la seconde dans la France reconstruite. Pendant les vingt années suivantes, les deux partis P.C.F. et S.F.I.O. et les deux confédérations C.G.T. et C.G.T.-F.O. perpétueront leur clivage idéologique en parfait accord avec la « guerre froide ». Aux uns, une allégeance sans faille à la stasicratie soviétique, aux autres une adhésion à un socialisme démocratique petit-bourgeois.

Si la France connaît une expansion économique ininterrompue, elle est enferrée dans les guerres coloniales, menées par les gouvernements de la IVe République à l'exception de celui de Mendès-France. La S.F.I.O., prise en main de 1946 à 1969 par Guy Mollet, dont on disait que sa longévité était due à l'application de la formule « *les congrès se gagnent à gauche, puis le pouvoir s'exerce à droite* », revient au pouvoir en 1956 après une interruption de six années et porte la responsabilité d'une cécité politique qui conduira au fiasco de l'expédition de Suez et à l'enlisement dans la guerre d'Algérie avec une sorte de neutralité bienveillante de la part des députés communistes.

Le P.C. ne faillira pas dans son soutien à la stasicratie soviétique que ce soit par ses manifestations antiaméricaines en faveur de la paix ou par son approbation de l'intervention en Hongrie décidée par Khrouchtchev, quoiqu'il ait eu une certaine difficulté à admettre la révélation des crimes du « petit père des peuples » . Malgré son obédience à l'U.R.S.S. et grâce à sa non participation aux gouvernements, il conserve une puissance électorale d'environ 20% des votants ; il en profite pour contenir toutes réflexions négatives à l'égard du socialisme étatique, en les taxant d'anticommunisme, de calomnie du « parti des fusillés » et, sur le dessus du panier, de trahison de la classe ouvrière.

Les deux C.G.T. poursuivent leur chemin séparé, attentives toutes deux aux revendications catégorielles ; mais l'une ne manque pas de se ranger politiquement dans le camp du P.C., tandis que l'autre, beaucoup plus prudente vis à vis de ses adhérents, choisit le silence comme, par exemple, lors de l'arrivée de de Gaulle au pouvoir en 1958. Les effectifs vont s'amenuisant, chacune restant dans ses secteurs privilégiés, en particulier la C.G.T.- F.O. dans la fonction publique. Si l'une est hantée par l'unité, l'autre l'est par l'anticommunisme : « *Les scissions du mouvement syndical sont la conséquence de la volonté d'affaiblir le syndicalisme. S'agissant de la C.G.T., le Congrès considère que rien n'est changé, qu'elle reste un instrument du Parti Communiste et qu'ainsi aucune entreprise de rapprochement avec elle ne saurait se justifier* [116]. »

LES PRÉMISSES DE MAI 68

Dans les paragraphes précédents, j'ai passé sous silence les remous politiques extérieurs au courant porté par le socialisme étatique. Sous-jacente aux eaux de surface, l'automatisation des moyens de production et d'échange restée en profondeur n'a pas suffisamment éveillé l'attention des contemporains sur cette lame de fond. Pourtant, le traité de l'Atlantique Nord, les textes européens et la décolonisation pouvaient déjà être compris comme un affaiblissement du capitalisme français. La classe bourgeoise a, par son sursaut gaulliste, tenté de repousser sa submersion par la vague de l'impérialisme états-unien qui exportait les nouvelles forces productives dans lesquelles l'organisation d'une forme automatisée de production porte au pouvoir la classe compétente dans les entreprises. « *Ce n'est qu'avec la chute de la IVe République que la France, sous le sceptre gaulliste, entre, politiquement et institutionnellement, dans la phase du "capitalisme d'organisation", pour reprendre l'expression d'Herbert Marcuse* [117] ».

---

116. Congrès de F.O. en novembre 1963 *in* Georges Lefranc, *Le syndicalisme en France, op. cit.*, p. 114.
117. Serge Mallet, *La nouvelle classe ouvrière, Avertissement au lecteur, op. cit.*, p. 9.

Connaissant aujourd'hui la suite, il est facile, tant sur le plan politique que sur le plan syndical, de mettre le doigt sur les signes avant-coureurs du séisme qui se prépare. Bloqués entre le sectarisme du P.C. et la mollesse de la S.F.I.O., des hommes de gauche, en particulier les trotskistes, ont tout au long des années tenté de rassembler autour d'eux des militants en vue de proposer d'autres issues aux luttes sociales, mais ils ont été dans l'impossibilité de sortir du dilemme : révolution socialiste ou réforme du capitalisme. Dans cette nébuleuse, on va suivre le parcours des petits partis qui finiront par donner naissance au P.S.U.

Dès 1954, le terme « nouvelle gauche » englobe une mouvance intellectuelle qui s'exprime, par exemple, dans des journaux comme *Combat* et surtout *Le Nouvel Observateur*. L'échec d'un regroupement autour de Mendès-France et du journal *L'Express* élimine l'idée d'un nouveau radicalisme moderniste. « *À la fin 1957, après cet événement plus ou moins formel de la "Nouvelle Gauche" naissait donc l'Union de la Gauche Socialiste (UGS) rassemblant la Jeune République, le MLP, la Nouvelle Gauche "statutaire" et quelques dissidents de la SFIO. Elle annonce 10 000 adhérents ce qui n'est pas négligeable... Gilles Martinet, Claude Bourdet et Yves Dechezelles sont les dirigeants les plus connus. L'UGS est hostile au gaullisme qui s'installe mais on peut se demander si la plupart de ses membres ne sont pas encore plus allergiques à Guy Mollet et à la SFIO* [118]. »

L'U.G.S. inaugure une alliance entre militants chrétiens et militants d'une gauche socialisante, qui tous récusent les forfaits de la stasicratie soviétique et les compromissions socialistes dans la guerre d'Algérie. C'est bien dans le rejet de l'Algérie française, qui plus est, maintenue par les méthodes intolérables de l'armée française, que s'est forgée la cohésion de la nouvelle organisation.

---

118. Louis Mexandeau, *Histoire du Parti Socialiste*, Tallandier Éditions, 2005, p. 327.

Peu après, les éléments de la S.F.I.O. les plus écœurés par le molletisme n'hésitent plus et, lors d'un congrès euphorique à Montrouge, début mai 1959, ils fondent le parti socialiste autonome. « *Ce congrès avait été suivi à l'automne et au printemps 1960, par des meetings enthousiastes à la Mutualité, mais aussi à Lille et à Grenoble. Les meilleures conditions étaient réunies pour une fusion rapide avec l'UGS et une organisation dissidente du Parti communiste, Tribune du Communisme avec Jean Poperen. Il y eut bien des méfiances, des retenues entre le PSA et l'UGS, à cause de la différence des origines et des mentalités, des positions ou des soupçons concernant la laïcité. Mais enfin parce qu'elle procède de la nécessité et des ambitions partagées, l'union se fera sur une base égalitaire, les deux formations pesant chacune un peu plus de 8 000 adhérents. L'UGS impose son idéologie, le PSA ses conceptions organisationnelles* [119]. »

On voit que l'auteur de la citation, quarante ans après, en est toujours à considérer la politique sous l'angle de compétitions analogues à celles de la IVe République avec des buts d'ambitions électoralistes. Si on ajoute à de telles vieilleries le monolithisme du P.C.F., on doit comprendre les difficultés rencontrées pour moderniser un tant soit peu en profondeur la vie politique. Heureusement, avec ses dissensions internes et ses multiples tendances, le P.S.U. se détachera de cet archaïsme et constituera un parti nouveau dans le paysage de la gauche française, le seul d'où émergera une idéologie en communion avec Mai 68.

Mais c'est du côté des exploités qu'il faut chercher les prémisses les plus significatives : la naissance d'une force prolétarienne qui sort de la Confédération des Travailleurs Chrétiens. Cette dernière, issue des syndicats des employés du commerce et de l'industrie, constitués par Frère Hieron en 1887, se forme en novembre 1919 et « *entend s'inspirer dans son action de la doctrine sociale définie dans l'Encyclique*

---

119. *Ibid.*, p. 331-332.

Rerum Novarum ». Malgré cette référence, elle ne fera jamais du prosélytisme en faveur de la religion catholique et, à partir de sa naissance, elle poursuivra une ligne syndicale qui saura éviter toutes les compromissions avec les pouvoirs politiques, en particulier avec celui de Vichy. Traités à leur début de « syndicats jaunes », les syndicats chrétiens, gardant leur autonomie, préserveront, en France, le pluralisme syndical et joueront un rôle d'appoint réformiste. Je n'ai pas exposé leur évolution car ils ont été les représentants de couches sociales intégrées dans la société bourgeoise, tout en conservant un certain particularisme chez les employés ou les travailleuses du textile.

Dans la période d'après-guerre, la C.F.T.C. jouit d'une certaine audience qui lui assure une place au moins équivalente à la C.G.T.- F.O. Étant donné son auréole, on aurait pu croire à la stabilité éternelle de la confédération chrétienne. Elle est cependant stimulée par un courant minoritaire appelé « Reconstruction » qui désire la laïciser. Au congrès de 1959, elle se prononce pour une « planification démocratique » et Descamps, ex-minoritaire prend le secrétariat général. Au congrès de 1963, la pression monte : « *La résolution générale et le manifeste aux travailleurs mettent donc en valeur nos objectifs très éloignés de ceux du gouvernement, tandis que le premier texte précise la manière par laquelle la CFTC veut conduire la transformation de la société industrielle moderne* [120]. »

Le pas est franchi une année plus tard ; au Congrès extraordinaire de novembre 1964, une majorité de 70% décide de procéder à la laïcisation et de prendre le nom de Confédération Française Démocratique du Travail. « *Soulignant les apports des différentes formes de l'humanisme, dont l'humanisme chrétien, à la définition des exigences fondamentales de la personne humaine...* ,

---

[120]. Gonin, *Histoire du mouvement ouvrier*, édition CFDT, 1970, p. 96.

la Confédération réunit des organisations syndicales ouvertes à tous les travailleurs résolus, dans le respect mutuel de leurs convictions personnelles, philosophique, morales ou religieuses, à défendre leurs intérêts commun et à lutter pour instaurer une société démocratique d'hommes libres et responsables [121]. »

La C.F.D.T. affirme son originalité : d'une part elle ne fait aucune allusion à la classe ouvrière et s'affirme comme intéressée par la société industrielle moderne, d'autre part elle se prononce pour l'humanisme et pour une société démocratique d'hommes libres. La position est claire : rejet de toute emprise stasicratique et aussi, avec l'apparition de l'expression « travailleurs résolus » , rejet de l'irrésolution molletiste. Elle n'en conclura pas moins un pacte d'unité d'action avec la C.G.T. (janvier 1965) et affirmera son indépendance politique en se prononçant pour une candidature d'opposition aux présidentielles de 1965.

Même si ce troisième larron prolétarien refuse de s'envisager comme un des échos des luttes des classes, il est évident pour moi que l'année de sa naissance désigne la C.F.D.T. comme la confédération d'une nouvelle couche du prolétariat en liaison avec les nouvelles forces productives automatisées où la qualification ouvrière est en recul par rapports aux spécialisés, aux manœuvres et aux employés. Que la C.F.T.C. ait pris naissance dans un vivier exécutant, à une époque où, marginal, il jouait un rôle négligeable dans les luttes des classes, et qu'elle éclate au moment où ces catégories de travailleurs s'accroissent énormément confortent cette hypothèse. Il est à remarquer que comme pour les partis politiques, les exécutants sensibles au christianisme progressiste sont prêts à se reconnaître en partie dans les idées portées par une organisation du travail dans laquelle l'autorité n'est assise ni sur l'argent, ni sur la politique partisane, mais sur les valeurs individuelles.

---

121. Georges Lefranc, *Le syndicalisme en France, op. cit.*, p. 115.

LE PARTI COMMUNISTE FRANÇAIS

Comme on le sait et comme on l'a répété tout au long des chapitres antérieurs, la plupart des projets politiques des partis de gauche tournent, depuis plus d'un siècle, autour de la notion de socialisme qui a subi tant de vicissitudes qu'elle est flanquée de divers adjectifs. En première approximation marxisante, le projet socialiste est la description d'une société future débarrassée de la domination bourgeoise et en route vers la société sans classes, c'est à dire la fin de l'Histoire.

Cette idée d'étape intermédiaire, de passage obligé, n'est qu'un voile pudique jeté sur les intérêts de la classe qui compte succéder à la bourgeoisie, non de la façon transitoire annoncée, mais d'une façon irréversible. C'était la grande crainte des proudhoniens et des anarchistes qui n'en voyaient pas la nécessité et préféraient sauter par dessus pour retomber directement dans une société sans classe autogérée. De mon côté, je sauterai par dessus les longues querelles qui ont émaillé la vie des Internationales ; cependant, il est évident que, dès les débuts de Mai 1968, les défilés furent émaillés de drapeaux noirs qui sont sans doute (en fait, je ne le sais pas) à l'origine de la vogue du mot « autogestion » , surtout après l'affirmation de Séguy : « L'autogestion est une formule creuse ».

Malgré cet engouement de certaines forces politiques, on s'est rapidement replongé dans l'ornière socialiste, seul projet à la disposition des classes qui veulent entraîner le prolétariat. On va résumer dans une sorte de tableau les divers socialismes cités dans cet ouvrage et les relier à la couche qui accumulait le travail intellectuel dans les moyens de production de son époque et qui était capable de propager son idéologie grâce à ses intellectuels éclairés, car comme le disait Kautsky, « *le porteur de la science n'est pas le prolétariat, mais les intellectuels bourgeois* ». Ajoutons : « Habiles à trouver un répondant ouvrier dans les forces productives. »

IV - Les forces sociales

Au début étaient les *socialismes utopiques*, visions d'intellectuels d'une société manufacturière.

Décriés par Marx et Engels, le *Manifeste* les remplace par ce qu'il convient d'appeler le *socialisme prolétarien* puisqu'il cherche, dans une société de la fabrique, l'adhésion des prolétaires en promettant un paradis socialiste dont les intellectuels communistes seraient les garants.

Le *socialisme scientifique* ajoute la science comme garantie supplémentaire, il n'est qu'un intermédiaire vers le socialisme de Lénine.

Le *socialisme étatique* s'appuie sur la société de la production mécanique et trouve son répondant dans les ouvriers qualifiés ; ceux-ci qui, se sachant tributaires des ingénieurs et gestionnaires salariés, acceptent pour parvenir au paradis communiste d'en passer par un Parti fort qui gérera l'État socialiste ; on sait la suite.

À côté de ces socialismes peu ou prou révolutionnaires, s'est insinué un socialisme moins radical, qui, par humanisme pour Jaurès ou par révisionnisme pour Bernstein, table sur des réformes progressives et progressistes pour parvenir sinon au paradis mais, pour le moins, à un purgatoire où la bourgeoisie mettrait ses moyens au service d'une plus grande égalité. Il mérite le qualificatif de *socialisme démocratique*, comme l'avait caractérisé J. Guesde. Dans les flonflons révolutionnaires de « mai 1968 », il n'avait pas sa place, il portait la croix du discrédit de la politique molletiste de la S.F.I.O.

Qu'il soit stalinien, trotskiste ou maoïste, le socialisme issu du *Manifeste* est forcément étatique : « *Le prolétariat se servira de sa suprématie politique pour arracher peu à peu à la bourgeoisie tout capital, pour centraliser tous les instruments de production aux mains de l'État* » et il n'a toujours pu déboucher que sur la stasicratie. En France, sa plus grande église était le parti communiste français qui en faisait son bréviaire rouge dans la plus pure orthodoxie léniniste. Même s'il souffrait de l'exemple peu exaltant de l'U.R.S.S., son audience ne faiblissait pas.

La doctrine marxiste n'a certes pas tenu ses promesses paradisiaques, mais les critiques ne portaient que sur ses conséquences fâcheuses, sans mettre le doigt sur le gène déviant. La théorie du prolétariat érigé en classe dominante était difficile à défendre, mais philosophiquement elle était entourée d'un certain respect devant la logique de la pensée de ses grands créateurs. Il était alors facile pour le P.C. de taxer ses détracteurs d'intellectuels bourgeois, de renégats à la classe ouvrière et de vendus à l'impérialisme états-unien. Toutes les années d'après-guerre ont été politiquement bloquées par cette impuissance théorique à porter le fer au cœur même de la doctrine : le mot « prolétaire ». Merleau-Ponty en 1946 cherchait à comprendre et Sartre en 1968, parlant dans le « grand amphi » de la Sorbonne occupée par les étudiants, en appelait encore à un socialisme réconcilié avec la liberté.

Les subtilités théoriques ne peuvent alimenter en adhérents un grand parti politique qui se doit de présenter un projet crédible inscrit dans la réalité du moment. Le terme ultime du socialisme étatique, la stasicratie, n'est naturellement pas souligné par le parti communiste français qui, au contraire, continue à vanter le grand frère soviétique et à rompre des lances en faveur des mérites socialistes de l'U.R.S.S. Comme il ne fait que reprendre la tradition léniniste, on retrouve dans sa propagande tous les thèmes évoqués dans le chapitre sur la stasicratie. On passera sous silence les avatars trotskiste et maoïste, peu visibles avant mai 1968, car le propre des stasicrates est de s'installer dans le Parti le plus fort, le plus proche de la réussite.

En premier lieu, la question de la propriété est cruciale ; en effet la fin de la propriété privée donne au Parti qui gère l'État un pouvoir absolu. Les individus ne possédant plus le moindre espace où se réfugier pour préserver leur liberté personnelle, l'État les traque partout et impose ses mesures. L'arbitraire stasicratique n'a pas de limite et sa machine bureaucratique règne sur une classe populaire privée de toute protection individuelle et de tout recours contre les despotes du

Parti. En France, cette future absence de propriété privée n'effraie pas outre mesure ceux qui n'ont rien à perdre, d'autant qu'elle a déjà pris la forme des nombreuses nationalisations opérées au moment de la Libération. Leur maintien et même leur extension est un des slogans favoris de la propagande communiste sur lequel le Parti ne peut transiger sans perdre l'essence même de son projet stasicratique. Par exemple, dans un tract du comité du parti communiste de l'I.G.N., il est écrit : « *L'informatisation, comme le reste, peut être positive, si là comme ailleurs les moyens de production ne sont plus propriété privée - et par là liés au profit - mais socialisés et mis au service de tous.* » Cette rengaine qui n'a rien d'original est répétée par toutes les structures du P.C.F. et de la C.G.T.

La chanson sur les méfaits du profit débouche sur la stratégie du rassemblement des mécontents : « *Cela n'a pas été la faute, mais au contraire le grand mérite des narodovoltsy de s'être efforcés de gagner tous les mécontents à leur organisation et d'orienter celle-ci vers la lutte décisive contre l'autocratie* [122]. » La réserve est presque inépuisable car le pays compte de nombreux sujets de mécontentement. Le parti communiste n'hésite pas à élargir ses soutiens à tous ceux qui sont touchés par l'inexorable malveillance des capitalistes. En cette période où la pression des multinationales pèse sur tous, on l'entend gémir sur les malheurs des commerçants, des bourgeois petits ou grands. Tous sont les victimes du système et, en le détruisant, tous pourront s'épanouir dans leurs désirs ou leurs ambitions. Le Parti les écoute d'une oreille attentive et les dégage de toute responsabilité personnelle, puisqu'ils ne sont que le jouet de forces qui les dépassent. Cet immense opportunisme est inégalement apprécié par certains adhérents et le P.C. n'est pour beaucoup de mécontents qu'un lieu de villégiature temporaire. Il n'en poursuit pas moins dans cette voie et étend sa grande compassion jusqu'au gouvernement Guy Mollet au moment de la guerre d'Algérie.

---

122. Lénine, *Que faire, op. cit.*, p. 197.

On rejoint par là l'autre face primordiale du projet socialiste étatique, l'unité et son assise théorique : une lutte de classes à deux adversaires seulement. Rejeté de tout gouvernement depuis 1947, le parti communiste repose sur deux pieds : d'un côté l'appui à toute revendication et de l'autre un appel à l'union de forces politiques qui, par cette union même, deviennent « populaires ». À la fin de mai 1968, après avoir, avec tous ses moyens, lutté à contre-courant, il appelle pour les élections de juin à une union de toutes les forces démocratiques que lui-même peu après récusera. Toujours la même tactique, on se prétend unitaire pour se rallier les mécontents et on se refuse à toute possibilité de faire le moindre chemin la main dans la main avec d'autres forces politiques, quand par hasard il y a une chance de réussite. Position juste pour des stasicrates, qu'on retrouvera au moment de la rupture du Programme commun en 1977 : le pouvoir ne peut pas être partagé sans détruire l'essence même du Parti unique, classe dominante dans tous les socialismes réalisés.

Je l'ai sans cesse souligné, le propre des partis communistes est de réduire la théorie de la lutte des classes à une doctrine à deux combattants : tous les prolétaires unis contre la bourgeoisie. Dans cette lutte, il n'est jamais question que le prolétariat puisse être le lieu d'intérêts divergents ; les paysans, les employés se doivent de comprendre qu'ils font partie de l'unique classe dominée victime de l'unique classe dominante ; leurs problèmes sont les mêmes que ceux de la classe ouvrière et en chœur ils entreront dans une révolution où tous trouveront leur compte. L'État socialisé mettra fin aux contradictions et à toutes vaines disputes. Quand, en 1934, Benoît Frachon prêche l'unité aux syndicalistes, c'est pour « combattre leur ennemi commun : le capitalisme ».

On retrouve cette simplification dans l'organisation du Parti qui ne peut transiger sur son monolithisme. Il obéit au « centralisme démocratique », magnifique abus du sens des mots. On explique aux adhérents qu'après leur avoir demandé leur avis, même s'il est sans effet, ils doivent allégeance sans barguigner aux directives venues d'en haut, un haut qui puise sa légitimité dans le clan qui contrôle tous les détails à force de cooptation. Cette soumission est le filtre par lequel doivent passer les nouveaux recrutés. On reste et on se soumet, ou on part avec la honte de ne plus être un rouage de la grande œuvre qui libérera la classe ouvrière de ses chaînes. Tel est le dilemme.

Le parti communiste se flatte, à juste titre, d'être le seul parti des ouvriers. Moins rebutés par la déshumanisation à laquelle ils sont malheureusement habitués dans les conditions de travail de la production mécanique, elle ne leur paraît dans le Parti, qu'un petit sacrifice passager pour sortir demain de l'aliénation de l'usine dans une nouvelle société qui aura éliminé la contrainte patronale. Mais le projet de socialisme étatique, aussi mirifique soit-il, ne pourrait être suffisant s'il n'était accompagné d'une orientation ouvrière dans tous les organismes contrôlés par le P.C. ou la C.G.T. Dans les municipalités ou dans les comités d'entreprise, les communistes, par l'octroi d'aides aux prolétaires, assoient là le respect et l'audience que leur témoignent les ouvriers et il est indéniable qu'ils sont, fortement et durablement, implantés dans les régions industrielles.

Toutes les statistiques le montrent aussi, le vivier le plus notable est celui des ouvriers qualifiés. Intervenants de la production mécanique, légèrement avantagés par rapport aux applicants ouvriers spécialisés privés de toute initiative, ils se sentent portés vers des sommets par un Parti qui leur promet un programme étatique auxquels ils participeront s'ils savent se glisser dans des structures semblables à celles dont ils ont l'expérience dans leur métier. L'automatisation naissante et les nouvelles formes de production, qui réduisent le nombre des postes ouvriers auprès de machines plus performantes, rendent plus incertain l'avenir de la classe ouvrière. Aussi n'est-elle pas outre mesure inquiète de la stratégie mouvante du parti communiste ; sans aller comme lui jusqu'à faire rempart au gouvernement contre les manifestants de mai 1968, elle conservera un temps une attitude attentiste qui s'affirmera dans le refus des syndicalistes d'ouvrir aux étudiants les portes de Renault Billancourt.

Le socialisme étatique résiste mais les portes de l'Histoire vont s'ouvrir sur un nouveau socialisme, le socialisme surgi des remous de Mai 68

LE MONDE DE MAI 68

V - LE REGARD DE 1968

Ce n'est pas Hérodote d'Halicarnasse qui se propose de préserver de l'oubli les actions des hommes, ce n'est pas plus l'œuvre de Thucydide d'Athènes ; c'est simplement André Fontaine de la région parisienne qui tient à rappeler l'immense allant qui a soulevé à cette époque la société française. Il constate que, quarante ans plus tard, même les analystes n'y voient qu'un événement historique un peu original, sans chercher à comprendre sa portée révolutionnaire, alors que ce mois de fièvre a jeté dans les rues des foules animées d'une volonté de remettre en cause les fondements moraux ou sociaux d'un monde dépassé. Et y sont parvenues.

L'auteur, comme les autres, n'avait rien prévu. Cependant, à partir du moment où il a commencé à battre le pavé, il a conservé les documents recueillis au cours de ses longues marches ou de ses démarches politique. Il puisera dans ce fonds pour montrer à ceux qui n'ont pas connu cette période combien les témoins de ces événements en ont été marqués, au point d'en devenir des acteurs. C'est le propre des révolutions d'entraîner dans leur tourbillon ceux qui les côtoient et de les faire participer, parfois à leur corps défendant, à leur développement.

Je me suis toujours intéressé à la politique puisque j'avais soutenu la nouvelle gauche dès sa création et que j'en avais suivi ses évolutions jusqu'au P.S.U. en passant par l'U.G.S. Mes contingences familiales et professionnelles m'avaient éloigné de tout militantisme ; je n'étais qu'un simple adhérent qui payait sa cotisation pour soutenir une gauche moderne, ni communiste au sens du P.C.F., ni socialiste au sens de la S.F.I.O.

Autant qu'il m'en souvienne, je n'ai pas été très attentif aux péripéties provocatrices qui se sont déroulées à la faculté de Nanterre ; je les considérais sans doute comme une contestation juvénile. La création du Mouvement du 22 Mars est passée totalement inaperçue à mes yeux. J'étais probablement proche de la vision générale qu'en avaient les contemporains, extérieurs aux milieux estudiantins.

Le 3 mai à midi, Cohn-Bendit apparaît dans la cour de la Sorbonne où il harangue les étudiants, car la veille le doyen Grappin a suspendu les cours à Nanterre. Dans l'après-midi, le recteur Roche, qui a déjà une bonne idée de la détermination des étudiants qui affluent de toute part, préfère appeler la police pour faire évacuer les lieux ; cette dernière remplit ses paniers à salade et quatre interpellés seront condamnés à des mois de prison ferme. Les trois coups sont frappés et les manifestations vont se succéder avec pour slogan « libérez nos camarades », la plus célèbre étant celle du 6 mai où, sur le boulevard Saint Germain, les étudiants organisés affrontent vigoureusement les forces de police ; un journaliste d'une radio privée, en plein cœur de la mêlée, sous une pluie de pavés, décrivait, un peu à la manière d'un match inédit et fantastique, les charges des uns et des autres. Morceau d'anthologie dont on entend parfois une rediffusion et que beaucoup de Français ont entendu en direct.

Dans le premier document que j'ai conservé, le numéro du 9 mai de *Tribune Socialiste*, hebdomadaire du P.S.U., Marc Heurgon, sous le titre *La victoire des étudiants*, analyse la situation : « ... *mais dès que la révolte étudiante, partie d'une contestation des structures universitaires, a débouché sur une mise en cause de la société établie, le gouvernement a fait savoir qu'il ne tolérerait aucun dialogue.* » Le rédacteur souligne les carences des responsables universitaires et l'aberration d'avoir fait appel à la police ; puis il se place sur le plan politique : « ... *le syndicat étudiant n'a jamais cessé de porter au sein de l'Université la contestation sur les problèmes de fond. Du même coup, l'U.N.E.F. s'est révélée lors de l'explosion le seul organisme capable de prendre la direction des manifestations, de fondre en son sein l'action de groupes divers, d'organiser la lutte avec résolution. Sans l'action de l'U.N.E.F., le soutien si important des enseignants du S.N.E.Sup. n'aurait sans doute pas connu un tel développement et l'action étudiante aurait pu se trouver isolée.* »

Enfin, il se tourne vers le parti communiste en citant Georges Marchais [123] qui, dans l'*Humanité* du 3 mai, présentait le mouvement comme « *dirigé par l'anarchiste allemand Cohn-Bendit* » et encore ajoutait *:* « *les faux révolutionnaires, objectivement, servent les intérêts du pouvoir gaulliste et des grands monopoles capitalistes* ». Et Marc Heurgon termine son article : « *Prisonnier d'une conception mécaniste de la classe ouvrière, tout occupé à maintenir sur elle ses prétentions à un contrôle exclusif, le parti communiste reste inapte à comprendre l'importance de forces qui dans la lutte pour le socialisme peuvent apporter aux travailleurs un concours précieux.* »

Dès les premiers jours de mai 1968, on voit apparaître les principaux protagonistes :

- le gouvernement avec ses indécisions et sa police,
- les enragés de l'université et leur trio magique : Sauvageot, Geismar et Cohn-Bendit, expression respectivement de trois organisations : l'U.N.E.F, syndicat d'étudiants, le S.N.E. Sup., syndicat d'enseignants, le Mouvement du 22 Mars,
- la lourde machine du parti communiste.

Marc Heurgon se trompe : ce dernier n'est pas inapte à comprendre. Il a fort bien compris : toutes les forces révoltées poussent dans un sens opposé au sien. Il joue sa survie en tentant de préserver son pré carré : la classe ouvrière. Ce n'est qu'un début, « l'anarchiste allemand » est fin prêt et, porté par son audience, il répliquera vertement à toute occasion.

La semaine à partir du 6 mai sera faite de tentatives pour trouver une solution avec d'un côté les autorités universitaires qui souhaitent l'ouverture de la Sorbonne et le gouvernement qui hésite devant cette reculade. Le vendredi 10 mai dans la soirée les étudiants manifestent dans plusieurs directions et ils sont pacifiquement canalisés vers leur fief du Quartier Latin.

---

123. Georges Marchais, alors secrétaire à l'organisation du P.C.F.

Les négociations de la première moitié de la nuit échouent sur le préalable de la libération des emprisonnés. Les étudiants ont profité de ces heures d'attente pour se fortifier sur la montagne Sainte Geneviève, aussi lorsque, à deux heures trente de la nuit, l'ordre arrive de faire évacuer les rues, il s'ensuivra une lutte désespérée jusqu'au matin contre la police qui reprend une à une les énormes barricades dressées.

Le lendemain après-midi, pour voir le spectacle décrit par la radio, venant de Palaiseau, je me suis trouvé à la sortie du métro Luxembourg devant une rue Gay Lussac, ravagée et barrée par un énorme entassement de ces petits pavés cubiques qui, posés sur le sable en arc de cercle suivant plusieurs bandes, donnaient un certain charme au revêtement de nombreuses rues parisiennes. Sous les pavés, la plage, bordée de voitures calcinées. Poursuivant mon périple, j'ai descendu le boulevard Saint Michel. J'ai vu qu'un magnifique platane avait été abattu ; ce saccage d'une nature, qui avait mis des décennies à se constituer, a un peu heurté mes restes de sensibilité paysanne. Tout ce vieux monde était bien loin, dépassé. Sur les trottoirs, des badauds se groupaient et se séparaient, chacun allant de l'un à l'autre ; on parlait et on parlait ; partout on discutait, on défendait son point de vue et, malgré l'ambiance des rues saccagées, on parlait avec sérieux, en écoutant les arguments échangés avec une attention étonnante. Cette application et cette absence d'agressivité m'ont le plus frappé, comme si le problème allait au delà de toute vanité personnelle. Si certains exprimaient leur réprobation, personne ne condamnait les étudiants (peut-être que ceux qui le faisaient étaient restés chez eux) ; tous avaient saisi que les luttes contre une Université engourdie dans ses certitudes, ses programmes et ses méthodes étaient des plus salutaires et surtout qu'elles étaient un exemple pour celles à mener contre nos habitudes de pensée et nos encroûtements matériels ; car le monde doit changer de face.

Elle était là, la victoire des étudiants. Elle était aussi derrière le réveil des syndicats : « *Les dirigeants de la C.G.T., de la C.F.D.T., de la Fédération de l'Éducation Nationale, se sont réunis ce samedi vers 9 heures, à la Bourse du travail, MM. Geismar, secrétaire général du Syndicat national de l'enseignement supérieur, et Montassier, trésorier de l'U.N.E.F. assistaient à la réunion qui a duré un peu plus d'une heure.* » La C.G.T. et la C.F.D.T. publiaient à 12 heures un communiqué commun, très bref, appelant à relever le défi par la grève générale, le lundi 13 mai.

La F.E.N. de son côté publiait, à la même heure, un communiqué qui commençait par : « *La F.E.N. qui, au cours des récents événements, est restée depuis le premier jour, en étroite liaison avec l'U.N.E.F. et le S.N.E.Sup...* » Est-ce cette première phrase qui a entraîné deux communiqués séparés? Dans ce même numéro du *Monde*, est relatée l'extension du mouvement étudiant à la plupart des universités de province, en particulier celle de Strasbourg.

Le 13 mai sous un beau soleil, avec quelques collègues de l'Institut Géographique National (I.G.N.), je stationnais pendant plusieurs heures à l'entrée de la place de la République avant que la foule qui s'y tassait ait fini de s'écouler vers Denfert-Rochereau. Ruban humain où l'atmosphère était à la détente, les responsables politiques défilaient coude à coude. Il y eut quelques petits incidents : certains étudiants arrivés au terme de la manifestation, ne voulant pas se disperser, eurent maille à partir avec le service d'ordre de la C.G.T. ; un peu plus tard, présent à un meeting du P.S.U., Cohn-Bendit fit allusion à « la crapule stalinienne ».

Pompidou, de retour d'Asie Centrale, ayant fait rouvrir la Sorbonne et relâcher les emprisonnés, l'heure était au bilan et je partageais celui de mon quotidien habituel, *Combat*, du 13 mai : « *Lecteurs nous sommes contre tous les Springer* [124]*, contre*

---

124. Axel Springer, magnat de la presse allemande, objet de toutes les attaques des étudiants allemands qui le considèrent comme un des bastions de la réaction et, avec ses journaux, comme le véritable auteur de l'attentat contre Dutschke, figure de proue de la contestation étudiante, blessé grièvement au cerveau lors de cet attentat.

ceux de l'Argent et du Dogme, nous sommes nous aussi devenus, nous l'avons montré et le montrerons encore, une "poignée d'enragés", si lutter pour la liberté et contre la répression aveugle signifie être un enragé. »

Contre l'Argent, je l'étais, surtout contre la hiérarchie sociale qui l'accompagne. Dans une société, toutes les fonctions sont nécessaires et concourent à l'équilibre général, que ce soit balayer les rues ou manier la pioche ou vendre des vêtements ou réfléchir à des solutions ou... Pourquoi certaines procurent pauvreté et soumission et d'autres richesse et considération ? Contre le Dogme et tout dogmatisme, sans doute, surtout contre le dogme communiste qui étouffait depuis des années toute expression de gauche un tant soit peu originale. En 1956, j'avais eu la mauvaise idée d'adhérer au petit syndicat C.G.T. de fonctionnaires de l'I.G.N. que venaient de créer des militants communistes. En octobre de cette année, la répression de Budapest par les troupes soviétiques avait suscité de violentes critiques au sein de la C.G.T. et de notre petit syndicat. Pour calmer les esprits, un responsable fédéral avait assisté à l'une de nos réunions et, avec une componction toute jésuitique, avait osé déclarer qu'il ne comprenait pas notre réaction, presque unique dans la confédération. En sortant, j'ai déchiré ma carte et l'ai jetée dans une bouche d'égout, seul lieu digne d'elle.

Je rappelle ce petit incident pour illustrer à quel point, pendant des années, la contestation, même de simple bon sens, du communisme réel de l'U.R.S.S. a été rejetée dans l'enfer des ennemis de la classe ouvrière et des suppôts du capitalisme par un Parti arc-bouté derrière sa propagande, expression d'une hypocrisie sans scrupule qui s'étalera tout au long des journées de mai. Aussi ne faut-il pas s'étonner que je me sois retrouvé dans la révolte étudiante et dans les réparties de son porte-parole le plus doué, Cohn-Bendit.

Après cette journée mémorable du 13 mai 1968, la « commune étudiante » s'organise à l'intérieur de la Sorbonne, où se poursuivent des discussions sur l'université nouvelle, sur les examens, sur les cours. Mais les étudiants ne veulent pas se laisser enfermer dans un ghetto ; une première sortie se solde par l'occupation du théâtre de l'Odéon où J.-L. Barrault, avec un porte-voix, essaye de limiter les dégâts et dans lequel il s'écrie « *je suis mort, je suis mort* ». Ce sera un haut lieu de la contestation artistique, intellectuelle, de tout poil. Une deuxième sortie prévue vers l'O.R.T.F. n'aura pas lieu par réalisme politique.

Naturellement, le bureau politique du P.C. se félicite de l'ampleur de la manifestation et « *met les travailleurs et les étudiants en garde contre tout mot d'ordre d'aventure* ». Dans un tract de quatre pages, la position se précise : « TRAVAILLEURS, TRAVAILLEUSES, *le Parti Communiste Français vous parle : la grande bourgeoisie tente de diviser les catégories sociales victimes de sa politique et d'orienter certaines d'entre elles sur une mauvaise voie. L'anarchiste Cohn-Bendit prend part à ces manœuvres.* »

De son côté, *Révolte* (n°19 spécial du 15 mai), l'organe de la Fédération des Étudiants Révolutionnaires (trotskistes lambertistes) se méfie aussi des anarchistes et appelle les étudiants à se regrouper au sein de l'U.N.E.F. ; il s'en prend avec encore plus vigueur aux staliniens dont il dénonce les attaques contre les gauchistes en rappelant tout le contenu intolérable de l'article de G. Marchais du 3 mai.

Les premières occupations d'usines commencent dès le mardi 14 mai à Sud Aviation à Nantes, puis le lendemain chez Renault à Cléon. Dans un tract, l'U.N.E.F. propose la liaison des luttes étudiantes et ouvrières avec participation des uns aux discussions des autres. Le jeudi soir, une colonne d'étudiants est devant la porte de Renault à Billancourt, qui vient d'être occupée par les ouvriers. Ces derniers refusent d'ouvrir les portes pour ne pas fournir de prétexte à la répression ; les étudiants font le tour de l'usine en chantant l'Internationale.

Ce jour là, à la même heure, juste après une interview du trio vedette de la contestation, Pompidou passe à la télévision ; il appelle brièvement les Français à montrer leur sang-froid et leur résolution, à refuser l'anarchie. À lire les réactions rapportées dans le *Monde* du 18 mai, il n'a convaincu personne. Même le *Figaro* s'interroge : « *Loin de s'améliorer la situation se dégrade. L'allocution inattendue de M. Pompidou nous laisse dans l'incertitude. Dénoncer les provocateurs, en appeler à la raison, affirmer que le gouvernement fera son devoir sans nous dire ni comment il compte s'y prendre pour mettre fin aux désordres ni ce qu'il propose pour les lendemains, cela suffira-t-il à apaiser les esprits ?* »

Les regards se tournent maintenant vers les usines ; après Renault, Rhodiaceta et Berliet sont occupées à Lyon. Au niveau des centrales syndicales, toujours les mêmes clivages : la C.F.D.T soutient les grèves souvent parties de la base, elle affirme sa solidarité avec les étudiants tout en obtenant l'annulation de la marche sur l'O.R.T.F. et le désaveu par l'U.N.E.F. de l'occupation de l'Odéon, tandis que la C.G.T. appelle à l'extension des grèves sans un mot pour les étudiants.

La semaine se termine sur une tonalité politique. Waldeck-Rochet [125] sur France Inter le 18 mai à 13 heures déclare : « *Il est temps de prévoir la constitution d'un gouvernement populaire et d'union démocratique, pour sa part le Parti Communiste est prêt à prendre toutes les responsabilités.* » Et *l'Humanité Dimanche* reprend le thème à longueur de colonnes sans aucune attaque contre le mouvement étudiant. J'ai sous les yeux un petit tract F.G.D.S. / S.F.I.O., signé par les sections du canton de Palaiseau, dans lequel, avec des termes conformes à la période, on y sent plus une pédagogie qu'un véritable élan : « *En réalité, la France et le monde ont besoin du socialisme. D'un socialisme authentique qui soit non seulement une technique de production mais plus encore une morale de justice et de liberté... La démocratie est une solution.* »

Pour sortir de cette ambiance émolliente, je suis allé le dimanche me ressourcer à la Sorbonne. Le spectacle était inimaginable ; les photographies donnent un aperçu du

---

125. Waldeck-Rochet, secrétaire général du P.C.F.

caravansérail qu'était devenue la cour où se côtoyaient les stands les plus divers, mais il faut y ajouter les bruits, la musique, les annonces. On y croisait même des religieuses en civil qui invitaient à aller dans un amphithéâtre suivre un débat sur les questions de religion. J'ai parcouru le grand couloir qui part de la grande entrée, les murs étaient tapissés de dessins et de textes ; je me souviens du dessin d'une belle assiette de soupe fumante avec la légende « *Dis maman, pourquoi il y a tant de Grimaud dans la soupe* [126] ? » En haut d'un amphithéâtre, où un jeune exposait le remplacement des examens par la présentation d'un dossier, je n'ai pu m'empêcher de crier : « Il n'y a que la police qui remplit des dossiers. » L'orateur m'a tout de suite demandé de descendre débattre ; mon intention n'était pas de me mêler de problèmes qui n'étaient plus les miens, mais j'ai toujours vu, dans la disparition des examens et le retour à la cooptation, un encouragement à la platitude vis à vis des autorités qui décident. Ce qui serait à abolir ce n'est pas tel ou tel mode de sélection, ce sont les privilèges sociaux que toute sélection engendre.

En revanche, impossible d'entrer à l'Odéon, il y avait une longue queue, sans doute plus d'une heure d'attente car, pour éviter une surcharge dangereuse des balcons, un service d'ordre régulait les entrées en fonction des sorties.

La presse du 20 mai reflète la gravité de la situation. Dans le *Figaro*, le titre d'un article de page intérieure, *Une longue grève déséquilibrerait gravement l'économie française* et à côté, sous le titre *Le point sur la situation*, Serge Bromberger écrit : « *Du côté des jeunes patrons, divers appels montrent un désir d'aller au devant du dialogue. En attendant la France s'immobilise progressivement* » et plus loin : « *Du côté des étudiants, un certain retour à la sagesse s'est manifestement amorcé.* » L'*Aurore* titre : *La situation s'aggrave et de Gaulle se tait*. À l'intérieur, l'article sur la crise sociale rapporte que la veille, à un conseil restreint des ministres convoqués dès son retour avancé de son voyage en Roumanie, de Gaulle aurait dit :

---

126. Maurice Grimaud, le préfet de police.

« *La réforme oui, la chienlit non.* » Tandis que Mendès-France déclare : « *Le Pouvoir ne peut plus rendre qu'un service : se retirer.* » L'édition spéciale du *Nouvel Observateur* montre en première page une photographie du général de Gaulle avec pour légende « *Au mieux un sursis* ».

Le mot « chienlit », rarement employé, redeviendra à la mode grâce à l'affiche célèbre représentant le Général les bras écartés avec la mention LA CHIENLIT C'EST LUI.

Les commentaires, les analyses des journaux sont sans cesse dépassés, car à l'appel des syndicats, ou sans cet appel, la France plonge dans le mouvement et la grève pour exprimer son désir de changement. Sur mon lieu de travail, à l'Institut Géographique National à Saint Mandé, les syndicats réunissent tous les employés (fonctionnaires et ouvriers) sur le parking pour les informer et les interroger. Après l'exposé des responsables syndicaux, quoique non syndiqué, je lance « Au lieu de rester ici, allons dans la salle de cinéma où, assis, nous serons plus à l'aise pour discuter » et je me dirige vers le bâtiment de l'école dans le sous-sol duquel se trouve la salle de cinéma ; suivi de deux ou trois camarades, nous nous installons et peu à peu, par petits groupes, en un quart d'heure, la salle se remplit ; alors les responsables syndicaux arrivent à leur tour. Ainsi, a commencé, le 20 mai, à l'I.G.N., une sorte de grève inédite qui durera jusqu'à la fin du mois. On ne savait plus qui travaillait, qui ne travaillait pas, c'était cinéma permanent et ouvert à tous ; avec les plus motivés, nous restions sur l'estrade tout le jour pour animer des débats, en laissant la place, dès qu'ils se présentaient, aux syndicats qui voulaient rendre compte de leurs contacts avec la direction et exposer les problèmes catégoriels.

Je ferai dans cette histoire de France en mai 1968, quelques petits détours vers l'histoire de l'I.G.N. à la même période, car il s'agit là d'histoire originale dont l'auteur était l'un des principaux participants. Elle est l'exemple que je connais le mieux de ce qui a dû se passer sur de multiples lieux de travail. Je précise quelques données ; le personnel de l'I.G.N.

(environ 1700 agents) était divisé en deux grandes catégories : d'un côté, des fonctionnaires appartenant à trois corps techniques (ingénieurs géographes, ingénieurs des travaux géographiques et assistants techniques), de l'autre, des ouvriers, appellation qui recouvrait de multiples qualifications relatives à divers emplois, depuis la simple secrétaire jusqu'à l'imprimeur en passant par tous les emplois spécifiques à la fabrication de la carte. Les imprimeurs, tous syndiqués à la C.G.T, étaient le fer de lance des intérêts ouvriers et formaient ce que parfois on appelle l'aristocratie ouvrière, les autres étant rattachés aux échelons inférieurs de la grille des qualifications ; la C.G.T. était hégémonique dans cet ensemble où existait cependant un petit syndicat C.F.D.T., sorti quelques années auparavant de la C.F.T.C. Chez les fonctionnaires, F.O. se taillait la part du lion. Du point de vue politique, seul le P.C. disposait d'une cellule, plutôt dirigée par des fonctionnaires.

Comme dans toute la France, responsables et militants communistes ou cégétistes ont répercuté les consignes et les rancœurs nationales alors que notre petit groupe représentait la contestation générale, naturellement contre l'emprise stalinienne, mais aussi contre une hiérarchie encore en partie issue des anciens militaires du Service Géographique des Armées, qui avaient été intégrés, en 1940, dans l'I.G.N., service civil créé à cette date. Il faut noter que, pendant les quinze jours d'occupation de la salle de cinéma, l'administration, prudente, n'a jamais tenté de faire cesser ce foyer permanent d'agitation. L'heure n'était pas à ce genre de mesures car partout, dans le pays, apparaissaient ces mêmes phénomènes.

Les grèves prenaient une ampleur jamais vue en France ; d'un côté, *Révolte* titrait *Tout est possible*, de l'autre, le microcosme politique s'interrogeait sur le silence de de Gaulle et s'intéressait encore à la motion de censure du 23 mai. Telles n'étaient pas les préoccupations de chacun ; je n'ai pas le souvenir que les débats parlementaires m'aient beaucoup concerné ; d'ailleurs, malgré le psychodrame de Capitant et Pisani remettant leur démission de député, le *Monde* du 23 mai, en page interne, titrait : « *Le débat à l'Assemblée sur la motion de censure n'a pas reflété, mardi, la situation dans le pays.* »

La grève des transports m'avait fait sortir ma bicyclette et mon mois de mai a été jalonné d'allers et retours Palaiseau-Saint Mandé ; heureusement, l'absence de pluie et la raréfaction de l'essence ont rendu ces promenades agréables, celle du matin me donnant une bonne heure pour ruminer les nouvelles et préparer mes interventions de la journée dans la salle de cinéma. Je me souviens que, lors d'un débat sur les conditions de vie dans les ateliers, comme beaucoup rappelaient la surveillance tatillonne des vieux ingénieurs qui tous les matins passaient derrière les appareils pour examiner l'avancement du travail, une employée eut ce mot à l'intention des jeunes cadres : « Oui, mais eux, au moins, ils s'intéressaient à notre travail. »

Ces discussions sur l'I.G.N. n'allaient pas jusqu'à nous faire perdre de vue le contexte général, car les responsables cégétistes n'omettaient pas de mettre en avant l'orientation catégorielle de leur centrale, reprenant les termes de Séguy : « *Il faut qu'on sache que la C.G.T. monte la garde autour des revendications ouvrières et elle a tout ce qu'il faut pour les défendre* » ou encore « *Le mouvement, placé sous la vigilance des travailleurs, est trop puissant pour qu'il puisse être question de le stopper par des formules creuses telles qu'autogestion, réforme de civilisation et autres inventions qui aboutiraient à reléguer à l'arrière-plan les revendications immédiates* [127]. »

Ce genre de déclarations hypocrites ne trompait personne sur la position du P.C., sur son soutien évident au gouvernement et aux valeurs en place. Aussi, à Paris, préférant un autre son de cloche, le grand amphithéâtre de la Sorbonne ne désemplissait pas pour écouter différents hommes connus, invités à commenter la situation, comme Sartre qui y plaide « pour l'association du socialisme et de la liberté ». *Combat* du 23 mai titre *Tout dépend de la rue* et dans son article *Absolument*

---

[127]. *Le Monde* du mercredi 22 mai.

pour les enragés Maurice Clavel y va de son lyrisme : « *L'esprit s'est levé en tempête au moment où je ne l'espérais plus et voilà que tout est changé, car tout ce qui était auparavant nous est déjà devenu impossible. Nous qui jusqu'à présent comprenions, concevions, cette fois nous réalisons que l'ordre qui se désagrège était fou, archi fou, celui qui s'esquisse normal, que nous portions à notre insu des lunettes où la verticale s'inversait.* »

Dans la journée du 24 mai, chacun fourbit ses armes en attendant l'allocution de de Gaulle prévue à 20 heures et, sur le plan syndical, en se préparant à l'ouverture de négociations avec le gouvernement prévues pour le samedi matin. On avait aussi appris dans un entrefilet du *Monde* du jeudi 23 mai que Cohn-Bendit faisait l'objet d'une mesure d'interdiction en France.

L'*Humanité* du 24 mai donne le ton, que rapporte le Monde dans un article sur Cohn-Bendit : « *Quelles que soient les motivations qui ont finalement conduit le gouvernement à refuser à Cohn-Bendit de rentrer en France, on nous permettra de rappeler le comportement du personnage...* » Suit un florilège, pas à son avantage, des déclarations et des agissements anarchistes du personnage, qui se termine par : « *Dire la vérité sur le rôle de Cohn-Bendit, c'est défendre les intérêts de ceux qui pourraient se laisser abuser. Les manifestations en faveur de Cohn-Bendit ne peuvent être que division, diversion, provocation.* » Le gouvernement ne pouvait pas espérer plus d'approbation.

À propos de l'autre camp, on peut lire dans le *Monde* du 25 mai que de nouvelles échauffourées ont eu lieu dans la soirée au Quartier Latin, que Geismar a reçu le soutien du congrès du S.N.E.Sup., que ça tangue au comité central du P.C. où Leroy, Garaudy, Aragon n'approuvent pas la ligne Marchais, que les étudiants communistes se révoltent, que Maurice Clavel envoie un mémorandum à de Gaulle pour défendre le mouvement et s'élever contre le mot « chienlit » et que J.-L. Barrault s'insurge contre le cabinet du ministre des Affaires culturelles en terminant sa défense par « *je répondrai dans le style "à la mode": serviteur oui, valet non.* »

Ce ne sont que des hors d'œuvre, les grèves s'étendent à toutes les provinces et, dans les locaux occupés, tous s'interrogent pour prendre en main leur destin. Aussi, la C.G.T. jette toutes ses forces dans la bataille ; elle essaye de faire diversion à la manifestation de l'U.N.E.F. annoncée pour la fin de l'après-midi du vendredi, en organisant de son côté deux défilés en début d'après-midi dont l'un devant les usines Citroën; j'ai, par exemple un petit tract de la fédération de l'Essonne du vendredi 24 mai qui appelle la population de la banlieue à participer aux manifestations de la C.G.T.

J'en ai un autre du P.S.U. que j'ai dû distribuer moi-même où apparaît le fameux slogan : « *Pouvoir ouvrier, Pouvoir paysan, Pouvoir étudiant.* » Et je suis à 18 heures à la gare de Lyon, accompagné de ma belle-sœur, professeur de lettres, et d'une de ses collègues. La foule est calme dans une atmosphère pas très rassurante : des services d'ordre casqués, matraque à la main, passent de temps en temps dans des voitures. On attend, des rumeurs circulent : la place de la Bastille et les ponts sur la Seine sont bloqués. À 20 heures, des hauts parleurs diffusent l'allocution de de Gaulle ; à l'annonce du référendum, les mouchoirs sortent et peu à peu toute la foule les agite en signe d'adieu. Rien ne bouge, pour se distraire, les manifestants scandent parfois « nous sommes tous des Juifs allemands ».

Enfin, on commence à marcher, on ne sait vers où, on parle d'aller à la Bourse et le flot s'écoule par les petites rues, la nuit tombe, le cortège est de plus en plus clairsemé, on commence à entendre des explosions. Vers une heure du matin, au voisinage de l'Hôtel de Ville, fatigués, mes compagnes et moi, nous nous asseyons dans un bistrot ; à côté de nous, un homme qui a l'air de s'y connaître commente les bruits : « *Ça ce sont des grenades lacrymogènes, ça c'est une auto qui explose en brûlant.* » Sans objectif, nous prenons le chemin du retour. À l'entrée de la place de la Bastille, des ordures ou tout autre objet disponible barrent sans beaucoup d'efficacité le

V - Le regard de 1968

boulevard Beaumarchais ; deux hommes, des ouvriers sans doute, s'affairent à chaque lampadaire et, ouvrant une petite fenêtre à hauteur d'homme à l'aide d'un outil, éteignent la lumière. Parvenus de l'autre côté de la place, nous voyons une colonne de voitures de police qui la traverse doucement et s'immobilise ; immédiatement un petit nombre de policiers sautent à terre et se mettent à envoyer des grenades lacrymogènes vers les quelques passants présents à cette heure tardive. L'une d'entre elles, qui nous était peut-être destinée, explose à quelques dizaines de mètres, nous courons dans la rue de Charenton vers quelqu'abri. Ce n'était qu'une semonce et nous poursuivons sans encombre notre longue marche.

Le lendemain matin, reprenant ma bicyclette, je repars vers Palaiseau mais, poussé par la curiosité, longeant la Seine, j'arrive au boulevard Saint Michel. Une désolation, un champ de bataille : des branches de platanes et toutes sortes de détritus reposent sur une chaussée couverte des débris du verre des grenades lacrymogènes. Arrivé à la hauteur de la rue Soufflot, ma roue avant était à plat ; je m'installe sur le trottoir devant la grille du Luxembourg pour réparer. Immédiatement, un passant se propose pour m'aider, ce devait être un spécialiste car en un tour de main j'ai pu poursuivre ma route.

Combat du samedi 25 et dimanche 26 mai résume la situation en première page, avec un énorme *NON !* et deux sous-titres *: L'émeute a gagné hier la rive droite* et *Première rencontre « au sommet » gouvernement-syndicats cet après-midi*. Le journal donne les réactions politiques à l'allocution de la veille de de Gaulle ; à gauche, elles sont toutes réprobatrices tant sur le fond du référendum que sur la forme d'un texte sans relief ; à droite, aucun enthousiasme ; à l'affût, certains hésitent, faut-il dégainer tout de suite ou attendre ? Les Républicains Indépendants avec Giscard d'Estaing donnent l'exemple : pas de commentaires.

Les manifestations de la nuit de vendredi à samedi ont été très violentes, à Paris comme en province. *Combat* souligne les bagarres de Lyon, Strasbourg, Nantes, Bordeaux, avec de nombreux blessés et même un mort, un commissaire de police, à Lyon ; elles illustrent, au dire de l'article qui leur est consacré, la volonté du gouvernement de provoquer des heurts pour discréditer les étudiants, alors qu'en même temps une chape est jetée sur les informations [128]. Le journal rend compte aussi des deux défilés de la C.G.T. dans l'après-midi qui se sont déroulés sans incident.

Il est évident que *Combat* est résolument du côté des enragés : on y trouve une interview de Barjonet qui vient de démissionner du conseil confédéral de la C.G.T., un article de Serge Depaquit et de Jean-Pierre Vigier, qui en fera des exclus du P.C., un exposé sur la position de soutien des paysans de la F.N.S.E.A. aux étudiants et ouvriers avec des références à Bernard Lambert. Sur la rencontre syndicats-gouvernement en cours ce samedi, on ne peut qu'auguger : « *Mais on a de bonnes raisons de penser que le gouvernement est disposé à de larges concessions. L'essentiel pour lui est de rétablir l'ordre, c'est à dire venir à bout des grèves, et de se maintenir au pouvoir jusqu'à la date du référendum.* »

La Cause du Peuple n°3 du 25-26 mai 1968, de quatre pages pauvrement présentées, tient un tout autre langage, plus stéréotypé dans le style maoïste : « *Renforcer l'organisation du mouvement révolutionnaire populaire, c'est là le moyen pratique, juste de briser la manœuvre des gaullistes et des politiciens de gauche, de réduire en poussière le plan réactionnaire de réforme et de répression, de dégager la voie de la victoire.* » On dénonce la faillite du P.C.F. et on s'en prend à Barjonet : « *devenu un bureaucrate petit-bourgeois... Il*

---

128. « *Cette nuit-là, le gouvernement coupe brusquement les radio-téléphones dont les stations périphériques - R.T.L. et Europe 1, qualifiées par M. Gorse (Ah! celui-là) de "Radio-Émeutes", se servent pour rendre compte en direct des manifestations. Il ne les reprendra que le 30 mai, une heure avant le début de la manifestation gaulliste des Champs-Elysées.* » (*Le Canard de Mai*, numéro spécial exceptionnel du *Canard enchaîné* - juin 1968).

en est quitte pour faire quelques grandes phrases sur la Révolution. »

Ce week-end de mai marque le passage des manifestations musclées des étudiants aux discussions syndicales pour mettre fin aux grèves, mais le mouvement est toujours en pleine ascension. Encore une fois, le dimanche après-midi, quoique l'essence soit introuvable, avec ma femme, nous utilisons celle de notre réservoir pour un pèlerinage à la Sorbonne. Même bouillonnement, avec peut-être un certain sérieux, les présents semblent acquis à cette contestation généralisée et paraissent devenus plus des acteurs qui échangent leurs vues que de simples spectateurs. À l'Odéon, toujours cette file d'attente qui finalement nous rebute ; il était écrit que nous ne verrions pas cette marmite intellectuelle si originale.

Et le lendemain je reprends ma bicyclette pour me joindre à la manifestation joyeuse de l'U.N.E.F en marche vers le stade Charléty, à laquelle appelle un tract du P.S.U. intitulé *Action unie des étudiants et des ouvriers*, « *pour faire ainsi de cette journée une démonstration de l'unité des étudiants et des travailleurs dans la lutte commune contre le régime* ». Telle n'est pas la tonalité d'un tract, édition spéciale de l'*Humanité*, titrée *Contre toute manœuvre - Satisfaction des revendications - Gouvernement populaire et d'union démocratique*. « *Une manœuvre de grande envergure se développe dans le dos des travailleurs. Un certain nombre d'hommes politiques et des personnalités syndicales cautionnent des manifestations dont l'un des objectifs explicites est de protester contre les négociations entre les syndicats, le patronat et le pouvoir, considérées comme "nulles". Nous refusons de dissocier la lutte pour les revendications immédiates de la lutte pour la démocratie réelle et pour le socialisme. Nous appelons donc à ne pas participer aux manifestations organisées par l'U.N.E.F., aujourd'hui 27 mai.* »

Car, en cette même journée, Séguy avait présenté les résultats des négociations de Grenelle devant les grévistes de Renault et s'était fait siffler. *Combat* du mardi 28 mai pouvait titrer *La France fermente* et en sous-titre *Relance de la grève* : la base, en refusant les conclusions de la Table ronde, exprime sa défiance à l'égard *du régime et du syndicat* ou encore *L'ampleur et la ferveur du meeting tenu hier soir à Charlety en présence de PMF laissent présager la naissance d'un mouvement révolutionnaire.* Certes Charlety fut une réussite et je me souviens d'une foule en liesse, applaudissant au passage de groupes divers avec drapeaux rouges ou noirs en tête, et du discours magnifique de Barjonet ; en revanche, si Mendès-France était là, il n'a pas parlé. La fermentation est générale et *Combat* en décrit plusieurs secteurs : travailleurs en grève, étudiants, paysans, les footballeurs, les normaliens, les théâtres lyriques..., le tout accompagné d'articles divers de réflexions. Malgré toutes ces actions orientées vers d'autres perspectives, les manœuvres des appareils politiques se poursuivent en sourdine.

Sur ma bicyclette l'essentiel de mes préoccupations n'était pas là. Dans la salle de cinéma de l'I.G.N., il fallait continuer à animer des débats de toutes sortes, certains d'ailleurs politiques pour dénoncer une situation « cousue de fil rouge » suivant une de mes formules favorites. Les problèmes syndicaux évoqués par le personnel commencèrent à m'orienter vers les questions sociales. Une employée à la veille de sa retraite ne cessait d'interpeller la salle sur sa situation d'employée administrative au plus bas des catégories ouvrières sans aucun espoir d'amélioration de sa condition et de son salaire, car les syndicats, dénonçait-elle, ne s'occupaient que des hautes catégories des imprimeurs, tous adhérents à la C.G.T. ; exemple très parlant que cette organisation était avant tout l'expression des ouvriers qualifiés.

Après Charlety, chaque camp se regroupe et pose ses banderilles. Les négociations avec les grévistes piétinent et *Combat* du mercredi 29 mai titre *De Gaulle harcelé* avec en sous-titre *Mitterrand l'enterre, Cohn-Bendit le ridiculise, La C.G.T. remobilise.* En pages intérieures, on apprend que le ministre de l'Éducation nationale, Alain Peyrefitte, a démissionné ; le journal ne l'accable pas personnellement, mais tout le gouvernement pour sa gestion de l'Université. En dernière page, le rédacteur Patrick Vovan se délecte en décrivant l'arrivée du proscrit dans le grand amphithéâtre de la Sorbonne : « *Vêtu d'un imperméable gris, un garçon assez lourd, à l'épaisse tignasse noire s'avance sur l'estrade. Celui qui tient le micro annonce : "notre camarade Cohn-Bendit".* » Ovation, à laquelle ce dernier proclame en réponse que Charlety ne suffit pas, qu'il faut créer un mouvement révolutionnaire.

Mitterrand n'en est pas là, il propose un gouvernement provisoire dirigé par Mendès-France, pour de son côté briguer la présidence de la République ; il a tenu, le mardi 28 mai, une conférence de presse à l'hôtel Continental et une rencontre F.G.D.S. - P.C. est prévue dans l'après-midi du 29 mai. La C.G.T. ne l'entend pas de cette oreille et a préparé des manifestations auxquelles, sans vergogne, elle appelle l'U.N.E.F. à se joindre. Celle de Paris aura lieu dans l'après-midi à 15 heures de la Bastille à Saint-Lazare et rassemblera sous la seule étiquette C.G.T. des centaines de milliers de manifestants ; l'U.N.E.F. en tant qu'organisation n'avait pas appelé à s'y rendre tout en laissant les étudiants libres localement de leur décision. Dans la soirée Mendès-France déclare : « *Je ne refuserai pas les responsabilités qui pourraient m'être confiées par toute la gauche réunie* [129]. »

Ce mercredi 29 mai, De Gaulle a disparu. Mais, à l'I.G.N., les débats continuent ; on prend des contacts extérieurs, par exemple avec les ouvriers de l'usine Kodak toute proche, avec lesquels on distribue le communiqué de leur comité de grève qui réunit C.G.T. et C.F.D.T. Les plus motivés songent à créer un comité d'action. En fin d'après-midi, sortant de mon cinéma, j'ai entendu une radio retransmettre la conférence de Mitterrand, elle m'a paru dérisoire.

La journée du lendemain est lourde. Des rumeurs font même état de déplacement de troupes, je ne crois pas qu'on

---

129. titre intérieur, *in Le Monde,* du vendredi 31 mai,.

puisse en venir là. De Gaulle est revenu de Colombey en début d'après-midi et on s'agite dans les couloirs du pouvoir ; aussi, sans doute, du côté des « godillots » qui se préparent à descendre les Champs-Elysées. Ce n'est pas là ce qui retient l'attention ; de Gaulle parle dans l'après-midi à 16h30 et nous l'écoutons avec quelques employés dans la salle de cinéma ; tous sont consternés et l'un des présents se tourne vers moi : « *Tu vois Fontaine, les vieux, il n'y a qu'une seule chose qui puisse les faire comprendre, le trou.* »

Le *Monde* du samedi 1er juin résume autrement le discours : « *Le chef de l'État fait appel à "l'action civique" contre "une entreprise totalitaire".* » Les commentaires publiés sont de coloration très opposées : la gauche crie à la dictature et à la résistance, la droite, réconfortée par l'ampleur de la manifestation gaulliste, parle d'apaisement ; personne n'est optimiste et même les réactions à l'étranger expriment une expectative plutôt défavorable. Déjà les yeux se tournent vers les prochaines élections ; *Combat* du samedi 1er et dimanche 2 juin titre *Entracte* et les réactions des rédacteurs sont plus désolées et ironiques que violemment hostiles. Par exemple, à propos du remaniement ministériel, ce titre *Neuf nouveaux fauteuils dans une pièce vieillotte.* Sur le plan social, on note une légère reprise mais la grande industrie reste paralysée. Dans notre cinéma, le vendredi matin nous écoutons les délégués d'un lycée voisin. Si on sent que les grandes manœuvres politiques vont prendre le pas sur la contestation, aucun découragement, le combat continue. La *Cause du peuple* n°7 du 1er juin reste fidèle à son style : *Contre les provocateurs, vive la résistance prolétarienne.*

Tous les contestataires dégainent, j'ai les tracts de l'U.N.E.F. (*La lutte continue*), des comités d'action étudiants et travailleurs du Ve arrondissement (*À bas le gaullisme, le pouvoir aux travailleurs, la lutte continue*), des comités d'initiative et de coordination pour un mouvement révolutionnaire (*Il ne faut pas céder, et s'organiser dans un mouvement révolutionnaire, meeting le 1er juin à 17 heures à* *la Faculté des sciences*). Même le *Populaire de Paris* y va de son titre *De Gaulle, c'est le chaos*, mais y répond par un seul mot d'ordre : « *Union des républicains.* » Naturellement, dès le 30 mai, le P.C. publie sa déclaration où l'on retrouve, mêlé à la réprobation, un soutien sans faille aux autorités en place : « *De Gaulle annonce son intention de procéder à de nouvelles élections. Le Parti Communiste Français n'avait pas attendu ce discours pour demander que la parole soit donnée au peuple dans les plus brefs délais. Il ira à cette consultation en exposant son programme de progrès social et de paix, et sa politique d'union de toutes les forces démocratiques. Il appelle dès maintenant les millions de Français et de Françaises à lui faire confiance, à mettre en échec le pouvoir gaulliste, et à instaurer une démocratie véritable qui soit au service des intérêts des travailleurs...* »

Le samedi 1er juin, avec la fine fleur de la contestation, je remontais le boulevard Montparnasse à l'appel de l'U.N.E.F. Manifestation dense et digne. Des participants résolus, moins nombreux qu'à Charlety, mais nullement démobilisés. En cours de marche, le bruit circule que Cohn-Bendit s'est placé en tête. Il n'y a aucune incertitude, le combat continue.

ÉPILOGUE

La Cause du Peuple n°8 du 3 juin est le dernier document de ma collection au jour le jour : « *Les journaux et la radio vendus mentent. L'intoxication va bon train. Pour les journalistes gouvernementaux, et ils sont aujourd'hui légion, la fermeté du général de Gaulle, l'essence, le week-end, cela suffirait à briser le mouvement populaire révolutionnaire.* »

La situation a totalement changé. L'élan général a été disloqué et chacun se bat dans son coin ; il ne faudrait pas croire que ces dernières luttes furent les moins vigoureuses. Bien au contraire, dans les usines ou les services en grève, les patrons sont confrontés à des ouvriers ou des employés encore sûrs de leur force et auxquels il faut faire de substantielles propositions ;

le *Nouvel Observateur* du vendredi 7 juin titre en page interne *La grève a gagné – le travail n'a repris que là où les ouvriers ont reçu des avantages considérables*. Le titre du journal est *La grande peur* et les différents articles analysent les événements de la semaine, l'un d'entre eux évoque les « *sombres querelles des appareils* » (ceux de la gauche) devant le refus du P.C. de faire liste commune aux futures élections.

À l'I.G.N. le travail a repris avec de sérieuses revalorisations pour les ouvriers. On crée un comité d'action pour appeler le personnel à rester vigilant vis à vis de l'administration et des syndicats où la C.G.T. règne en maître. Mais très rapidement, au fil des mois, il nous est apparu que sans étiquette reconnue notre action demeurait trop idéologique et sans conséquence pratique. On prend alors contact avec le petit syndicat ouvrier C.F.D.T. pour envisager la création d'un syndicat vertical qui regroupe toutes les catégories de personnel. Il a eu un bel avenir puisque, vers les années 1980, il était devenu hégémonique, supplantant les autres centrales syndicales grâce à une politique permanente de défense du service public et des petites catégories.

À Palaiseau, je participe à la création d'une section P.S.U. Je me souviens qu'en tant que diffuseur de *Tribune Socialiste* sur le marché, les communistes m'apostrophaient, assurés qu'ils étaient que le P.C. allait vers une victoire électorale en engrangeant les voix que lui apporteraient les ouvriers reconnaissants vis à vis de la C.G.T. J'avais beau leur rétorquer que c'est l'inverse qui se produirait, car, après des événements dramatiques, les élections ne font que confirmer ceux qui ont gardé le pouvoir ; ils ne me croyaient pas. Comme ils étaient jeunes, las de ces discussions stériles, je leur avais proposé le pari d'une bouteille de champagne pour celui qui aurait raison ; le soir du dépouillement à la mairie, vu leur désillusion, je ne leur ai pas demandé la bouteille promise.

Mai 1968 m'a plongé dans la potion magique du militantisme syndical et politique et depuis je n'ai pu m'en détacher complètement.

V - Le regard de 1968

Comment, comme le font certains, ramener ces événements à tel ou tel de leurs aspects, alors que le fil de ces quatre semaines, restitué à travers mes souvenirs et des documents qui s'y rapportent, ne laisse pas de doute ? On est en présence d'une révolution. C'est ce qu'affirme alors *Paris Match*, qui publie un dossier : HISTOIRE D'UNE RÉVOLUTION - *Les journées de mai* :

« *Dans son numéro précédent, "Paris Match" a donné en blanc et noir le film haletant des journées de mai 1968. Ce qu'il commence aujourd'hui, c'est l'histoire, par l'image en couleurs et par un texte de Roger Mauge, d'un bouleversement qui s'égalera aux grandes secousses révolutionnaires du XIXe siècle : les Trois Glorieuses, juin 1848, la Commune. Le récit se poursuivra dans notre prochain numéro jusqu'aux développements les plus récents. Nous conseillons à nos lecteurs de conserver ces pages pour eux-mêmes et pour leurs enfants. Jamais encore l'Histoire n'avait suivi de plus près l'actualité.* »

Même *Paris Match* n'hésite pas : c'est une Révolution, mais, comme les divers intellectuels ou analystes politiques, s'il décrit les événements qui lui paraissent pouvoir être estampillés « révolutionnaires », il ne s'attache pas à en donner une interprétation historique. Il est trop tôt. Dans cet « épilogue », je veux en rester aussi à un jugement direct sans me servir du modèle du matérialisme historique.

Ce qui m'a le plus frappé, le plus étonné, ce ne sont pas les pluies de pavés ou les explosions des grenades lacrymogènes, ce sont tous ces gens qui, au hasard, formaient sur le trottoir des groupes de discussion, qui discouraient dans les amphithéâtres de la Sorbonne, dans les entreprises en grève, avec une véritable fraternité. On avait l'impression que tous pensaient que « *chaque homme porte en soi la forme entière de l'humaine condition* » et donc que chacun méritait la même considération dans ses opinions, dans son être, que ce soient les étudiants ou les ouvriers ou leur interlocuteur. S'ils aspiraient à la liberté, ce n'était pas pour jouir de leurs biens, mais pour faire exploser les contraintes sociales, qu'ils qualifiaient de bourgeoises. Je dirai qu'ils étaient à la recherche d'un nouveau contrat social où la fraternité engendrerait l'égalité dans une liberté retrouvée. Cet idéal humain a été synthétisé dans le mot « autogestion », remis à la mode malgré ou à cause de son imprécision.

Mais toutes ces aspirations sont tombées sur une société prise au dépourvu, et immédiatement sont remontés en première ligne des idéaux ou des intérêts hors saison. Les ambitions libertaires antibourgeoises n'ont pu éviter de se réduire à la seule perspective politique de la doctrine communiste. À l'exception de Cohn-Bendit, proche de l'anarchisme, tous les acteurs politisés se sont précipités sur le socialisme comme avenir radieux offert à tous ces manifestants. Le socialisme réel des pays communistes bouchait bien cet horizon, mais il y eut encore des trotskistes ou des maoïstes pour expliquer qu'ils réussiraient à éviter cet écueil et qu'ils parviendraient à ériger le prolétariat en classe dirigeante. Même le P.S.U., moins figé dans de telles certitudes, en est resté au concept d'un socialisme rénové à construire. Ce manque d'imagination politique a pesé lourd et doit être porté en défaveur des groupuscules.

Face à ces imprécisions, le parti communiste fut le seul à avoir une position bien arrêtée : il était contre toute avancée nouvelle. Il est certain qu'il a tout fait pour casser les initiatives qui risquaient de déstabiliser l'ensemble d'une société dans les archaïsmes de laquelle il trouvait sa raison d'être. Il a été le plus fort rempart pour contenir la poussée révolutionnaire. Pour moi, il est responsable du rétablissement de la situation par de Gaulle, car, sans cet allié, la bourgeoisie nationale, ébranlée dans ses fondements par beaucoup de ses fils, aurait cédé la place à des hommes moins marqués par une politique sans âme. Je reste persuadé qu'en sous main, cette alliance a été plus loin que ce qu'on en voyait et que les attaques et les insultes gauchistes sur la crapule stalinienne sont en dessous des réalités.

Le gouvernement a vacillé devant une remise en cause aussi profonde et, en son sein, beaucoup de responsables n'étaient pas loin de penser qu'ils méritaient en partie cette volée de bois vert ; sinon on ne comprendrait pas les tergiversations. Les jours passant, chacun est revenu à ses petits intérêts politiciens et les démissions sont restées limitées aux plus touchés dans leurs convictions humaines : Peyrefitte, Pisani ou Capitant. Pour sauver sa place que ne ferait-on pas en politique ? Les grandes manœuvres de la descente des Champs-Elysées par tous les « godillots », la visite à Massu et le recours aux élections furent des habiletés tactiques du général de Gaulle ; à mon avis, elles n'honorent ni leur auteur ni ceux qui s'y sont prêtés. Que des hommes discrédités par leurs responsabilités et par leur adhésion à une société aussi unanimement condamnée aient cru qu'ils pouvaient encore rester droits dans leurs bottes avachies et eux-mêmes présider à des réformes, imposées par ceux qu'ils réprouvaient et réprimaient, est d'une cécité politique qui les discrédite doublement. Comme l'avait fort bien remarqué Mendès-France, le seul service qu'ils pouvaient rendre à la nation, c'était de s'en aller. En restant, ils ont cédé à moitié et pratiqué une démagogie permanente pour garder leur poste, sans se soucier des retards qu'ils faisaient prendre au pays. Quand aujourd'hui certains accusent Mai 68 d'être la cause des imperfections de la société française, ils feraient mieux de se retourner vers ceux qui, par intérêt personnel, n'ont accordé que des réformes abâtardies, voire ridicules, notamment dans l'éducation nationale.

Il n'y a rien à dire des politiciens de gauche, totalement déphasés et continuant à s'accrocher à une union démocratique avec un P.C. dont il était manifeste qu'il n'en voulait pas, préférant un gouvernement bourgeois. Être opposé à de Gaulle n'était pas un brevet de modernisme.

Dans les documents que j'ai conservés, j'ai eu la surprise de relire dans l'*Express* n°883 des 20-26 mai 1968 un article de Jean-Jacques Servan-Schreiber, *Le défi et la renaissance*, où l'auteur remarque : « ... *C'est aujourd'hui l'invention des "systèmes d'informatique", liés à l'ordinateur qui, remettant fondamentalement en cause les modes de transfert, l'assemblage des éléments de décision, et la répartition des pouvoirs intellectuels, dans la plupart des disciplines, rend possible la critique radicale de la société industrielle traditionnelle.* » On peut dire que je n'ai rien inventé et que le journaliste se montre un des meilleurs adeptes du matérialisme historique. Il termine : « *... Et la renaissance intellectuelle, dont le signal a été donné, aura des conséquences politiques évidemment profondes, dans ce pays comme dans les autres, à mesure qu'une nouvelle démocratie européenne, aussi "directe" que possible, va s'élaborer dans un douloureux enfantement.* » Les raisons du mouvement fort bien analysées, il se place du côté de ceux qui vont tirer les marrons du feu et un maximum de privilèges.

Ayant vécu d'assez près ces folles journées de Mai, je n'en avais pas compris les causes, d'autant que je n'étais pas encore tombé dans la potion magique. L'heure n'était pas à la réflexion et ce n'est qu'après quelques années d'expériences politiques et syndicales que j'ai entrevu quelques explications. En revanche, il est clair que je m'étais trouvé en accord avec la remise en cause profonde d'une société inégalitaire. Aujourd'hui, ce combat doit continuer.

VI - LE REGARD DE 1978

Ce regard est celui d'un adhérent du P.S.U., qui, au moment de son adieu à la vie militante politique, se retourne sur son passé récent, marqué par un activisme qui l'a mené à jouer un rôle dans les luttes de tendances à l'intérieur du P.S.U. et à proposer une réflexion originale. Me retirant de ce parti en 1978, au lendemain d'un retrait qui me laissait le temps d'un examen plus calme et plus approfondi des événements vécus, j'ai procédé à la rédaction de ce texte qui a été laissé en l'état, comme l'atteste certains anachronismes ; histoire originale, c'est ainsi qu'il faut le lire en essayant de retrouver l'esprit des protagonistes de cette époque et de comprendre leur acharnement à camper dans des convictions, acquises lors de la grande confrontation de Mai 68.

Ce regard est influencé par la proximité des événements auxquels il s'attache. Il en distingue tous les détails et ce foisonnement a amené à scinder leur exposé en deux périodes ; la première, plus agitée jusque vers 1974, en précède une seconde de 1974 à 1978 où le mouvement social commence à s'assagir et à se décanter. Cette césure temporelle se place au moment où, sans doute après un mûrissement de quelques années, j'ai eu l'intuition que le P.S.U., malgré ses accents prolétariens, n'était en fait que le parti d'une nouvelle classe, celle des cadres salariés qui assurent au sein des moyens de production et d'échange l'intérim des propriétaires devenus incapables de diriger leurs entreprises en raison de leur trop grande complexité. Aussi, entre ces deux périodes ai-je placé un chapitre consacré aux disputes idéologiques qui avaient émaillé la vie du P.S.U. au sortir de mai 1968.

Ce regard de 78 se porte donc sur les moments cruciaux où les forces qui se sont affrontées en mai poursuivent le même combat entre les classes dominantes des trois modes de production en compétition : capitalisme, socialisme étatique et socialisme autogestionnaire. On y retrouve donc les nouvelles notions exposées précédemment et, par là même, les mots nouveaux ou anciens auxquels sont conférés un sens bien déterminé. Que le lecteur garde présent à l'esprit que les situations décrites sont celles d'il y a presque quarante ans.

LA FRANCE APRÈS FLORÉAL (1968 - 1974)

« *La France est le pays où les luttes des classes ont été menées chaque fois, plus que partout ailleurs, jusqu'à la décision complète et où, par conséquent, les formes politiques changeantes, à l'intérieur desquelles elles se meuvent et dans lesquelles se résument leurs résultats, prennent les contours les plus nets.* »
F. ENGELS. Préface à la troisième édition allemande du *18 Brumaire de Napoléon Bonaparte* de Karl Marx.

L'interférence des modes de production, produits d'une division sociale de plus en plus poussée, rend particulièrement complexe l'analyse des classes et des forces sociales, d'autant que certaines sont en voie de disparition ou de fusion tandis que d'autres émergent au contraire à partir des anciennes. Cet enchevêtrement ne peut s'ordonner aux yeux de l'observateur qu'au prix de barrières bien délimitées plaquées sur une réalité sociale qui, nous insistons, est tissée de fils, dont l'un dépend de l'autre et qu'on ne peut distinguer sans altérer les motifs, dont les dégradés sont subtilement agencés, de la même façon que les sept couleurs de l'arc-en-ciel sont les seuils visibles d'une variation ininterrompue du violet au rouge. En introduction, fixons néanmoins les composants de ce spectre.

MANIFESTATIONS DES CLASSES

Dans la complexité de la vie politique et sociale, on va rechercher les forces sociales qu'on pourrait rattacher aux classes définies précédemment au cours des exposés sur la stasicratie et la classe compétente, en commençant par celle toujours dominante au moment de mai 68, la classe bourgeoise.

Le quadrille bourgeois

La bourgeoisie subit les contrecoups de l'évolution technologique et, quoiqu'on continue de la caractériser par la possession des moyens de production et d'échange, il faut désormais distinguer deux types de bourgeoisie : l'une, traditionnelle, exerce plus ou moins directement son pouvoir grâce à une organisation rigide des entreprises (fabrique ou usine mécanique), nous la qualifions de « nationale », car elle correspond historiquement au regroupement de chaque nation dans un État qui lui est propre ; l'autre, plus moderne, tend à s'abstraire des tâches de gestion en délégant ses prérogatives aux compétents, elle est « transnationale », parce qu'elle prend de plus en plus un caractère mondial en raison de la dispersion des unités de production dans plusieurs pays.

Bourgeoisies nationale et transnationale se font concurrence pour la domination de la société et, en même temps, sont contraintes à s'entendre face aux autres classes pour sauvegarder leurs biens. Elles jouent une partie difficile où chacune cherche à évincer l'autre sans altérer l'équilibre de l'ensemble du système ; « oui mais » répondait Giscard d'Estaing à de Gaulle, « non mais » se voit forcé de dire Chirac à Giscard d'Estaing ; les forces sociales qui représentent les deux types de bourgeoisies sont bien le P.R. pour la transnationale et l'U.D.R. pour la nationale, l'atlantisme et l'européanisme de l'une faisant contrepoids au nationalisme de l'autre.

Les deux bourgeoisies entretiennent chacune leur petite bourgeoisie où elles recrutent la plupart des adhérents à leurs partis respectifs. La petite bourgeoisie nationale ne se distingue pas par essence de sa bourgeoisie, elle n'en diffère que par le volume de ses capitaux ; son ambiguïté a été fort bien décrite par Marx : vouée par le jeu de la concurrence à être un jour éliminée, elle souhaite une démocratie qui la protège par des mesures socialisantes ; bourgeoisie par sa situation présente, mais prolétarienne par sa chute future, elle se veut à la fois capitaliste et sociale. Dans sa majeure part rivée à l'U.D.R., elle s'exprime de façon autonome par le mouvement des radicaux de gauche ; la petite bourgeoisie nationale étant devenue trop faible pour animer une force sociale qui lui soit propre, ce parti sera peut-être conduit à se satelliser à la classe compétente.

Quoique non cosmopolite, nous parlerons d'une petite bourgeoisie transnationale pour bien souligner l'attachement indissoluble de cette fraction de classe à ses employeurs. En effet, les grandes multinationales se débarrassent des activités qui résistent à l'automatisation, en les sous-traitant à de petites entreprises entièrement dépendantes ; la petite bourgeoisie correspondant à ce secteur est dans une position analogue à celle des techniciens : elle doit sans cesse se reconvertir, car les changements de produits périment rapidement certaines sous-traitances et en engendrent à la fois des nouvelles. De plus, les petites et moyennes entreprises de services (maintenance et dépannage) exigées par notre société de consommation sont, elles aussi, enchaînées par leurs intérêts au développement des multinationales tout en s'efforçant de s'en garantir. Leur parti a été le parti radical valoisien auquel Jean-Jacques Servan-Schreiber a voulu donner une tonalité moderniste et un semblant d'indépendance par rapport au P.R. Cependant, toute la mouvance des partis dits centristes représente également la petite bourgeoisie transnationale qui, depuis la création de l'U.D.F., accroche son wagon au train des multinationales.

La petite bourgeoisie, de quelque type qu'elle soit, constitue la frange d'une classe ; ses forces sociales, traduisant souvent un mélange, sont difficiles à démêler. Elles servent de lubrifiant politique entre les bourgeois et les salariés, entre la droite et la gauche. Très instables, elles glissent facilement d'un camp à l'autre et, par une sorte d'osmose, se font et se défont au gré de la moindre variation dans la conjoncture, prouvant ainsi la précarité de la classe qui les insuffle.

Le P.C.F., classe partisaire française

Nous l'avons déjà remarqué, les tentatives trotskistes ou maoïstes sont toujours restées embryonnaires en France, car trop isolées et trop faibles pour des stasicrates.

Par définition confondue avec sa force sociale, la classe partisaire est la plus apte à sécréter rapidement les stratégies adaptées aux événements : c'est ainsi qu'il faut interpréter les virages opportunistes du parti communiste français. Malgré la lourdeur de ses mots d'ordre, il est probablement le parti qui réagit le plus vite aux changements du milieu, avec pour seuls soucis de préserver la cohésion de l'appareil et la pérennité de son recrutement auprès des mécontents. Son réservoir le plus spécifique se situe chez les ouvriers qualifiés ou, aujourd'hui, chez les techniciens sensibilisés eux aussi à la notion de programme préétabli. Les premiers étant en voie d'élimination, le maintien du Parti demande une reconversion difficile, d'autant plus que la société de consommation n'est pas particulièrement sensible à une propagande paupériste. Le parti communiste se tourne donc tour à tour vers les classes ou les couches touchées par une quelconque évolution défavorable, ce qui lui intime chaque fois une posture réactionnaire qu'il couvre du baume de l'éternel argument : dans une société non régie par la loi du profit, mais par l'État, le progrès deviendrait bénéfique pour tous.

Dans le moment présent, le P.C.F. soutient tous les secteurs du capitalisme traditionnel, classe ouvrière et bourgeoisie nationale incluses ; cependant, cette assistance à tout ce qui est menacé de disparition risque de le conduire dans une impasse ; il semble qu'il amorce actuellement un tournant pour se camper en champion résolu du socialisme autogestionnaire, à sa manière naturellement : avec un parti unique.

Les pulsions compétentes

Pour avoir étudié dans la partie précédente sa nature et son idéologie, nous n'évoquerons ici que les manifestations politiques de la classe compétente. Si les groupuscules trotskistes ou maoïstes ainsi que le courant C.E.R.E.S. puisent en son sein leurs militants, leurs projets stasicratiques de socialisme étatique les rejettent hors des organisations typiques de cette classe ; ils forment, à notre avis, une anomalie historique que nous expliquerons plus loin. Le P.S.U., axe du socialisme autogestionnaire, a connu son apogée au lendemain de mai 1968 ; son déclin ultérieur qui s'est conjugué avec la croissance des mouvements écologiques et du P.S., montre qu'un lien profond unit toutes ces forces sociales qui s'alimentent aux différents aspects de la classe compétente. Nous avons également insisté sur l'impératif de cette classe de ne pas dévoiler son identité et de préférer des groupes ponctuels et temporaires à des partis traditionnels, ce qui fait plutôt parler de mouvance autogestionnaire pour caractériser le flou de son projet et la fragilité de ses organisations.

Le blason des exploités

Nous les réunissons en un seul paragraphe, parce que leurs diverses couches s'imbriquent entièrement ; ainsi, la future classe populaire est classe ouvrière ou classe exécutante, suivant l'angle sous lequel on l'examine. Nous dirons alors que certains secteurs sont plus spécifiquement ouvriers ou populaires ou exécutants, pour indiquer le sens du courant qui les emporte.

Classe ouvrière et F.O.

Si on admet que le mode de production capitaliste se définit par une division sociale en deux classes, bourgeoise et ouvrière, son expression la plus pure est celle de la fabrique qui se perpétue de nos jours dans les petites et les moyennes entreprises, à l'intérieur desquelles les travailleurs sont, avant tout, des réalisateurs. En raison de leur attachement viscéral au capitalisme et du fait des progrès technologiques qui, en cassant leurs professions, augmentent l'incertitude de leur avenir, ils sont conservateurs ; leur confédération Force Ouvrière se déclare ouvertement la plus encline à garder inchangée la société actuelle. Après avoir été les fondateurs du syndicalisme, les exploités des P.M.E., dont le rôle s'est amenuisé sans cesse depuis la fin du XIXe siècle, adhérent logiquement à la confédération la moins combative et en même temps la plus proche des salariés de l'administration bourgeoise.

Classe populaire et C.G.T.

Le taylorisme lui ayant offert un terrain fertile, la partie supérieure de la classe ouvrière s'est épanouie et s'est glissée sans effort dans le lit d'un programme bien défini. Formée des intervenants de la production mécanique (les ouvriers qualifiés), elle se prolonge dans leurs homologues de la production automatique : les techniciens, pour leur part, tiraillés entre leur appartenance à la forme de production du socialisme autogestionnaire et leur qualité d'intervenant qui les rapproche du socialisme étatique. C'est dans cette partie supérieure que le Parti recrute beaucoup de ses membres, mais ceux qui n'ont pas franchi le pas et s'en tiennent à la lutte syndicale forment le noyau dur des adhérents de la C.G.T. entraînant avec eux tous les travailleurs qu'ils côtoient au sein des grandes entreprises. Quoique son importance soit moindre que dans la première moitié du XXe siècle, la Confédération générale du travail conserve toujours la première place et reste le socle de la classe populaire.

Solide organisation, très bien implantée dans la grande industrie, elle a contré le mouvement de mai 1968, atténuant ses effets politiques au profit d'avantages matériels pour les salariés. On sait que les militants communistes animent logiquement la C.G.T. à laquelle ils imposent la stratégie globale du Parti, en fonction de la conception léniniste du syndicat « courroie de transmission » des directives politiques. Cette symbiose parti-syndicat est de moins en moins supportée par les cégétistes, soumis aux modifications du procès du travail et à l'influence idéologique du socialisme autogestionnaire ; les liens de concubinage sont de plus en plus ceux de l'habitude.

Classe exécutante et C.F.D.T.

Le secteur tertiaire fournit les gros bataillons de cette classe qui s'insinue dans tous les rouages, puisque, sur les chaînes de production par exemple, les appliquants s'intègrent par leur forme de travail, dénuée de toute décision, dans l'ensemble instrumental qui joue la symphonie écrite et dirigée par les compétents. Sans cesse grandissant avec l'automation des unités de production et la complexité de la machine sociale toute entière, cet ensemble pèse d'un poids croissant sur la politique des nations développées.

En France, la Confédération française démocratique du travail est devenue en quelques années l'organisation syndicale qui se rallie sans ambiguïté au socialisme autogestionnaire dont elle a tenté une définition plus approfondie que ne l'ont fait les forces politiques, allant jusqu'à donner des objectifs de transition vers ce socialisme. Alors que les partis et mouvements compétents se divisent et perdent souvent pied dans le vague de leurs stratégies, la C.F.D.T. met cap sur un point de repère inébranlable, refusant le compromis malsain du Programme commun et l'isolement asexué des écologistes.

En outre, dans la nuit politique de la gauche française, elle est devenue l'asile des compétents révolutionnaires esseulés, écœurés, au soir d'une révolution avortée, par l'impuissance de leurs groupuscules crépusculaires. L'éventail très varié de ce recrutement confère à son militantisme une audience et un élan de base ; d'un côté il lui imprime une solide touche de stasicratisme, de l'autre il le teinte d'un mol désenchantement quant à l'opportunité de toute organisation, les deux allant à l'encontre de la position confédérale jugée trop timorée ; mais, ne disposant pas de propositions à long terme à offrir aux travailleurs, ces deux tendances provoquent des tiraillements internes et ne sont pas parvenus à infléchir la trajectoire de la C.F.D.T.

LES RELIQUES DU PASSÉ

Totalement imprévue, l'explosion de mai 1968 advint au moment où se mourait la S.F.I.O., mais où aucune organisation de gauche ne remettait en cause la doctrine léniniste. Si chacun constatait l'échec pratique, tous croyaient en la régénérescence d'un parti socialiste ou en une évolution moins stasicratique du P.C.F., pour aboutir à un véritable socialisme dont personne ne doutait.

La socialiste et démocrate S.F.I.O.

En 1968 donc, la S.F.I.O. est une relique, non pas au sens religieux du terme – elle n'a aucun adorateur – simplement au sens étymologique : reste de ce profond courant inspirateur des partis socialistes du XIXe siècle, géniteur du révisionnisme. La splendeur passée entretient une petite lueur qui vacille. Intégrée au système parlementaire pendant des décennies et compromise dans la défense de l'Algérie française, la social-démocratie se survit dans des alliances avec la petite bourgeoisie (F.G.D.S.), mais le déclin de la paysannerie parcellaire lui ôtant les soutiens acquis dans les campagnes, tout semble indiquer qu'elle va s'évanouir.

L'ordre marxiste-léniniste

Il a encore, dans la France de 1968, tous ses croyants qui se prosternent pour ne pas voir où il les mène en foulant au pied la notion de luttes des classes ; celle-ci retrouve cependant un semblant de faveur avec l'apparition des groupes prochinois qui, s'entichant du gadget maoïste d'une révolution en deux temps, obligent les plus obtus à étudier la formation sociale actuelle. Mais toute la pensée dite progressiste converge toujours sur le socialisme prolétarien, imposant aux partis de se proclamer « partis de la classe ouvrière » avec une stratégie anticapitaliste. En revanche, les querelles idéologiques persistent sur la question de la définition d'une classe ouvrière en voie d'amenuisement. Ce sont alors les contorsions idéologiques de S. Mallet (la nouvelle classe ouvrière) ou celles de N. Poulantzas (la nouvelle petite bourgeoisie) auxquelles se livre la gauche pour faire entrer la société française dans un corset démodé, quand ce n'est pas le manque total d'imagination ou l'absence de réflexion, qui fourrent pêle-mêle les nouveaux ensembles sociaux dans des classes moyennes ou dans des couches intermédiaires.

La classe compétente utilise elle aussi le dogme. La poussée révolutionnaire de Mai 68 a amené sur la place publique des troupes de fidèles répartis suivant les diverses version du credo : qui du côté des trotskistes, qui chez les maoïstes et pour ceux qui hésitent, ma foi, le P.S.U. Certains se sont peut-être égarés dans les cellules du P.C. ; d'autre, au révolutionnarisme plus prudent, préfèrent encore la vieille baraque où ils aménagent tant bien que mal le coin C.E.R.E.S. Cette dispersion reflète la faiblesse idéologique de la nouvelle classe qui n'a pas atteint une maturité suffisante pour faire tomber le carcan marxiste-léniniste ; même ceux qui recherchent au P.S.U. un ton original s'enfoncent dans le bain de la doctrine socialiste, adouci d'une mousse autogestionnaire.

LE BOUILLONNEMENT POLITIQUE

Nous accorderons une attention particulière à cette période au cours de laquelle se dénoue l'imbroglio politique créé par Mai 68, conséquence des tensions accumulées par la superposition d'une production automatisée à la production mécanique. Époque de transition par excellence, où l'équilibre gaulliste, entre la bourgeoisie nationale et la bourgeoisie transnationale, se rompt au profit de la seconde, où se remodèle une social-démocratie accusant le coup du choc révolutionnaire.

Pendant un mois, on a vu un pouvoir gaulliste ébranlé par les étudiants révoltés soutenus par les grèves ouvrières. Dans les villes tout un peuple se défoulait « les murs ont la parole », mais aussi les hommes, discutant sur les trottoirs et dans les usines, manifestant dans l'enthousiasme. Cependant, le gouvernement a tenu : la C.G.T. et le P.C. ont fait rempart à la base ; tendus contre le mouvement qui n'était pas le leur, ils ont obtenu une victoire décisive le jour où les portes des usines Renault restèrent fermées devant la manifestation étudiante venue réalisée sa jonction avec les ouvriers.

Les luttes qui ont opposé groupuscules et C.F.D.T au gaullisme et au couple P.C.-C.G.T. étaient celles du mode montant, le socialisme autogestionnaire, contre le capitalisme national et le socialisme étatique. À cet affrontement vont se combiner les immixtions du capitalisme transnational et de la social-démocratie qui, sur la réserve en mai 68, tireront avantage de l'affaiblissement des combattants.

La fin du gaullisme

La descente des Champs Elysées par les « godillots du général » marque le fin de ce qui sera la « révolte de mai ». Les « élections de la peur » de juin 1968 seront un succès, et le discret Couve de Murville est désigné pour arrêter les coulées du volcan avec l'aide d'Edgar Faure, qui joue les pompiers à l'université en organisant la participation des étudiants, et avec celle des C.R.S. de Marcellin qui canalisent les laves gauchistes brûlantes de slogans anticapitalistes. Après son redressement de dernière minute, de Gaulle usera ses forces à colmater les brèches ; le référendum sur la régionalisation avec réforme du Sénat prendra l'allure d'un plébiscite où tous les adversaires du général se rejoindront dans un « non » majoritaire, quel que soit le jugement sur la question posée. Par exemple, le P.S.U. favorable à la décentralisation penche un moment vers l'abstention, puis se ravisant rejoint l'ensemble de la gauche ; les partis du capitalisme transnational basculent eux aussi et se retrouvent avec la petite bourgeoisie nationale qui, elle, tient à conserver son Sénat. Le soir du 27 avril 1969, avec seulement 43% de oui, de Gaulle quitte le pouvoir. Les élections de juin 1969 confirment le rapport de force [130]. À droite, le gaullisme domine encore, mais ses concurrents, unis derrière le candidat Poher, font une percée d'autant plus dangereuse qu'au second tour la C.F.D.T. leur apportera le soutien logique, bien que mitigé, de la classe exécutante. À gauche, le parti communiste se maintient, mais sa stratégie de rapprochement avec la S.F.I.O. perd de la crédibilité devant l'effondrement de la social-démocratie et l'affirmation du courant de Mai 68.

Le président Pompidou s'inspire des enseignements électoraux en prenant comme Premier ministre le gaulliste bon teint moderne, Chaban-Delmas, qui, avec son conseiller Delors, veut améliorer les rapports sociaux par des « contrats de progrès » et déboucher sur une « nouvelle société ». Derrière cette façade se poursuivent les occupations d'usines, les manifestations de rue et les interventions musclées des C.R.S. de l'infatigable Marcelin qui encaisse l'impopularité des mesures de

---

130.					
	Pompidou	49,95%		Duclos	21,52%
	Poher	23,42%		Deferre	5,07%
	Ducatel	1,29%		Rocard	3,66%
				Krivine	1,06%

maintien de l'ordre. Pompidou se risque à un référendum sur l'élargissement de l'Europe. Les abstentionnistes l'emportent, puisqu'il y a seulement 36% de oui contre 17% de non, venus des électeurs communistes. Qu'un président gaullien ait cru bon d'organiser un vote national sur un point favorable à la transnationalité prouve bien l'affaiblissement de la bourgeoisie nationale.

Est-ce pour rompre cette fâcheuse évolution ? Chaban-Delmas est remercié le 5 juillet 1972. Il cède sa place à Messmer, de la plus militaire orthodoxie gaulliste, qui se rend célèbre par ses mots malheureux : « Lip, c'est fini. » La mort de Pompidou et les tractations autour de la désignation des candidats aux futures élections dévoileront la faiblesse de l'U.D.R. divisée entre Chaban-Delmas, Royer et Chirac qui se rallie à Giscard d'Estaing. Le 5 mai 1974, les résultats électoraux confirment que la bourgeoisie transnationale a tous les atouts en main [131].

L'ombre du chômage s'étend doucement sur la France et, en 16 ans de gaullisme, la bourgeoisie nationale a avalé la pilule de la transformation d'une France protégée dans la zone économique de son empire colonial à une France intégrée dans le système planificateur mondial, qui désormais va bénéficier d'un exécutif favorable à ses objectifs en la personne de son président.

Le « sabbat » compétent

Vaincu en mai 1968 mais non découragés, maoïstes, trotskistes et socialistes unifiés (P.S.U.) perpétuent l'esprit du « sabbat de Charlety » [132]. S'investissant dans les luttes sociales

---

131.   Giscard d'Estaing   32,6%
        Chaban-Delmas   15,1%
        Royer   3,2%
132. Expression de Georges Séguy désignant l'immense rassemblement tenu en mai 1968 au stade Charlety, à Paris.

et s'invectivant dans leur presse respective, tous ont bu la potion magique des bardes marxistes-léninistes, qui gonfle la vigueur de leur militantisme dans les entreprises et dans les rues. L'ayant assimilée chacun à sa manière, ils « cherchent en gémissant » la vraie voie du socialisme.

L'effervescence groupusculaire

Le parti socialiste unifié, le plus politique et le moins politisé, si on peut s'exprimer ainsi, est tenté par l'œcuménisme à son congrès de Dijon (mars 1969) où il propose seulement une ébauche de projet autour de 17 thèses directrices ; mais derechef, il se lance comme les trotskistes dans le jeu électoral que récuse les maoïstes. Ceux-ci, nouveaux venus sur l'estrade révolutionnaires, en seront les bateleurs les plus convaincus. Avec le recul du temps, on se rend compte que c'est autour d'eux que s'enchaînent les événements de cette période troublée, puisqu'elle se caractérise par leur éviction du P.S.U. et par la disparition de leurs groupes autonomes, si on met à part les organismes stasicratiques du type P.C.M.L.F. ou P.C.R. dont l'évolution suit celle de leurs cousins trotskistes : influence de plus en plus faible, maintien de l'appareil.

Au gré des circonstances, les regroupements ou les scissions s'opèrent sur le thème lancinant de la construction d'un parti révolutionnaire. En ces années de dynamisme militant, il ne fait aucun doute que la social-démocratie est moribonde et que le P.C. a tourné définitivement au réformisme, soit en raison de son révisionnisme, soit à cause de son intégration au système électoral. Toute perspective politique qui envisagerait d'incorporer ces vieux soliveaux affaiblirait la charpente de la future bâtisse socialiste. Vis-à-vis des syndicats, les attitudes divergent ; si tous tiennent à prendre directement la classe ouvrière par la main et privilégient dans ce sens les assemblées générales comme expression des travailleurs, les uns (Gauche Prolétarienne, Vive la Révolution) rejettent les structures syndicales dans leur ensemble comme étant les alliées du capitalisme et des freins à l'action [133] ; d'autres visent à la création de syndicats rouges ; certains (P.S.U.) espèrent rendre les orientations confédérales syndicales plus révolutionnaires par un travail politique respectant l'autonomie des confédérations.

Ainsi sont-ils partis à l'assaut de la classe ouvrière, ou plutôt à sa rencontre. C'est le temps où des étudiants maoïstes abandonnent les cours universitaires pour entrer en usine et poursuivre l'agitation politique directement auprès du peuple. Sans pousser tous aussi loin l'acte de foi, aucun ne doute que le marxisme-léninisme ne soit pur de tout péché, ses grands prêtres seuls s'étant damnés dans l'exercice de leur fonction. Le P.S.U. suit la mode : au conseil national de Rouen (juin 1970) le débat sur le parti révolutionnaire se déroule sous un portrait de Lénine dont la barbiche ne pourra pas frémir d'ironie.

Les « grandes familles » : maoïstes, trotskistes, socialistes unifiés

Les querelles théoriques occupent moins les militants que l'action à la base et, là, le clivage se fera rapidement entre ceux qui, emportés par leur propre logique, s'éloigneront à la dérive d'un révolutionnarisme à tout crin et ceux qui, restés sur la berge, refuseront de se laisser entraîner dans l'aventure, en acceptant toutefois d'en atténuer les effets les plus néfastes.

La Gauche Prolétarienne adopte une tactique de guérilla avec des formes de lutte très dures : séquestration de patrons, occupation des logements en squatters, rafle chez Fauchon (mars 1970)... Cette position en flèche la désigne comme cible du pouvoir qui sévit sans trop de risques : Le Dantec et Le Bris,

---

133. « *Nous le disions dans le dernier article, les syndicats sont l'ennemi installé au cœur de la classe ouvrière. Ils sont comme un cheval de Troie dont les patrons se servent pour pénétrer dans la vie de l'usine, dans la tête de l'ouvrier. À ce titre, ils se valent tous, la C.G.T. comme la C.F.D.T.* » G. Vagner, *Vive la Révolution*, avril-mai 70.

rédacteurs de *La Cause du Peuple*, sont jugés en juillet 1970, et les manifestations en leur faveur sont l'occasion d'interdire la G.P. dont le leader le plus célèbre, Alain Geismar, est condamné, en octobre 1970, à trois ans de prison. La fuite en avant se poursuit. *La Cause du Peuple*, dont Sartre assure à son tour la responsabilité légale, lance des appels à une Nouvelle Résistance Populaire qui, en décembre 1970, séquestre le député U.D.R. de Grailly et soutient la révolte des prisons (dès décembre 1971 à Toul). En février 1972, les obsèques du militant maoïste Pierre Overney, assassiné lors d'une distribution de tracts à la porte des usines Renault, donnent lieu à l'un des plus grands défilés populaires de cette période, preuve que le souffle de Mai 68 est encore puissant. Peu après, en représailles, un groupe enlève Nogrette, cadre chez Renault, et ne le libère qu'après plusieurs jours de détention. Mais ses coups d'éclats n'empêchent pas le maoïsme de régresser. Trois ans après V.L.R. qui s'était auto-dissoute dès avril 1971, la G.P. annonce la fin de son existence en janvier 1974.

Les trotskistes non plus ne restent pas inactifs. De la Jeunesse Communiste Révolutionnaire et de l'Union Communiste, interdites par le gouvernement en juin 1968, sortent respectivement la Ligue Communiste en avril 1969 et un nouveau journal, *Lutte Ouvrière*, dès 1968. Ayant retrouvé des structures d'accueil, les trotskistes bien organisés participent aux manifestations et, fidèles à leur logique, implantent dans les syndicats et dans les mouvements le noyau d'un véritable socialisme avec l'espoir de le voir germer. En janvier 1971, les deux organisations signent un protocole d'accord en vue d'une future fusion qui ne verra jamais le jour. Dans les traditionnels défilés politiques ou syndicaux, les bataillons de la Ligue, avec leurs drapeaux rouges et leur fanfare, se remarquent et tranchent par leur discipline qui les aide, d'autre part, à intervenir à point nommé contre les fascistes, notamment à la Porte de Versailles, où avec les autres groupuscules ils affrontent très violemment des C.R.S. protégeant une réunion d'Ordre nouveau. Une intervention de même type à la

Mutualité, en juin 1973, se soldera par la dissolution d'Ordre nouveau et de la Ligue et par l'arrestation d'Alain Krivine et de Pierre Rousset. Comme l'hydre de Lerne, la Ligue renaît dans le Front Communiste Révolutionnaire en avril 1974.

Les frères ouvriers, ou seulement ouvriéristes, de Lutte ouvrière ont une histoire moins mouvementée et solidement ancrée dans les luttes d'usure ; ces nouveaux bolcheviks se dévouent à l'organisation qui traverse ainsi tous les déserts, en gardant un cap rigoureusement marxiste-léniniste, même lorsque ses militants se cachent à l'intérieur de la C.G.T. ou s'isolent dans certains syndicats F.O. Quoique encline au secret, Lutte ouvrière n'hésite pas à participer aux consultations électorales où son classicisme révolutionnaire lui assure, avec 2 à 3% des voix, un score supérieur à celui de ses cousins ligueurs ou frontistes, plus intellectualisés.

Le P.S.U., de son côté s'essouffle à courir sus à tous les moulins ; ses éléments trotskisants ou maoïsants l'écartèlent à tous les vents, tandis que le centre rocardien préserve les acquis politiques en continuant à incorporer le parti dans les joutes électorales. Les militants s'activent dans les manifestations de rues, au sein des luttes ouvrières et sous les préaux d'école. Ce Cerbère ne gardera pas longtemps ses trois têtes sur un seul corps ; un an après le congrès unanimiste de Dijon, les trois tendances commenceront à se montrer les dents. Pour éviter que les discussions ne prennent un tour trop personnel et sclérosant, le parti décide de préparer son futur congrès à partir de propositions élaborées en Assemblées Ouvrières et Paysannes.

Les A.O.P. seront un succès qui dépassera réellement les frontières du P.S.U. ; mais plus ou moins influencées par les diverses tendances, elles n'éviteront pas la mêlée : on peut même dire qu'elles la rendront encore plus confuse, puisqu'en juin 1971, le congrès de Lille verra six textes d'orientation se partager les suffrages des socialistes unifiés ! Allié des trotskisants, Rocard l'emporte de peu sur les maoïsants. Rien n'est réglé, les disputes s'enflent et les départs s'amorcent :

vers la Ligue communiste en janvier 1972, vers le P.S. en février (Gilles Martinet). Au conseil de Juvisy, en juin, la Gauche Révolutionnaire se dote d'un appareil autonome et, en septembre quelques militants rejoignent le groupe Révolution. Des maoïsants plus modérés, restés à l'intérieur du P.S.U., forment une nouvelle tendance : la Gauche Ouvrière et Paysanne qui se scinde aussitôt en deux, certains quittant le P.S.U., dès l'automne 1972, d'autres présentant au congrès de Toulouse de décembre leur texte *Vers le communisme*, contre le *Manifeste du P.S.U.* soutenu par les rocardiens et les trotskisants ; approuvé par une large majorité (83%), ce dernier deviendra la bible du parti.

La G.O.P. interne, comme on la nomme désormais, anime l'unique opposition aux initiatives des majoritaires qui tentent d'agglutiner divers petits groupes dans le Comité de liaison pour l'autogestion socialiste et de se rapprocher des forces du Programme commun par un pacte dit « d'unité conflictuelle ». Aux élections présidentielles de 1974, Rocard pousse au soutien de la candidature Mitterrand à laquelle la G.O.P., d'accord avec les trotskisants, préfère une candidature de Charles Piaget [134] ; battus à la direction politique nationale, la plupart des gopistes quittent le P.S.U. Quelques mois plus tard, les Assises du socialisme serviront de nouveau détonateur ; les rocardiens désirant l'inclusion du parti dans le P.S. seront mis en minorité au conseil d'Orléans (octobre 1974) et rejoindront seuls les prairies reposantes du réformisme. Ces péripéties ont entamé le crédit acquis par les socialistes unifiés, comme le montre leur audience électorale qui, voisine de 4% en mai 68, était déjà retombée à 3% dès mars 1973.

Éphémères ententes

Malgré leurs déchirements intérieurs ou extérieurs, les groupuscules ont su quelques fois s'unir.

---

134. Militant C.F.D.T de Lip, membre du P.S.U.

L'Union nationale des étudiants de france, dirigée en mai 1968 par des militants du P.S.U., rassemblait l'ensemble des groupes révolutionnaires ; son président Sauvageot forma avec Cohn-Bendit et Geismar le trio de pointe de la contestation étudiante qui ne parvint pas à faire la jonction avec les organisations ouvrières, en dépit de l'analyse du P.S.U., selon laquelle l'université tenait un rôle productif en fournissant à l'économie une couche technicienne dont le ralliement au prolétariat était prévisible. Rapidement le groupe spontanéiste (G.P.) et les comités d'action contrôlés par les trotskistes de l'ex-J.C.R. se retirent. Les étudiants du P.S.U. conservent la majorité aux congrès de Grenoble (juillet 1968) et de Marseille (décembre 1968) face à trois minorités stasicratiques : stalinienne du P.C.F., trotskiste de l'A.J.S. et maoïste du P.C.M.L.F. [135]. Mal soutenus par leur parti, les socialistes unifiés, après quelques tentatives de compromis, abandonneront la direction aux représentants de l'A.J.S., au moment où le courant P.C. fera scission pour fonder l'U.N.E.F.-Renouveau (printemps 1971).

Par ailleurs, les divers groupes politiques tenteront de répondre à la répression gouvernementale par un organisme unique, le Secours Rouge, créé en 1970 et patronné par un comité d'intellectuels ; seule L.O. ne fera pas partie de ce regroupement informel dont elle dénonce l'indiscipline. Effectivement, le S.R. n'arrivera jamais à coordonner ni même contrôler les différents participants qui le tirent à hue et à dia ; malgré quelques actions efficaces, il disparaît dès 1971. « *Le Secours rouge fut un échec cuisant pour l'extrême-gauche. Le sectarisme et la volonté hégémonique des différents groupes ont vidé de tout contenu un regroupement qui, à son origine, avait fait naître beaucoup de sympathie* [136]. »

---

135. A.J.S. : Alliance des jeunes pour le socialisme, P.C.M.L.F. : Parti communiste marxiste-léniniste de France.
136. Roland Biard, *Dictionnaire de l'extrême-gauche de 1945 à nos jours,* P. Belfond, 1978.

Au cœur de la bataille

Cependant, cette extrême gauche fragmentée constitue la force politique principale de cette période, en raison de l'importance de son engagement dans les luttes sociales. Lors de la plupart des conflits, on retrouve la ténacité de ses militants dans les syndicats et les comités de soutien qu'ils mettent ensemble sur pied à chaque occasion, même si leurs objectifs respectifs divergent. Les grèves sont les moments forts des groupuscules qui s'y précipitent avec ardeur, analysant sans relâche l'attitude de chaque protagoniste, en particulier des grandes confédérations et des grands partis. Ils s'opposent sur le terrain aux communistes encadrant les travailleurs par l'intermédiaire de la C.G.T. ; les accusations réciproques utilisent un vocabulaire stéréotypé : les qualificatifs de « gauchistes », « irresponsables », « provocateurs », « jusqu'au boutistes », provoquent en retour celles de « staliniens », « réformistes », « traîtres », « briseurs de grève » ...

Les grands lieux de cette histoire immédiate ont été les Batignolles, Renault et les O.S. du Mans, Évian, la R.A.T.P., Pénarroya et les immigrés, les Nouvelles Galeries de Thionville et les employés, etc. ; plus haut dans le panthéon, la grève du Joint Français d'avril 1972, où les ouvriers reçurent l'aide de la municipalité de Saint-Brieuc dirigée par le député-maire P.S.U., Le Foll, et suscitèrent un élan de solidarité des paysans bretons, la révolte lycéenne de mars 1972 contre la loi Debré, enfin la longue lutte inachevée des paysans du Larzac qui dure depuis 1971 : la première manifestation eut lieu sur le Causse en mai de cette année ; dès février 1972 s'est formé un comité de soutien popularisant la résistance des 103 propriétaires de cette terre ingrate, qui refusent d'être expropriés à des fins militaires. Dans les années suivantes, ils se rappelleront chaque année à l'opinion publique : moutons sur le Champ de Mars en décembre 1972, construction de la bergerie de La Blaquière et rassemblement de 80 000 personnes en août 1973, « fête des moissons » en août 1974, ensemencement de terrains militaires en octobre 1974.

Mais la véritable geste de ces temps épiques s'écrit avec l'affaire Lip. D'un côté des travailleurs défendant leur emploi, de l'autre la fin d'une entreprise prestigieuse en proie aux difficultés de l'industrie horlogère. Unis derrière leurs syndicats, conduits par des hommes bien préparés à l'épreuve, les « Lip » répliqueront, grâce à une pratique d'assemblées générales, à toutes les mesures d'un gouvernement qui désire clore rapidement un conflit révélateur d'une situation industrielle instable. En mai 1973, l'usine est occupée et remise en marche par son personnel qui pose sur la grille d'entrée la banderole : « C'est possible. On produit. On vend. » Début août 1973, le ministre de l'Industrie Charbonnel présente un plan de coupure de l'entreprise en trois parties indépendantes, ce que ne peuvent accepter les travailleurs. L'épreuve de force est imminente : le matin du 14 août, les C.R.S. font évacuer les locaux, mais dans l'après-midi, Charles Piaget déclare : « *Les C.R.S. occupent l'usine, mais une entreprise ce n'est pas des murs, c'est des travailleurs. Lip est là où sont les travailleurs de Lip.* » Effectivement, des précautions ont été prises : un stock de montres dispersé dans plusieurs caches constitue un trésor de guerre. L'assurance et le calme avec lesquels la lutte est menée augmentent la popularité de ce conflit.

En septembre 1973, à l'appel de la C.F.D.T. et de l'extrême-gauche, 100 000 manifestants affluent à Besançon où ils défilent sous une pluie battante pour témoigner de leur solidarité avec les Lip ; immense rassemblement dans la lignée de Mai à propos d'une entreprise qui préfigure les problèmes de la période à venir. Le négociateur gouvernemental Giraud propose, en octobre, un nouveau plan repoussé par 626 voix contre 174 ; le résultat sera contesté par la C.G.T., minoritaire dans l'entreprise, et l'*Humanité* dénoncera « les dirigeants irresponsables de la C.F.D.T-Lip ». Finalement, l'usine reprendra ses activités avec Claude Neuschwander comme nouveau P.D.G. Ainsi se termine sur une victoire cette expérience ouvrière d'une solidarité exemplaire qui fit pour la première fois parler vraiment d'autogestion. Ultime sommet atteint par ceux qui, dans l'élan de Mai, voulait escalader l'Himalaya capitaliste, il marque le moment du retour des compétents vers leur camp de base.

La mutation radicale

Contrainte de se tourner vers le système planificateur dont elle devient entièrement dépendante, la petite bourgeoisie erre à la recherche d'une nouvelle expression politique ; le parti radical est à vendre. Mendès-France avait bien tenté de le moderniser, mais il avait fait figure de pionnier que personne ne veut suivre. Il s'était rapproché du parti socialiste autonome (P.S.A.) et a été fraîchement accueilli à la formation du P.S.U. ; présent à Charléty, il n'a pas pris la parole, comprenant sans doute qu'il n'était pas l'homme de cette foule. Ce flirt aux franges de la classe compétente le renvoie vers le P.S. et il consent à être le Sancho Pança du Dom Quichotte Deferre lors des élections présidentielles de 1969 ; leur échec commun (à peine 5% des voix) pousse à la retraite le dernier représentant d'une république petite-bourgeoise et humaniste, qui avait voulu rompre avec le conservatisme de la bourgeoisie nationale.

La conquête du parti radical est ensuite menée comme une charge de cavalerie par le directeur de l'*Express*, Jean-Jacques Servan-Scheiber ; le nouveau conquistador s'impose par ses méthodes de chef d'entreprise et, lors de son entrée en scène fin 1969, se présente comme un chevalier moderne : « *Quand j'ai eu l'occasion d'étudier les problèmes de la nouvelle société technologique, j'ai été frappé de voir à quel point devait s'imposer une volonté politique si on veut que la deuxième révolution industrielle ne débouche pas sur une société sauvage.* » Son *Manifeste* new-look redonne une allure pimpante à la vieille maison de campagne qui n'en reste pas moins fragile dans ses fondations. Elle offre toutefois un toit politique suffisant pour que son propriétaire guerroie contre l'État-U.D.R. et boute le parti radical hors des cantonnements de la bourgeoisie nationale, à laquelle il reproche d'être inadaptée à la société technologique. La chance sourit aux audacieux : la démission du député U.D.R. Souchal ouvre à Nancy une campagne électorale partielle en juin 1970, J.J.S.S. part pour la Lorraine, entre en lice et pourfend son adversaire. À l'automne, la même situation se reproduit en Aquitaine où Chaban-Delmas veut retrouver son mandat de député ; aucun candidat ne se sent malheureusement assez fort pour affronter dans son fief le maire de Bordeaux. Qu'à cela ne tienne, le frais émoulu député de Nancy accourt, mais cette fois il est désarçonné et son auréole ternie.

Déjà, en juin de la même année, la signature du Programme commun de gouvernement entre le P.C. et le P.S. avait entamé la belle homogénéité du parti radical autour de son leader. Les députés du sud-ouest, traditionnellement tournés vers l'alliance avec la gauche, ont suscité une dissidence qui a abouti au Mouvement des Radicaux de Gauche, dont les sympathies sont concrétisées par leur adhésion au Programme commun de septembre. J.-J. Servan-Schreiber est donc repoussé vers le centre droit qu'il voudrait rassembler dans son combat pour une véritable vie politique régionale, procurant ainsi à la petite bourgeoisie locale des places de notables régionaux, faute de lui conserver celles de notables nationaux. Mais son punch est émoussé et son rêve centriste le laissera isolé aux élections présidentielles de 1974 où, après une longue hésitation, il se rangera sous la bannière de Giscard d'Estaing.

Le renflouement des gros bateaux

Les communistes français ont choisi leur camp en mai 1968 ; les expressions « l'autogestion est une formule creuse », « le sabbat de Charléty » témoignent, foi de Séguy, de leur jugement sur les nouveaux thèmes. Les manifestants n'étaient pas en reste et refusaient comme Cohn-Bendit de défiler avec la « crapule stalinienne »

Le P.C. s'est réjoui du recours aux élections en juin 1968, comptant engranger ce qu'avait semé la C.G.T., c'est-à-dire bénéficier de la reconnaissance des travailleurs à la suite des accords de Grenelle. Le contraire s'est produit, la droite sortie victorieuse de l'épreuve de force grâce à de Gaulle reçut en prime une « chambre introuvable ».

L'énorme machine stasicratique en tirera la leçon pour mieux s'aiguiller sur sa voie privilégiée : « *Mais par delà la satisfaction des revendications immédiates devenues impérieuses, le mouvement visait à des transformations plus profondes et plus décisives du monde sous lequel nous vivons. Le problème du remplacement du pouvoir gaulliste en tant que pouvoir des monopoles a été posé avec force* [137]. » Rien n'est changé sur le parcours, simplement la pression de la vapeur étant plus forte, la locomotive de la « démocratie avancée » tirera plus facilement le train du socialisme. Le parti communiste continuera à préconiser une vaste alliance démocratique et socialiste autour de la classe ouvrière ; faisant le gros dos devant les attaques de l'extrême gauche, il ne se départit en rien de sa ligne. Pendant ces années, dans les ateliers et les bureaux, ses militants critiqueront, calomnieront même, les groupes qui surgissent pour épauler les travailleurs dans leurs grèves. Ils refuseront systématiquement de participer aux comités de soutien, en invoquant la présence de trotskistes ou de maoïstes. Georges Marchais atteindra des sommets en accusant pratiquement Pierre Overney de s'être laissé assassiner pour monter une provocation ! En réplique à ces paroles, le soir du 28 février 1972, à Charonne, une manifestation militante démontre la puissance du courant anticommuniste, quelques mois avant la signature du Programme commun.

Si le mouvement de mai a eu peu de prise sur les stasicrates, il n'a apparemment rien appris aux notables de la S.F.I.O. « *Elle ne va pas si mal merci, la IVe République. Moi,*

---

[137]. Waldeck Rochet, *Rapport introductif au manifeste de Champigny* décembre 1968.

je ne l'avais pas connue, autrement que par les livres. Mais, dimanche soir à Alfortville, je l'ai vue. J'ai vu tout à la fois naître un "nouveau" parti socialiste (sic) et crouler sous le ridicule cette extraordinaire social-démocratie française. Quel spectacle ! Ils étaient là tous. Oui tous : Deferre et Mollet, Notebart et Chandernagor, Savary et Uri, Bernardin et Maroselli. Tous là : l'Algérie, 56 Suez, l'appel à Colombey, le socialisme "moderne" et les démons centristes [138] », ironise à leur endroit Gilbert Hercet dans l'organe du P.S.U. Certes, ils continuent leurs jeux électoraux, mais ils savent que la S.F.I.O. est bien morte, puisqu'ils veulent l'enterrer sous le nouveau parti socialiste pour devenir plus attractifs aux yeux des militants de la Convention des Institutions Républicaines qui, réunis au même moment à Saint-Gratien, attendent un moment propice aux noces et préfèrent les reporter de plusieurs années, jugeant pour l'heure la promesse peu désirable. Les électeurs auront la même réaction au premier tour des élections présidentielles (voir le score de Gaston Deferre).

Malgré cette valse-hésitation et ce désenchantement, au congrès d'Issy-les-Moulineaux de juillet 1969, les rapports politiques internes au nouveau parti socialiste se décantent en quatre tendances incarnées par Savary, Mollet, Mauroy et le C.E.R.E.S. ; les discussions avec le P.C. sont envisagées sous un jour plus favorable et la C.I.R. tente alors d'entraîner des partenaires plus dynamiques dans une fusion socialiste générale, mais ses conversations avec le P.S.U. échouent, ce dernier refusant en janvier 1970 de participer à un grand congrès d'unification. À ses assises de décembre 1970 à Suresnes, la Convention, sans avenir, se résout à disparaître avec une majorité d'autant plus forte (85%) que ses adhérents passaient les uns après les autres le porche de la Cité Malesherbes.

Cette Convention, qui représente-t-elle ? Claude Estier a dit d'elle : « C'est un comportement » ; de son côté, Claude Bessis récusait la notion de parti. Il s'agit donc de gens qui

---

138. *Tribune socialiste* n° 410 du jeudi 8 mai 1969.

refusent de se lier à un projet défini, toute une mouvance d'aspirants parlementaires, peu différents de ceux de l'ancienne S.F.I.O., mais ayant une approche plus moderne des réalités politiques. À notre avis, ce sont les notables porte-parole de la classe ouvrière du marché. Ils restent attachés au marché tout en souhaitant des réformes sociales ; à cette position de la social-démocratie traditionnelle, ils ajoutent la conscience de la dépendance vis-à-vis du système planificateur, c'est à dire qu'ils se montrent sensibles à l'idéologie compétente.

Les anneaux de mariage avec le P.S. sont officiellement échangés au congrès d'Épinay (juin 1971) qui consacre l'établissement du ménage sous le nom du plus fort. Cependant, les conventionnels, appuyés par Mauroy et le C.E.R.E.S., mettent en échec la coalition Savary-Mollet en obtenant que le comité directeur soit formé à la proportionnelle des courants, tandis que Mitterrand est élu secrétaire général du nouveau parti. Les plus modernes l'ont emporté, la S.F.I.O. est morte et enterrée, vive le parti d'une social-démocratie saupoudrée de compétentisme.

Parallèlement, les contacts P.C.-P.S. se sont poursuivis et ont abouti à un premier bilan (décembre 1970) où les deux partis déclarent joindre leurs efforts pour régénérer la démocratie. Certainement pas très satisfait du triomphe de Mitterrand à Epinay, le parti communiste ne s'arrête pas à si légère égratignure. Pour éviter que le prochain accord ne profite au seul P.S., le comité central lance, en janvier 1972, le mot d'ordre d'union populaire à la base, portant la compétition sur un terrain où ses forces sont bien supérieures à celle de son futur allié. Le contenu du Programme commun de gouvernement signé en juin 1972 est unanimement critiqué ; *Tribune Socialiste* écrit à son propos : « *On peut tout dire, mais non tout faire en même temps.* » L'importance de l'accord est toutefois reconnue pour la nouvelle dynamique politique qu'il instaure. Le parti communiste obtient facilement l'appui de la C.G.T. en juillet et se prépare à lancer des comités de soutien au Programme commun ; en septembre, la réponse négative de la

C.F.D.T. casse cette initiative : le XXe congrès du P.C.F. entérine seulement le mot d'ordre d'union populaire autour du Programme commun de gouvernement, borné à un accord d'appareils des trois composantes P.C.-P.S.-M.R.G. La lourde machine qui se met en place ne paraît pas adaptée à la bataille de mouvement qui se poursuit dans les entreprises et dans les rues. Mais, lorsque les combattants de l'extrême-gauche se retrouveront essoufflés sur les chemins des exploités, encombrés du chômage, ils seront obligés de piétiner derrière ce bulldozer, en souhaitant qu'il ouvre la route par une victoire électorale aux présidentielles de 1974 et surtout aux législatives de 1978. Las ! L'engin étant défectueux, la panne survint à l'automne 1977.

Le calme des vieilles troupes

La puissance de l'organisation C.G.T. a empêché le flot tumultueux de mai 1968 de faire céder la digue. Il faut cependant obturer les trouées qu'exploitent dans chaque entreprise les militants d'extrême gauche, le plus souvent de marque cédétiste. Au sommet, les remous autour de la stratégie adoptée par la confédération pendant les événements, ont abouti au départ de A. Barjonet ; Georges Séguy, lui, tient bon, comprenant en avril 1969 que « *certains cerveaux se soient laissés entraîner dans un tourbillon qui aurait pu connaître une fin tragique si les militants de la classe ouvrière n'avaient pas conservé leur sang-froid, leur lucidité pour assumer les lourdes responsabilités dont ils avaient la charge* » et, poursuivant fielleusement, « *... le fameux phénomène gauchiste apparaît tel qu'il n'a jamais cessé d'être, une vulgaire entreprise de division des travailleurs et de démolition de leur meilleure et puissante organisation syndicale, une entreprise utilisant une poignée de traîtres à la classe ouvrière et agissant pour le* *compte de ses pires ennemis* [139]. » Le « la » est donné du haut du pupitre, les violons grinceront pendant de longues années la même rengaine.

À la C.F.D.T., on s'emploie à maintenir l'enthousiasme des mois précédents, l'heure n'est pas à l'animosité mais à la décantation des idées nouvelles et à l'assimilation sans querelle de place des nouveaux militants turbulents qui secouent le vieux fond chrétien progressiste par un marxisme-léninisme débridé. En novembre 1969, la résolution du bureau exécutif de la fédération de la chimie, transmise au P.S.U. par son secrétaire (Edmond Maire), affirme « *que l'instauration du socialisme démocratique et autogestionnaire passe aujourd'hui par la convergence des stratégies élaborées et appliquées de manière autonome par les organisations, notamment politiques et syndicales* [140] » ; elle revendique l'indépendance idéologique de la C.F.D.T. qui l'assurera effectivement dans un climat effervescent mais bon enfant. Au congrès d'Issy-les-Moulineaux en mai 1970, la salle manifeste sa désapprobation, lorsque, dans son rapport d'activité, E. Descamps rappelle le soutien indirect à la candidature Poher ou la signature de contrats de progrès par quelques fédérations. Le rapport « perspectives et stratégie » d'André Jeanson est quelque peu bousculé par le texte plus combatif de la fédération Hacuitex, défendu avec talent par Fred Krumnov qui entrera à la commission exécutive où il assumera la représentation du courant révolutionnaire. Descamps est approuvé par 92% des mandats et Jeanson l'emporte ; les changements se font lentement, en profondeur, les luttes des classes sont reconnues et le socialisme pris comme projet.

Pendant que se poursuit le mûrissement du socialisme autogestionnaire à l'intérieur de la C.F.D.T., la confédération affirme son originalité au cours des événements politiques qui

---

139. *In Notes et documents du B.R.A.E.C. (Bureau de Recherches et d'Analyses et d'Études Confédérales* de la C.F.D.T.), numéro 4, p. 55.
140. *Tribune Socialiste* n° 428 du 6 novembre 1969.

jalonnent cette période, sans oublier que les militants cédétistes ont été les éléments moteurs des luttes et des grèves déjà citées à propos du « sabbat compétent ». Les 10 juillet, 25 août, et 6 septembre 1971, en trois rencontres, une délégation conduite par le nouveau secrétaire confédéral E. Maire parvient à un difficile compromis avec la C.G.T. ; il n'aura qu'une résonance politique aussitôt exploitée par le P.C., ce que dénonce véhémentement la C.F.D.T. Le ton monte : « *Tout type d'action un peu nouvelle n'est pas forcément gauchiste,* » estime Maire dans *Syndicalisme Hebdo*. « *Notre conception de la démocratie syndicale n'a rien à voir avec le culte de la base et du "spontanéisme" qui ne font aucune différence entre syndiqué et non syndiqué, exalte l'impatience, nie le rôle de l'organisation, la responsabilité du syndicat et la précieuse expérience accumulée par tant de génération d'ouvriers.* » rétorque la C.G.T. dans le document *Pour une action syndicale et responsable*. Il en est de même pour les problèmes de la hiérarchie des salaires ou des rapports avec les partis ; l'entente cordiale au sommet n'a rien résolu, ni mis le cœur à l'ouvrage commun dans les usines où cégétistes et cédétistes sont comme chiens et loups.

    Les désaccords continuels s'accentueront en fonction de la gravité de certaines affaires. La mort d'Overney engendre une polémique entre les deux organisations, le cégétiste de Renault, Sylvain, ayant le don de la caricature, c'est le moins qu'on puisse dire : « *Voilà pourquoi sur la base d'une analyse juste, nous avons condamné le meurtre et la provocation. Voilà pourquoi nous avons déclaré :"c'est un complot d'une envergure géante organisé par le pouvoir, la direction et les groupes gauchistes"...*[141] » Enfin le Programme commun vint ; la C.G.T. s'élance et sa commission exécutive acquiesce le 10 juillet 1972 : « *Il constitue une base de rassemblement, d'union et de lutte commune des travailleurs, des masses populaires et des forces politiques, syndicales et sociales qui*

---

141. *In Notes et documents du B.R.A.E.C.*, numéro 4, p. 57.

ont intérêt à la réalisation de ces objectifs [142]. » Prenant son temps, le bureau national de la C.F.D.T. refuse en septembre sa participation aux comités de soutien et affirme son exigence d'un autre socialisme : « *l'anticapitalisme n'engendre pas forcément le socialisme* ».

C'est donc en solitaire que la confédération cédétiste poursuit son avancée vers son projet qui prend une forme achevée au congrès de Nantes (début juin 1973) ; le débat politique s'y cristallise par ailleurs sur les comités de grève, chevaux de bataille lancés par les trotskistes de la Ligue communiste contre la résolution générale, finalement adoptée par 87% des mandats. On ressent déjà une baisse du tonus révolutionnaire ; en affinant sa personnalité, la C.F.D.T. prend ses distances avec le P.C. et la C.G.T., mais aussi avec les groupuscules. À la fête du cinquième anniversaire de mai 1968, la flamme des bougies s'éteint seule... L'élection présidentielle du printemps 1974 redonnera une sève nouvelle au socialisme avec l'appel à une grande force socialiste, dont beaucoup de signataires feront état de leurs responsabilités à la C.F.D.T. Au deuxième week-end d'octobre, les Assises du socialisme qui se tiennent à Paris entérinent l'entrée au P.S. de Rocard venu du P.S.U. et, sous le nom de la troisième composante, celle d'un grand nombre de militants cédétistes attirés par ce relais partisan que la confédération a toujours à la fois repoussé et souhaité.

LES DISPUTES IDÉOLOGIQUES

La variété groupusculaire étant liée de toute évidence à l'événement précis de mai 1968, nous avons intuitivement classé parmi les forces sociales compétentes l'ensemble des groupuscules, en excluant les anomalies O.C.I. et P.C.M.L.F. comme des excroissances de l'idéologie dominante à gauche, le

---

142. *Ibid.*, p. 43.

marxisme-léninisme, qui a soufflé sur toute l'étendue du paysage compétent sans pour autant le pétrifier en un désert stasicratique. Nous sentons une continuité qui court depuis V.L.R. jusqu'à la L.C. en passant par la G.P., les tendances maoïsantes, rocardiennes, trotskisantes du P.S.U. Le parti socialiste unifié est un « parti centriste » disent les trotskistes, non comme ils le croient en tant que charnière entre réformistes et révolutionnaires, mais parce qu'il est le centre de la classe compétente dont découlent les courants plus ou moins radicalisés. Le fait que coexistent en son sein des militants aussi divers prouve que ceux-ci perçoivent le point commun qui les unit et refusent de durcir les différentes logiques politiques s'exprimant dans les groupes extérieurs. Ce parti est une sorte de volcan où bouillonne le magma compétent qui, par éruptions successives, déverse laves et scories sur ses versants, changeant ainsi la topographie environnante. C'est donc dans son cratère qu'il faut essayer de pénétrer pour explorer les strates qui donnent ses formes au terrain politique.

LA GÉOGRAPHIE COMPÉTENTE

Pour décrire le P.S.U., nous avons utilisé jusqu'à présent trois adjectifs, maoïsant, rocardien et trotskisant, même si ce découpage est un peu sommaire, puisqu'au congrès de Lille (1971) on a compté six textes d'orientation. Ceux qui à cette époque ont été qualifiés de « populistes » ont ensuite lutté pour éviter l'éviction de la G.R. et, peu après le départ de cette tendance, ont formé la G.O.P. dont ils ne niaient pas la filiation maoïste ; il en était de même sur le flanc trotskisant qui s'était coupé en deux et le centre rocardien n'échappait pas à des dissensions entre défenseur de l'autonomie du P.S.U. et partisans d'un retour au P.S. En première approximation, nous en resterons donc à trois groupes dont nous approfondirons les objectifs en les reliant à une division sociale plus fouillée.

Pour éviter toute confusion, rappelons que nous nous trouvons à l'intérieur de la classe compétente et que les barrières que nous allons poser pourraient ne pas s'adapter à d'autres classes. Ces barrières bien définies n'existent pas à proprement parler, elles sont un cadre fictif et abstrait qui fragmente une réalité continue pour lui donner un sens. Ne commettons pas non plus l'erreur de croire que notre découpage correspond à un classement des militants qui, suivant leur origine sociale, vont se retrouver automatiquement dans telle ou telle fraction. Nos critères sont des indicateurs de certaines probabilités ou corrélations auxquelles il ne faut pas attribuer une rigidité ou un caractère absolu et quantitatif qui, en les caricaturant, en détruirait la valeur.

La classe compétente s'étend sur tous les secteurs des sociétés actuelles, puisqu'elle est liée à l'automation, une forme de production ou d'organisation, où le rôle de machines de plus en plus complexes est primordial. Son universalité n'empêchant pas de distinguer des particularités, pour rendre compte des trois courants que nous étudions, il nous paraît vraisemblable de découper le corps social en trois secteurs ayant chacun sa fonction déterminée : production, gestion, idéologie, bien que leurs limites soient délicates à établir. La production comprend-elle aussi la fourniture de services ? Toute gestion s'apparente à la prestation d'un service. La télévision fait-elle partie du secteur des services ou du secteur idéologique ? Questions sur lesquelles nous pourrions ergoter longtemps, suivant la manière dont on examine certaines activités, on les classerait dans l'une ou dans l'autre des trois fonctions. Nous ne débattrons pas de ces problèmes, puisque la valeur qualitative de nos trois options jette une clarté suffisante pour entrevoir les orientations et les évolutions des trois tendances du P.S.U. que nous assimilons aux trois secteurs : maoïsante et production, rocardienne et gestion, trotskisante et idéologie.

Compétents de la production

Comme tous les compétents dignes de ce nom, ils ne mettent jamais la main à la pâte, ils prennent les décisions dans les unités de production du système planificateur. Même lointains, leurs contacts avec les ouvriers existent. Parce qu'ils sont essentiellement chargés d'automatiser au maximum le procès du travail, ils ont conscience de l'importance de la classe ouvrière et, dans leur projet politique, ils lui donnent une réelle primauté. Proches des réalités matérielles, ils privilégient la pratique sur la théorie. Très actifs, ils ont laissé au P.S.U. le souvenir de militants durs, exigeants et sectaires ; leurs départs successifs (G.R., puis G.O.P.) se sont accompagnés de disputes pour la récupération des locaux et du matériel.

Pourquoi se réclamaient-ils du maoïsme ? N'oublions pas qu'en 1968 tout révolutionnaire qui se respecte est peu ou prou marxiste-léniniste ; les intellectuels affectionnant le trotskisme et la classe compétente n'étant pas liée au stalinisme, les compétents de la production n'ont plus qu'à s'accrocher à la branche maoïste. Ils tirent de la philosophie politique de Mao Tsé Toung plusieurs thèmes à leur convenance : multiplicité des contradictions, primat du politique, nécessité de la pratique, sans oublier l'accent mis sur la réalité sociale paysanne. Cette référence au Grand Timonier les a parfois conduits à une attitude stasicratique prochinoise, travers qu'ils évitent à peu près au P.S.U. Nous analyserons plus en détail leur texte *Vers le communisme* présenté au congrès de Toulouse en décembre 1972, parce qu'il allie la rigueur marxiste au flou compétent.

Comment expliquer leur échec ? De fait, leur recrutement ne pouvait qu'être très faible ; on ne voit pas comment un ingénieur de Citroën, par exemple, aurait pu faire état de son appartenance à la G.P. sans se voir tout de suite remercié ; dès que la poussée révolutionnaire s'est tempérée, les compétents rattachés au secteur productif se sont raréfiés et les idées qu'ils avançaient sont devenues minoritaires. Toutefois, l'essentiel de leur impuissance est dû à l'ampleur de leur contradiction : compétents, ils transforment la classe ouvrière en classe exécutante en cassant les formes anciennes du travail, politiques, ils s'appuient sur la classe qu'ils font disparaître ; ils sont assis sur la branche qu'ils sont en train de scier. Cet inconvénient, c'est le moins qu'on puisse dire, n'a pas échappé à ceux qui choisirent de devenir ouvriers, une infime minorité ; quant aux autres, en raison de leur dangereuse inconséquence, il ne faut pas s'étonner que, malgré leur ferveur militante et leur ouvriérisme, ils n'aient jamais réussi à influencer la classe ouvrière. Ajoutée à cet handicap, la volonté de ne pas figer la pensée révolutionnaire traduit leur compétentisme et leur a souvent valu le sobriquet de spontanéistes ; pour eux, la théorie et le parti sont à naître à partir du mûrissement des masses chauffées par le poêle de la pratique, bourré de maoïsme.

Leur paradoxe à l'égard de la classe compétente est encore plus évident que par rapport à la classe ouvrière. Ils prônent le primat du politique à des gens dont le pouvoir tient à leur compétence économique et ils veulent implanter leur parti prioritairement dans le secteur productif, alors que le mode de production socialiste autogestionnaire en réduit l'importance sociale en l'automatisant ; gageure impossible à réaliser et espérance vaine de la fraction compétente la plus menacée par le sens du développement des moyens de production, insufflé par la logique capitaliste actuelle et souhaité par l'ensemble de leur classe avec laquelle ils se trouvent en rupture. Ils se réfugient alors dans la fuite en avant d'un activisme suicidaire ou dans la lutte contre l'autogestion dont ils dénoncent les ambiguïtés vis-à-vis de la classe ouvrière.

Compétents de la gestion

Ils sont les véritables supports de la classe, sa raison d'être, la gestion s'opérant par la prise de décisions que d'autres exécutent. Dans une société caractérisée par la croissance du secteur tertiaire qui, outre celui de la gestion proprement dite, étatique ou privée, comprend le secteur idéologique et des services tels que la santé, les postes, les banques, etc. Les frontières sont si imprécises que la tendance rocardienne, comme nous la dénommons, doit à ce fondu sa caractéristique principale qui est d'être tentaculaire. Obligés de tenir compte de toutes les situations sans sectarisme, les compétents de la gestion sont pragmatiques. Aussi sont-ils démocratiques et souvent attirés par l'œcuménisme politique. Au P.S.U., ils n'ont jamais osé répudier le marxisme-léninisme : bien que peut-être enclins à rejeter la doctrine, ils ont préféré temporiser pour ne pas obérer la gestion du parti par des querelles à leurs yeux dépassées. Sous cette apparente mollesse, ils ont su faire en sorte de ne pas perdre le contrôle de l'appareil, sans pour autant l'accaparer. Ils se seraient accommodés de la présence au bureau politique ou d'un appui partiel des compétents de la production, si ceux-ci ne s'étaient pas retranchés derrière une pureté doctrinale intransigeante ; devant leur refus, ils se sont alliés aux compétents de l'idéologie, scellant un bloc majoritaire pour de nombreuses années après le congrès de Lille.

Dans le *Manifeste du P.S.U.*, ils présentent l'autogestion, non comme un nouveau mode de production, mais comme un mode de gestion où, par un entrelacs de structures horizontales et verticales, s'accorderaient la satisfaction des désirs de tous. Sûrs d'être en tous lieux et en tous temps les porteurs des tables de la loi de leur classe, les compétents de la gestion ont quitté le P.S.U. pour le P.S., quand ils en ont eu assez de faire le pied de grue à la porte du pouvoir, suivis par de nombreux cédétistes qui ont reconnu en eux les piliers du socialisme autogestionnaire, même s'ils n'en sont pas les théoriciens les plus ardents.

Compétents de l'idéologie

Le secteur idéologique qui englobe essentiellement la formation (écoles) et l'information (presse, radio, télévision) fournit ses supporters aux appareils ; son influence dans les partis est certainement supérieure à son importance quantitative dans la société. Les compétents de l'idéologie, surtout ceux de l'Éducation nationale, n'ont pas de prise directe sur les décisions sociales. À travers les idées qu'ils transmettent à leurs élèves ou diffusent à l'ensemble des citoyens, ils pèsent profondément sur le destin de la nation, mais il leur manque le témoignage immédiat, la preuve tangible du résultat de leur action. Les partis leur offrent un lieu privilégié où exploiter leurs connaissances et s'affirmer de façon plus concrète dans les choix qui règlent la marche de la société. C'est pourquoi, grâce à leurs horaires allégés ou fluctuants, ils affluent dans les organisations politiques ; ils y occupent les places de responsables. Même s'ils disent vouloir instaurer l'autogestion, ce sont, au P.S.U. comme ailleurs, des hommes d'appareil.

Excellents colleurs d'affiches ou distributeurs de tracts zélés, ils privilégient le mode d'action idéologique sur l'implication pratique et pour cause : il leur est malaisé de côtoyer la classe ouvrière sur leurs lieux de travail. Lorsqu'on se meut dans le monde de la pensée et des mots, il est plus facile de faire n'importe quoi, d'autant qu'en compétents avisés, ils ajoutent à leur virtuosité de beaux parleurs la nécessité de rester dans le vague quant au fond. Ces adeptes de Trotski, très vigoureux sinon rigoureux au point de vue de la doctrine, sont de fait très opportunistes ; spécialistes du noyautage d'appareils, ils savent coiffer des gens qui ne pensent pas comme eux. À l'image du titre du périodique de la Ligue communiste [143], ils s'infiltrent partout, creusant inlassablement leur sape.

Les compétents de l'idéologie sont donc attachés aux appareils qu'ils font fonctionner, au point de se déchirer entre eux pour leur conquête. Leurs plus chaudes batailles se livrent dans les congrès où ils prononcent des exclusions sans appel contre leurs adversaires, les compétents de la production, dont ils redoutent l'acharnement militant. Au lendemain de mai 1968, ils se sont terrés sous les rocardiens au P.S.U., puis ont poussé à l'élimination de la G.R. et ont eu le mérite de relancer la fédération de la région parisienne, démantelée par le départ des maoïsants. Plus le parti rétrécissait, plus leur pression augmentait et, au congrès de Toulouse, le *Manifeste du P.S.U.* intégrera leur ressassage marxiste-léniniste, notamment sur le thème de la « destruction de l'État bourgeois ». Après le départ

---

143. *Les cahiers de la taupe.*

des compétents de la gestion, ils deviendront hégémoniques et feront du parti socialiste unifié, porteur de l'autogestion une organisation stasicratique des plus opportunistes.

LE SOCIALISME AUTOGESTIONNAIRE

Il émerge des remous laissé par Mai 68. Un mois auparavant personne ne l'imaginait. Alors que le socialisme étatique a subi le long polissage du temps et s'est réalisé dans la stasicratie, le socialisme autogestionnaire n'a pas duré et est demeuré à l'état de projet. Émanation de l'idéologie de la classe compétente, sa courte durée n'est pas due à l'effondrement de cette classe mais au contraire à son ascension provoquant la fin de toute illusion socialiste au moment où les compétents n'ont plus eu besoin de cet étendard révolutionnaire pour rassembler les troupes prolétariennes.

Ce projet a fait l'objet de nombreux débats qui se sont conclus en 1972 par Le *Manifeste du P.S.U.* ou dans des publications de la C.F.D.T.

« *Or c'est un fait qu'à travers la volonté d'autogestion s'expriment à la fois un refus et un projet :*

- un refus, celui de la toute puissance d'un État que la bourgeoisie a modelé en fonction de ses intérêts, et il est significatif qu'il s'accompagne d'un refus d'un État analogue à celui que l'URSS impose à ses travailleurs comme à ceux des démocraties populaires : un État qui en vient, comme naguère en Pologne, et surtout en Tchécoslovaquie, à contredire la lutte ouvrière elle-même ;

- mais aussi un projet, celui d'une société où les hommes soient capables de prendre en main leurs propres affaires, de prendre eux-mêmes les décisions qui concernent leur travail, leur cadre de vie, leur formation, leurs relations et toute leur vie quotidienne [144]. »

---

144. Michel Rocard, Préface, in Manifeste du PSU, Théma Éditions, 1972, p. 19.

Le refus est avant tout celui des États qu'ils soient bourgeois ou stasicratique. Le projet à tonalité individualiste est celui d'une société où chacun élaborerait partout la loi de son mode d'action. Plus que l'autogestion, c'est la gestion de tout par soi-même. Plus exécutante, la C.F.D.T. n'a pas la prudence d'un parti politique : « *Le choix n'est pas à faire entre l'anarchie capitaliste et l'ordre étouffant d'un socialisme d'État centralisé et autoritaire* » et, en conclusion, « *Seule une conception autogérée du socialisme constitue une alternative réelle du capitalisme actuel* [145]. »

Le Manifeste du *P.S.U.*, ne serait-ce que par son titre, se situe dans la perspective de la doctrine marxiste, en tentant de ne pas se noyer dans le bourbier stasicratique grâce à l'autogestion. Texte de 200 pages, dans lequel la critique de la société bourgeoise et l'analyse des luttes sociales déroulent le beau tapis qui doit mener au socialisme rénové par la possibilité pour tous « *de contrôler aujourd'hui pour décider demain* », formule mise en sous-titre du livre. Naturellement le parti communiste et la S.F.I.O. ne sont pas épargnés. On est dans l'état d'esprit des journées de mai, où tout se mélange et doit concourir à changer la face du monde. J'en resterai à quelques points pour soutenir ma démonstration que la classe compétente est occultée et ne montre le bout de son nez qu'au détour de quelques paragraphes.

Pour le P.S.U., révolutionnaire et socialiste, il ne fait aucun doute qu'il est un véritable parti prolétarien, le plus apte à mener à la victoire la nouvelle classe ouvrière « *formée par l'ensemble des hommes et des femmes qui, dépourvus de moyens de production, sont contraints de vendre, moyennant salaire, leur force de travail aux capitalistes ou à l'État, qui en retirent la plus-value* [146]. » Définition d'apparente orthodoxie qui élargit la classe à tous les salariés : ouvriers, employés et jusqu'aux fonctionnaires. Elle couvre les militants du baume de

---

145. *Syndicalisme Magazine*, n° 141, novembre 1972, chap. II.
146. *Manifeste du PSU, op. cit.*, p. 55.

la certitude d'appartenir à la classe porteuse d'un avenir radieux où cessera l'exploitation de l'homme par l'homme, comme le promettait la doctrine. D'un côté, le P.S.U. reconnaît ainsi que les formes de travail s'unifient chez les exécutants quelle que soit leur activité, d'un autre il conforte la doctrine et ne dit mot de la classe compétente, c'est à dire de la contradiction de classe qui traverse les salariés.

La C.F.D.T. suit un chemin parallèle et, à son XXXVe congrès, elle admet la lutte des classes. Elle signifie par là même qu'elle se sépare de la C.G.T. et de F.O. sur des critères de classe, tout en les atténuant de façon idéaliste : « *Pour la CFDT, les clivages sociaux se dégagent à la fois à partir de la situation des travailleurs et de la lutte anticapitaliste. C'est sur des perspectives clairement définies de rassemblement des forces sociales capables de se mobiliser pour des changements fondamentaux que se définira sans a priori de définitions théoriques, la classe ouvrière de notre temps* [147]. » Oui à la lutte des classes, non au matérialisme historique trop éloigné des fondements chrétiens qui animent certains de ses militants, on pourrait dire : oui à la doctrine, non à la philosophie.

Le P.S.U. se penche aussi sur les conditions de la marche vers le socialisme autogestionnaire : « *Durant ce processus, le combat révolutionnaire aura fait sauter les deux principaux verrous du pouvoir de la bureaucratie : ils concernent la propriété et le mode de décision ; ils sont inséparables.* » Et un peu plus loin : « *La collectivisation des moyens de production est une des conditions nécessaire de la construction du socialisme* [148]. » La C.F.D.T. emboîte ce pas. « *L'autogestion n'est pas compatible avec la propriété privée des moyens de production et d'échange* [149]. » Sans oublier de préciser : « *Dans*

---

147. *Rapport général du XXXVIe congrès*, in Syndicalisme Hebdo, numéro spécial, supplément au n°1436, 1973.
148. *Les conditions du combat socialiste*, in Manifeste du PSU, op. cit., p. 98.
149. Syndicalisme Magazine, n°1415, chap. IV.

un système autogestionnaire, les attributs de la propriété, les différents pouvoirs qu'elle donne aux propriétaires, seront répartis entre différents centres de décision : le plan, la région et l'entreprise [150]. »

    L'État s'efface : les attributs de la propriété sont délégués à d'autres organismes contrôlés par un plan. Qui l'élabore ? À cette mise en place révolutionnaire d'une nouvelle société, le *Manifeste du P.S.U.* consacre le tiers du livre ; on entre dans un imbroglio de structures dont on distingue mal les articulation et dont le texte ne cache pas les difficultés : « *Le risque subsistera longtemps de la création d'une classe privilégiée d'origine soit technocratique par sa puissance au sein des directions d'entreprise, soit bureaucratique par sa relation avec les appareils politiques et administratifs* [151]. » Suivent alors des considérations sur la variété presque infinie des formes de l'autogestion. Tout est en place, seuls les compétents s'y retrouvent ; dans les « *Prolongements de l'autogestion* », on ajoute : « *Mais prioritairement, il faut abolir la structure hiérarchique capitaliste qui est une structure de domination et la remplacer par une structure de "compétence", cette compétence étant reconnue par le conseil des travailleurs pour un temps déterminé, et pouvant après ce temps être remise en cause* [152]. » Voie royale ouverte aux risques si bien soulignés.

    La C.F.D.T. n'est pas en reste et Edmond Maire écrit : « *Un modèle d'autogestion ne peut se décréter à l'avance et du sommet, ce serait contradictoire avec les principes sur lesquels il repose* [153]. » Toute exécutante qu'elle soit, la confédération n'oublie pas les cadres et les spécialistes : « *Dans une société autogérée, ils retrouveront leur véritable dignité basée sur la compétence* [154]. »

---

150. *Rapport général du XXXVIe congrès, op. cit.,* n°1436, 1973.
151. *Vers quelle société ?, in Manifeste du PSU, op. cit.,* p. 102.
152. *Ibid.,* p. 106.
153. *Introduction, in Syndicalisme Magazine,* n° 1415.
154. *Syndicalisme Magazine,* n° 1415, chap. X.

Alors que le socialisme étatique s'impose par sa rigidité et propose une réalité soviétique conforme à la doctrine, le socialisme autogestionnaire, n'ayant aucun exemple à proposer, se construira dans un mouvement historique qui pourra peut-être connaître quelques ratés mais qui puisera sa cohérence dans son objectif : l'autogestion. Mot merveilleux qui fait danser devant les individus la possibilité de se gérer eux-mêmes dans toutes les phases de leur activité, mot magique qui repousse toute aliénation puisque chacun décide de la loi de son mode d'action. Est-ce un mot creux comme le prétend Séguy ? Certainement pas, il est inscrit dans l'époque, il résume et théorise la libération qu'apportent les machines automatisées par rapport à la production mécanique. Libération qui monte des nouvelles formes de travail et qui s'étend en s'en prenant à l'ordre bourgeois et, avec plus de force encore, à la stasicratie. Elle a porté les manifestants de mai 68.

« Ce n'est qu'un début, continuons le combat. » On ne change pas de mode de production comme on change de chemise, il faut tout un processus et des hommes qui le mènent en se contentant à chaque étape d'un « rien n'est jamais acquis ». Philosophie moderne d'une Histoire en devenir, d'un dépassement perpétuel qui ne peut satisfaire ceux qui ont beaucoup à acquérir et ne souhaitent pas attendre trop longtemps. La seule ressource fut de s'en remettre encore à la doctrine marxiste ; le P.S.U. va jusqu'à écrire : « *Le Parti est régi par les règles du centralisme démocratique* [155]. » ; même s'il l'assortit de consignes sur la diffusion de l'information aux militants, il annihile ainsi toutes ses critiques du parti communiste. Qu'un parti autogestionnaire se recommande de cet oripeau à la base de l'aliénation des militants, montre à quel point son révolutionnarisme compétent est impuissant à concilier ses contradictions sur le socialisme à construire.

---

155. *Notre lutte pour le socialisme*, in Manifeste du PSU, op. cit., p. 150.

VERS LE COMMUNISME

Vers le communisme, le titre de la brochure de la gauche ouvrière et paysanne qu'elle oppose au *Manifeste du P.S.U.*, campe tout de suite le style de ses rédacteurs : orthodoxie dans le vocabulaire marxiste et approche dynamique du projet politique. Le communisme est l'étoile vers laquelle on se dirige, mais la durée pour l'atteindre et les péripéties du trajet sont imprévisibles : « *Ainsi, ce n'est pas parce que ce sont les plus misérables et que leur sort mérite qu'on s'apitoie que nous disons que les couches les plus déqualifiées constituent le fer de lance de la classe ouvrière. C'est parce que nous pensons qu'au contraire des couches techniciennes, elles sont capables de dépasser la contestation, l'ébranlement idéologique pour mener la lutte jusqu'à son terme contre la division sociale du travail qui se poursuivra longtemps après la prise du pouvoir* [156]. »

À cette citation, on mesure le fossé qui sépare les gopistes de leurs camarades rocardiens et trotskisants. Aucun désir d'arrondir les angles pour réunir les militants dans un optimisme émollient ; « la révolution n'est pas un dîner de gala. » Lorsqu'ils parlent de classe ouvrière, il ne s'agit pas de cette classe que le *Manifeste du P.S.U.* élargit à tous les salariés, entourant son projet socialiste autogestionnaire d'une cellophane prolétarienne. Ils respectent le dictionnaire : « *L'exactitude des définitions de base doit donc retenir toute l'attention des révolutionnaires. Par classe ouvrière, il faut entendre l'ensemble de ceux qui transforment la matière en produisant la plus-value* [157]. » Nous voilà ramenés au sein de la production, loin des compétents de la gestion et de l'idéologie.

Mais là, dans leur ruche, ils se heurtent aux cellules du P.C. qu'il faut rejeter de la compétition révolutionnaire dans la

---

156. *Vers le communisme*, présentation.
157. *Ibid.*, paragraphe I, 1 : *Nécessité de l'unité de la classe.*

course vers le communisme. S'attachant à dévoiler les contradictions, les gopistes découvrent le combustible d'où le P.C. tire son énergie : « *Mais aujourd'hui, les effets de la division capitaliste du travail ont créé des contradictions dans la classe ouvrière dont la principale est celle entre ouvriers qualifiés et ouvriers non qualifiés. C'est pourquoi les travailleurs qualifiés constituent un point d'appui pour le réformisme qui est porteur du projet politique le plus apte à représenter la conscience aliénée de ces travailleurs* [158]. » Ils bornent leur analyse à deux couches, mais jonglent avec les mots, partant des « ouvriers qualifiés » pour terminer sur les « travailleurs qualifiés », dans un tour de magie qu'explique la situation politique de la fin de l'année 1972 ; après ratification du Programme commun, le P.C. et le P.S. devaient être mis dans un même chapeau auquel les gopistes ajoutaient non sans raison le P.S.U. rocardien dont ils dénonçaient le rapprochement avec la gauche traditionnelle. Dès lors, il n'y avait que deux projets visibles, le réformiste et le révolutionnaire ; mais, s'il était normal de rattacher les ouvriers qualifiés au P.C., les mêmes liens n'étaient pas admissibles pour le P.S. et une partie du P.S.U., évidence qui a sans doute dévié la plume du rédacteur vers le mot « travailleur » beaucoup moins précis.

La stratégie gopiste découle de cette analyse : les révolutionnaires doivent s'appuyer sur les O.S., car « *pour tous les éléments du prolétariat, l'objectif majeur est bien la lutte pour la liquidation du prolétariat. Ils retrouvent ainsi la cible centrale du communisme, l'abolition du salariat par l'appropriation collective des moyens de production et la transformation du travail en activité créatrice. C'est sur cet objectif que se crée l'unité de la classe ouvrière dans la lutte et sur une base politique. Or pour rendre le prolétariat conscient de ces tâches historiques, il lui faut une organisation capable*

---

158. *Ibid.*

de définir celles-ci clairement et à chaque étape [159]. » La récitation du credo marxiste-léniniste est parfaite, à une exception près : on oublie de recourir aux intellectuels pour affiner la théorie ; en bons compétents, les gopistes n'en ont point besoin, ils les remplacent par le parti dans son ensemble qui devient un « intellectuel collectif » travaillant à résoudre les contradictions au sein du peuple, de façon à créer un « mouvement politique de masse » où se fondre ; ceci dans une dynamique et une dialectique permanentes. Rien n'est jamais acquis aux hommes de la G.O.P.

Leur position est tout à fait cohérente ; compétents de la production, ils écartent la concurrence des compétents de la gestion et de l'idéologie, en circonscrivant leur action aux travailleurs productifs par une définition strictement marxiste de la classe ouvrière ; ils précipitent les ouvriers qualifiés dans l'enfer du réformisme et débouchent sur la révolution des O.S. dans laquelle ils s'insèrent grâce au parti. De la sorte, ils prennent les intervenants liés au P.C. en tenaille entre les compétents et les applicants qu'ils s'allient. Le primat du politique auquel ils tiennent désespérément est leur seule planche de salut pour résister au courant qui porte vers la réduction du secteur productif et la montée du secteur tertiaire. Les maoïsants pressentent que le temps travaille pour les rocardiens et s'arc-boutent pour accélérer leur révolution ; ils ne pouvaient qu'être exigeants et sectaires, car tout compromis leur aurait fait perdre des minutes précieuses. Ce primat du politique qui les entraîne vers la stasicratie exprime une faiblesse d'ordre économique, mais différente de celle des trotskisants ; tandis que la faiblesse des compétents de l'idéologie est totale, constante, bien assumée, éliminée par une doctrine rodée, celle des compétents de la production est partielle, croissante, surprenante dans un combat politique où l'accent est mis sur la classe ouvrière et mal contrecarrée par une théorie trop en devenir.

---

159. *Ibid., présentation.*

Dans le système soviétique, les gopistes dénoncent la confusion entre le parti et l'État, tout en attribuant ses travers à la bureaucratie étatique qui bloque la route du communisme, pour maintenir ses privilèges. Ils tirent les conséquences de cette constatation : « *Le parti doit rester parfaitement distinct de l'État. Dans toute formation sociale, l'appareil d'État représente l'équilibre complexe qui s'établit entre les classes en lutte et sous l'hégémonie de l'une d'elles dans les limites du territoire national. Il est le lieu où s'élaborent des compromis plus ou moins transitoires. Le parti, au contraire, est porteur du projet politique du prolétariat, il est responsable de la marche au communisme*[160]. » On entre à la G.O.P. comme on entre en religion pour l'éternité et en faisant vœux de ne jamais se perdre au pouvoir. Morale politique qui exige des militants une âme bien trempée ou bien hypocrite. Hypocrites, les gopistes n'eurent pas le temps de l'être car, malgré leur trempe, ils ne résistèrent pas longtemps au P.S.U. et se dispersèrent dans divers groupuscules pour se réduire enfin aux rédacteurs du journal *Parti pris*.

Quel que soit leur échec, ils eurent l'immense mérite de fouiller sous la doctrine marxiste-léniniste pour redécouvrir la dialectique marxiste et remettre l'Histoire en mouvement. Ils n'ont rien abandonné du schéma traditionnel, mais ils l'ont complété par des degrés d'incertitude tels que la vie politique s'animera à nouveau et que son étude sera reprise sans trop d'a priori. « *C'est l'analyse des classes qui permet de repérer exactement quelle couche sociale s'exprime dans telle idée et dans telle pratique* » : principe simple qu'ils ont suivi avec application pour apprécier leurs adversaires, mais qu'ils ont abandonné quand il s'agissait de se connaître eux-mêmes.

Ils firent merveille pour jauger le socialisme autogestionnaire dans un petit dossier intitulé *Autogestion socialiste ou transition au communisme*, préparé en juin 1973

---

160 . *Ibid., Le parti révolutionnaire et la dictature du prolétariat*, paragraphe III, 6, II.

pour une discussion interne à la tendance : « *Tant que le projet autogestionnaire reste flou, il peut se présenter comme le porte-parole des luttes des classes pour l'augmentation uniforme des salaires, la réduction de l'éventail hiérarchique. Dans cette situation, il peut élargir sa base sociale dans les couches présentes dans le bas de la hiérarchie des salaires. Mais dès qu'il est amené à se préciser, alors la contradiction éclate. On comprend mieux alors le flou du contenu de l'autogestion quand ses partisans se débattent devant les masses. Mais l'attention portée aux couches cadre et ingénieur par la C.F.D.T. et le P.S.U. et les précautions prises face aux conflits au cours desquels la classe ouvrière s'est affrontée directement aux cadres (séquestration, etc.) montrent l'intérêt qu'ils leur portent. De la même façon le débat sur la hiérarchie des salaires évite le plus souvent le débat sur la hiérarchie dans son ensemble.* »

Parlant de l'autogestion au sein des entreprises et de l'élection des conseils d'administration, ils remarquaient : « *Dans les conditions présentes, le risque est grand que les travailleurs élisent ceux-là mêmes qui ont actuellement la formation et la compétence nécessaire pour gérer l'entreprise, c'est à dire les actuels ingénieurs et cadres auxquels on ajouterait quelques militants syndicalistes spécialisés.* » Et ils faisaient une judicieuse comparaison : « *En fait, l'entreprise de 1973 est comme la France de 1789, elle comprend:*

- un monarque de droit divin et une noblesse, le patron et ses collaborateurs immédiats qui monopolisent le pouvoir,

- une bourgeoisie, les ingénieurs et cadres qui sont exclus du pouvoir et qui estiment pourtant que la machine tourne grâce à eux,

- le peuple, l'immense majorité des travailleurs.
Dans ces conditions deux révolutions sont possibles :

- une révolution bourgeoise, comme celle qu'a connue la France en 1789, au profit des cadres,

- une révolution socialiste qui mettrait les travailleurs au pouvoir.
Il est à craindre que l'autogestion de Maire ne conduise à la première. »

Comment n'ont-ils pas été jusqu'à déceler l'existence de la classe compétente ? S'ils avaient poursuivi leur analogie, ils auraient dû ajouter : en 1789, se peuple se divisait en deux classes, la paysannerie, antagonique de la noblesse, et la classe ouvrière, antagonique de la bourgeoisie ; aujourd'hui quelle est la classe antagonique des ingénieurs et cadres ? Question qu'ils ont ignorée pour ne pas perdre le primat des ouvriers, c'est à dire du secteur productif.

Lorsqu'ils examinaient le fonctionnement de l'économie, ils insistaient à juste titre sur la contradiction entre autogestion et plan. « *Entre les deux éléments de cette contradiction, la société socialiste doit nécessairement privilégier l'élément "plan" – étant entendu qu'il s'agit d'un plan démocratique – puisque c'est seulement à travers le plan que les travailleurs peuvent soumettre l'économie à leur décision consciente, adapter la production aux besoins sociaux collectivement définis.* » Après s'être interrogés sur la possibilité d'établir un plan démocratique, ils concluaient : « *Une entreprise ne peut être soumise à la planification qu'à partir du moment où il est possible de prendre à son sujet au niveau central des décisions techniquement correctes et politiquement démocratiques ;* » Quant aux autres elles seraient mises en autogestion.

Ils en arrivaient à un découpage que nous reconnaissons : « *Ainsi l'économie comprendrait au départ deux types d'entreprises :*
- les entreprises nationales directement soumises au plan,
- les entreprises locales, sortes de coopératives ouvrières de production qui garderaient temporairement leur indépendance, à condition de respecter certaines conditions (salaires, conditions de travail, etc.). »

Bienheureux Galbraith, même dans le socialisme, les révolutionnaires prévoient un secteur planifié de grandes entreprises et un secteur autogéré de petites entreprises en proie au marché. Solution très compétente qui conserve à la classe la haute main sur l'économie facilement gérable et laisse l'autogestion aux réalisateurs pour peut-être tirer d'eux une plus-value grâce aux termes de l'échange entre les deux systèmes.

Malgré leurs efforts de réflexion marxiste et de militantisme, les gopistes n'ont pu s'imposer à cause de leurs liens avec le secteur productif. Le primat du politique qu'ils ont opposé à cette inéluctable déclin de ce secteur n'a pas suffi à les préserver ; leur compétentisme affleurait malgré eux et, en fin de course, ils en venaient à souhaiter que le socialisme opérât au nom d'une bonne gestion une scission économique semblable à celle que mettent en place les multinationales.

LA FRANCE APRÈS FLORÉAL (1974 - 1979)

« ... *Même si rien ne peut ramener l'heure*
De la splendeur dans l'herbe, de la gloire en la fleur
Nous ne pleurerons pas, nous trouverons
Force dans ce qui reste après... »
WORDSWORTH, Ode : *Pressentiments d'immortalité d'après les souvenirs de la première enfance (1807)*

Quoique les conditions économiques soient radicalement modifiées, la plupart des acteurs de cette époque interprétaient l'irruption du chômage comme la confirmation de leur sempiternelle prévision de la fin du capitalisme. Depuis des années, tous les textes de congrès reprenaient le cliché d'une crise, mettant globalement en cause la société bourgeoise et annonçant l'ère du socialisme. Voilà enfin que la machine économique se détraque ; encore un petit effort, militants, et la révolution prolétarienne éclatera. Mais les militants sont las ; errant de nouveaux groupes en groupes nouveaux ou se cramponnant à des structures affaiblies, leur foi se brouille de scepticisme, cependant que le tourbillon des événements leur dissimule les problèmes qui trouveront une solution dans la continuité de l'Histoire. Puisque nous le pouvons aujourd'hui, prenons le temps de nous poser deux questions : que devient la bourgeoisie? Quel sens prend le P.S. après les Assises?

LA DUALITÉ BOURGEOISE

Si, à propos du duel Pompidou-Poher au deuxième tour des élections présidentielles de 1969, le P.C. pouvait parler ironiquement de « bonnet blanc et blanc bonnet », il ne peut en dire autant en 1974 des gaullistes et des giscardiens, le mélange bourgeois s'étant décanté en deux éléments, la bourgeoisie nationale et la bourgeoisie transnationale. Les partis de la petite bourgeoisie nationale ont perdu toute autonomie et se sont ralliés à leurs nouveaux maîtres transnationaux ; seul le M.R.G., par son adhésion au Programme commun, montre qu'une fraction infime de cette classe rêve encore d'une république sociale, presque d'un certain retour à une IIIe ou IVe République, position typique d'une petite bourgeoisie déclinante ne pouvant s'exprimer dans l'U.D.R. toujours hostile au régime des partis au nom de sa fidélité gaullienne à un État fort, effectivement indispensable pour protéger la bourgeoisie nationale des empiétements des multinationales.

Au « quadrille » bourgeois qui gambadait auparavant au bal politique, un rythme nouveau impose une nouvelle figure : les quatre danseurs se séparent en deux groupes distincts quasiment opposés, d'un côté le couple transnational des républicains indépendants enlaçant centristes et radicaux schreiberiens, de l'autre un doublet national essoufflé où les deux partenaires se repoussent mutuellement qui à droite pour l'U.D.R., qui à gauche pour le M.R.G..

MAIS QU'EST DONC LE P.S. ?

Le parti socialiste a toujours été un peu la risée des révolutionnaires qui, se souvenant des diatribes de Lénine contre la social-démocratie, reprennent sans plus de réflexion cette chanson vieille de plus d'un siècle. On entend parfois des refrains plus récents : parti fourre-tout, parti présidentialiste. Ces caractères sont effectivement inscrits dans son histoire. Il est bien le successeur de la S.F.I.O., son adaptation au régime présidentiel de la Ve République. Enrichi d'apports de tous les points cardinaux de l'horizon politique de gauche, au terme de cette période l'opération des Assises parachève les traits de son visage. Est-il aussi disparate qu'on le dit ? Son existence, sa force ne sont pas le fruit du hasard mais d'une nécessité ; laquelle ?

Il était une fois la S.F.I.O., expression politique de la social-démocratie telle que nous l'entendons : l'alliance des réalisateurs et des intellectuels. Peu avant mai 1968, point en elle un centre d'études, de recherches et d'éducation socialiste (C.E.R.E.S.), que la date de sa naissance et ses idées relient à la classe compétence, plus précisément à des compétents de l'idéologie qui veulent investir pour leur usage un appareil moribond ; ce courant draine vers lui une minorité de compétents de la gestion moins persuadés que ceux du P.S.U. de l'imminence de la révolution.

Les petites et moyennes entreprises étant aspirées dans l'orbite des multinationales, les réalisateurs n'ont plus tout à fait la même perspective politique ; leurs antagoniques sont des patrons diminués, libres dans le système de marché, mais soumis au système planificateur. Pour subsister en tant que classe ouvrière, les réalisateurs adhèrent toujours à la social-démocratie à condition qu'elle fasse allégeance aux multinationales ; telle est, à notre avis, la radiographie de la convention des institutions républicaines. Il y a donc deux social-démocraties très voisines : deux alliances intellectuels-réalisateurs, l'une contre la petite bourgeoisie nationale et l'autre contre la petite bourgeoisie transnationale, le passage de l'une à l'autre étant parallèle à l'évolution de la petite bourgeoisie ; lorsque cette dernière s'unifie derrière Giscard, les traces de la vieille S.F.I.O. s'effacent à l'intérieur du P.S. au profit des conventionnels.

Fin 1974, les compétents de la gestion, résignés à l'abandon de leurs espoirs révolutionnaires, entrent au parti socialiste escortés d'exécutants cédétistes, pour disposer d'une force sociale réformiste modérément opposée à la bourgeoisie transnationale ; impuissants à se rendre maître du système planificateur, ils se bornent à proposer des réformes qui élargissent leurs compétences sociales.

Si le P.S. fait figure de mélange, c'est en raison des modes de production qui interfèrent dans son sein. S'y côtoient les tenants du socialisme démocratique (conventionnels et anciens de la S.F.I.O.), du socialisme autogestionnaire (courant des assises) et du socialisme étatique (C.E.R.E.S.). Ce dernier courant est une sorte d'anomalie : compétent, il est un peu autogestionnaire, et, issu du secteur idéologique, il tend à la stasicratie ; en équilibre instable, il est menacé par l'arrivée des compétents de la gestion qui vont absorber une partie de ses militants. Pourtant, le plus étonnant vient de la cohabitation des sociaux-démocrates modernes attachés au système de marché et des compétents gérants du système planificateur. Comment consentent-ils à s'allier alors que leurs intérêts dépendent de deux systèmes différents dont le second tire en partie ses avantages de l'exploitation du premier ? Ils ont en commun d'être, chacun dans son système, les concurrents de la grande et de la petite bourgeoisie transnationales. Cependant leur réformisme est différent : alors que celui des sociaux-démocrates, vital pour la classe ouvrière qu'ils défendent, est constant, celui des compétents du courant des Assises est conjoncturel dans l'attente d'un moment plus propice pour accéder au pouvoir. Le P.S. est une liaison d'intérêts immédiats, pendant à gauche du couple transnational.

L'HEURE DES COMPTES ET DES MÉCOMPTES

Dès que la montée du chômage paralyse les travailleurs et immobilise les groupuscules, à la guerre de mouvement succède la guerre de tranchées où chacun aménage le camp qu'il garde encore. Les querelles internes à droite comme à gauche captent désormais l'attention des hommes politiques et des journalistes, elles aboutissent à la formation de quatre grands blocs qui s'entrechoquent en marginalisant les autres organisations.

Le renforcement des giscardiens

Au lendemain des présidentielles, Giscard d'Estaing distribue les places aux artisans de sa victoire. De l'Intérieur, Poniatowski surveille le nouveau Premier ministre Chirac. Un petit couac se produit avec le retrait du ministre de la Réforme, Jean-Jacques Servan-Schreiber, hostile à l'explosion atomique de Mururoa. Un peu plus tard, Françoise Giroud illustrera la condition féminine au gouvernement pour préserver la présence de toutes les sensibilités. Le Président se donne une teinture sociale par le relèvement du S.M.I.C., des allocations familiales, du minimum vieillesse et surtout par la prise de petits déjeuners avec les éboueurs. Il n'omet tout de même pas les exigences politiques : en février 1975, Poniatowski est élu président des républicains indépendants au cours d'un congrès dont le slogan, « devenir plus », est révélateur des ambitions de la bourgeoisie transnationale.

On assure la gestion de la France sans l'habiller en grande tenue politique : démantèlement de l'O.R.T.F., abaissement de l'âge électoral à 18 ans, droit à l'avortement, répression des soldats contestataires, installation de centrales nucléaires ; les problèmes de chômage et d'inflation restent insolubles. Quand les mauvaises conditions atmosphériques diminuent les revenus des paysans, on pince la fibre nationale avec l'impôt « sécheresse ». Ces mesures au jour le jour ne rehaussent pas le prestige du pouvoir, les élections cantonales de mars 1976 sont un échec pour la droite. L'U.D.R. ayant mieux résisté, Chirac semble reprendre du poids par rapport à Giscard ; mais après un mois d'une dispute assez obscure, le leader de l'U.D.R. préfère remettre sa démission en août. Une page est tournée, les gaullistes viennent de perdre le poste de premier ministre deux ans après celui de président de la république.

Le professeur Barre est alors chargé d'asséner plan sur plan aux Français, d'exiger une réduction de l'augmentation du pouvoir d'achat, puis sa diminution pure et simple. Malgré ses mesures impopulaires, il est en passe de devenir le plus durable des Premiers ministres de la Ve République. Cette longévité à la tête du gouvernement d'un compétent qui a fourbi ses armes comme commissaire à la communauté économique européenne est symptomatique de l'affaiblissement politique de la bourgeoisie nationale. Cependant, Chirac réagit et, à l'automne 1976, lance l'idée d'un Rassemblement pour la République qui trace un nouveau destin gaulliste à la France et qui remplace l'U.D.R. au tout début de 1977 ; le changement va au delà du nom : le R.P.R. a une structure plus militante pour mieux verrouiller ceux de ses ministres ou de ses députés qui céderaient au charme discret du giscardisme.

Les élections municipales de mars 1977 sont un banc d'essai assez réussi, puisqu'à Paris Chirac l'emporte sur l'ami du Président, le député R.I., d'Ornano, qui avait bénéficié du soutien de tous les centristes. Mais les résultats globaux sont plutôt favorables à la gauche unie dont les commentateurs prévoient la victoire aux législatives prochaines. Cette éventualité ne semble pas troubler la sérénité ni la ténacité de Raymond Barre, mais stimule le bouillant chef du R.P.R. qui s'active à une campagne dynamique, tandis que les républicains indépendants (toujours inconditionnels de Giscard) évitent la monotonie en se convertissant en Parti Républicain. La rupture du Programme commun en septembre est une occasion inespérée pour la droite, elle incite Chirac à se montrer le champion le plus musclé du conservatisme. En raison de l'imprécision de l'U.D.F. qui regroupe le P.R. et les centristes, les pourcentages électoraux des uns et des autres seront contestés, mais une clarification s'est effectuée : le R.P.R. reste à part, Giscard ayant rallié sous un seul sigle autour de sa personne les représentants des grande et petite bourgeoisies transnationales. Quoiqu'à égalité sur le plan électoral, Chirac subira en regimbant la pression du pouvoir aux initiatives duquel il ne pourra dire non. L'érosion de son influence conduira à l'échec du R.P.R. aux élections européennes (juin 1979), qui traduiront un grignotage permanent de la bourgeoisie nationale.

Le vrai visage de la stasicratie

Après avoir fait des clins d'œil inutiles aux gaullistes lors de l'élection présidentielle, le parti communiste constate que les élections législatives de l'automne 1974 révèlent une forte progression des socialistes, en partie à son détriment. L'arête du Programme commun n'empêche pas, en effet, le P.S. d'ingurgiter peu à peu les militants déçus par l'étique efficacité des groupuscules ; l'opération des Assises introduit un flot d'autogestionnaires aux rancœurs anticommunistes solides puisqu'ils soutiennent un projet antagonique au socialisme étatique. On entre dans une période de disputes au cours de laquelle les communistes déclarent travailler à l'amélioration de la qualité de l'union ; au comité de liaison de la gauche, en février 1975, ils insistent pour le respect intégral du Programme commun, suspectant un P.S. qui, au congrès de Pau, vient d'exclure le C.E.R.E.S. de sa majorité.

Fin 1975, l'affaire des syndicalistes et des soldats emprisonnés pour avoir créé à Besançon une section syndicale de militaires gêne le P.C. qui boude la manifestation de la C.F.D.T. et de l'extrême gauche le 5 décembre ; à la réunion de l'ensemble de la gauche le 15, il réussit pourtant à isoler le P.S.U. et à faire céder la C.F.D.T., mal soutenue par un P.S. embarrassé qui se range aux côtés de son allié communiste. Pendant ce temps, à l'intérieur des cellules, on s'affaire à la résolution du XXIIe congrès qui, sans tambour ni trompette ne fait plus référence à la « dictature du prolétariat ». Est-ce un oubli ? Non, car ce point primordial de la doctrine, placé au cœur des débats, sera abandonné à l'unanimité par les délégués au congrès, malgré les réserves exprimées par Althusser (janvier 1976). Les commentaires vont bon train : hypocrisie tactique ou changement profond vers la démocratisation ? Personne n'envisage la simple logique des stasicrates soucieux d'être conformes à la description brejnevienne de la réalité soviétique. Apparemment, la théorie reprend vigueur au P.C.F. pour expliquer les raisons du renoncement, mais ce courant d'air ne suffit pas à chasser la poussière doctrinale.

Les élections municipales de mars 1977, le plus souvent unitaires, en accordant aux partenaires de l'Union de la gauche des succès importants, installent leurs hommes dans les mairies conquises. Le ciel est rose, le temps s'annonce clément, mais, subitement en mai, le vent se lève : voilà que le P.C., montant son coup tout seul, parle de réactualiser le Programme commun. Zizanie coutumière ? Après son retour de vacances de Corse, Marchais se montre menaçant, il ne transigera pas dans l'obtention des mesures prévues. Mais après plus de cinq ans, peut-on conserver à la lettre un texte élaboré dans une période de forte croissance ? Dans les commissions en plein travail, on s'excite sur la valeur du minimum vital, sur le nombre et surtout le contenu des nationalisations. Le 14 septembre, Robert Fabre manifeste son impatience et une certaine intransigeance au nom des radicaux de gauche. Les négociations reprises une semaine après, où l'on compte avec obstination les filiales concernées par la nationalisation de certains secteurs d'activité, sont marquées par une fausse sortie de R. Fabre irrité, puis dans la nuit du 22 au 23 septembre, il faut se rendre à l'évidence : l'unité est rompue car le P.S. « vire à droite ».

Pendant que la droite jubile en douce, le P.S.U., qui semble le plus affolé par cette rupture dans laquelle il n'est rien, lance en vain des appels aux travailleurs, au P.S., etc. La C.F.D.T. rencontre alors tous les partis de gauche et à six semaines des législatives, élabore un document, « nationalisations et plan », sur lequel fond le P.S.U. pour le proposer comme programme unitaire. Mais le P.C. s'entête et reste bouche cousue sur son attitude au deuxième tour. Il suffit d'avoir vu, le soir du premier tour, à la télévision le bureau politique au grand complet autour de Georges Marchais, pour comprendre qu'à travers ces hommes nullement attristés, presque goguenards, l'appareil avait atteint son objectif : éviter un gouvernement de gauche et conserver le poids électoral du P.C. (20,6%) en limitant celui des socialistes (24%).

Ce fut, pour sûr, le comble du succès pour des strasicrates de conserver intacte leur audience après avoir de leur propre chef perdu leur slogan le plus rebattu : l'unité. Il fallut toute la puissance, la toute-puissance de leur organisation pour conserver malgré tout la confiance de l'électorat ouvrier. S'il y eut quelques remous internes d'intellectuels, le contestataire de service Ellenstein actionna, comme il se devait, la soupape de sécurité. Seuls des stasicrates chevronnés pouvaient exécuter à une telle vitesse ce remarquable virage négocié au plus serré sur un circuit aussi dangereux. Après avoir pris leurs distances avec l'eurocommunisme latin à la veille des élections au parlement européen, ils retourneront dans le giron soviétique en approuvant en décembre 1979 l'invasion de l'Afghanistan.

Plutôt que d'écouter résonner ces événements au bruit des bottes de Moscou, il vaut mieux réfléchir sur la façon dont le P.C.F. a su utiliser la situation sociale française au nom de son analyse. Leurs partenaires du Programme commun et leurs adversaires socialistes autogestionnaires, étant freinés par la baisse de tonus des luttes sociales dans une conjoncture économique difficile mais stable, les communistes ont compris qu'en conséquence les partis solidement structurés retrouveraient du crédit auprès des travailleurs. Ils ont senti venu le moment de se couper du socialisme des compétents qui n'étaient pas en mesure de promouvoir seuls un projet de nouvelle société assurant la modernisation des moyens de production et qui, dans leur attente forcée, seraient amenés à collaborer avec les multinationales ; aussi mieux valait ne pas s'embarquer dans une galère gouvernementale hypothétique où, unique certitude, le gouvernail serait tenu à deux. Mai 1968 mort, la classe compétente se démarquant difficilement de la droite, les communistes travaillent à écoper le bateau du socialisme étatique sur lequel ils espèrent hisser le pavillon prolétarien. Peut-être y seront-ils aidés par les compétents, qui, après leur échec révolutionnaire, préféreront abandonner toute référence au socialisme, fut-il autogestionnaire, pour progresser sous les couverts hors d'atteinte des rayons marxistes.

L'intelligentsia parle déjà « d'après socialisme » et le P.C., se souvenant de l'union à la base, incorpore l'autogestion des entreprises dans sa propagande. Dans ce retour à un seul socialisme, une reconversion de vocabulaire se prépare où les mots subiront de sérieuse distorsions ; cependant que les deux modes de production, que nous avons qualifiés de socialisme étatique et de socialisme autogestionnaire, continueront à se concurrencer au sein de la gauche et dresser l'une contre l'autre la classe partisaire et le classe compétente.

Les reclassements socialistes

Le congrès de Pau du parti socialiste (31 janvier - 2 février 1975) n'a pas laissé subsister l'ambiguïté du secrétariat national où trois hommes, Acquier, Chapuy et Rocard avaient été nommés après les Assises, pour représenter la troisième composante et les ex-P.S.U. Avec l'intransigeance doctrinale qu'on lui connaît, le C.E.R.E.S. a voulu se compter autour d'une motion alors que, plus habiles, les adhérents de la dernière heure ont choisi de se dissoudre dans la motion Mitterrand, montrant le bout de l'oreille à travers un amendement Martinet-Acquier qui demandait de se confronter au P.C. « *non seulement sur les objectifs et les formes d'action de la lutte contre la crise, mais également sur les meilleurs conditions d'une ouverture sur la voie du socialisme* ». Aussi Mitterrand s'est-il méfié en ne donnant aucune place aux nouveaux arrivants dans le secrétariat national. Faisant payer son outrecuidance au C.E.R.E.S auquel il rétorqua « *vous en rajoutez sur le Programme commun comme s'il était en péril* », il refusa toute synthèse et l'exclut de la majorité. Exit le C.E.R.E.S., trop stasicrate pour les sociaux-démocrates et pour les compétents ; son radicalisme léniniste, responsable de son éviction, l'auréola de la lumière qui guide la classe ouvrière, il se proclama minorité de gauche du P.S. malgré une visite printanière de Mitterrand à Moscou.

Cependant, grâce à sa bonne conduite dans le secteur entreprise et son fair-play à la revue *Faire* où on ouvrit le comité de rédaction à Joxe et Estier, le courant des Assises obtint en octobre 1975 ce que le congrès de Pau lui avait refusé : une place de secrétaire national pour Rocard qui se pose en successeur crédible à la tête du parti socialiste. Rien ne semblait plus troubler la sérénité de l'équipe dirigeante : ses pourcentages gonflant, elle vole de victoires en victoires électorales. Pourtant, dès le lendemain des élections municipales de mars 1977, Mitterrand lance quelques pointes contre l'ancien secrétaire du P.S.U. Était-ce le prélude aux grandes manœuvres du futur congrès ? En fait, la seule question posée fut celle de la réintégration du C.E.R.E.S. dans la majorité, le courant des Assises manifestant sa présence et son originalité par la prise de position de P. Viveret contre la force de dissuasion nucléaire. À Nantes à la mi-juin, il ne se passa rien, hormis les beaux discours ; dans les commissions, Christian Pierret, au nom du C.E.R.E.S., atténua les points de friction, mais Mitterrand repoussa à nouveau la synthèse [161].

La même majorité préparait les élections législatives, quand la rupture du Programme commun fit s'effondrer les

---

161. Répartition des votes au congrès de Nantes :
    Majoritaires   75.8%   C.E.R.E.S.   24.2%

rêves de pouvoir. En raison de son compétentisme d'énarque et de son passé d'autogestionnaire, Rocard est l'homme de la situation ; il se fait remarquer par sa résistance à un relèvement trop rapide du S.M.I.C. dans le programme électoral du P.S. et aussi, à la télévision, par son discours digne, ferme et triste au soir du premier tour des illusions perdues. La défaite allait-elle sonner la retraite de Mitterrand ? Personne ne la souhaitait au sein du parti, ni ses alliés solidaires ni le C.E.R.E.S. solitaire ; celui-ci est en proie à des divisions internes. À sa réunion d'Evry, Christian Pierret, récemment élu dans les Vosges, conteste la vieille garde historique à laquelle il reproche son bureaucratisme et son soutien inconditionnel au P.C. (juin 1978) ; taxé immédiatement de rocardisme, le nouveau député ne réussira pas à attirer l'ensemble du courant.

Le phénomène Rocard polarise dès lors les reclassements politiques, mais les ex-conventionnels se ressaisiront ; la préparation du congrès de Metz s'organisera tout en subtilité autour du trio Mauroy-Mitterrand-Rocard qui, au bout du compte, présenteront chacun une motion, s'ajoutant à celles de Chevènement et de Pierret [162]. Devant Mauroy indétachable du courant des Assises, Mitterrand acceptera en juin 1979 la collaboration du C.E.R.E.S. dont l'influence s'est effritée. Les compétents de la gestion semblent échouer ; conscients de leur propre fragilité, dans un réflexe stasicratique, les sociaux-démocrates du système de marché misent sur l'appareil pour préserver leur impact politique. Jusqu'à quand tiendront-ils ?

L'attente et les réveils syndicaux

Rien à signaler sur le front syndical au début de cette période, sauf de sporadiques escarmouches autogestionnaires ou

---

162. Répartition des votes au congrès de Metz
    A (Mitterrand)   45,4%   B (Mauroy)   16,2%
    C (Rocard)   20,5%   D (Chevènement)   14,4%
    E (Pierret)   3,1%

stasicratiques : C.G.T. et C.F.D.T tiennent à l'unité d'action, réplique du Programme commun. En janvier 1975, le conseil national de la C.F.D.T. a repoussé le texte de la direction confédérale, refusant de prendre parti contre le P.C. dans la querelle qui l'oppose au P.S. ; après l'agitation des Assises, une inquiétude s'est manifestée à l'intérieur de la confédération qui ne veut pas être la courroie de transmission du parti socialiste.

La C.G.T est de plus en plus touchée dans ses positions clés par la restructuration capitaliste qui désormais ne se superpose plus aux secteurs anciens, mais tend à les détruire. L'imprimerie française connaît une crise totale ; la grève de novembre 1974 à Néogravure se solde par le démantèlement du groupe ; en décembre de la même année, Lang qui avait déjà réduit son personnel, annonce 147 licenciements ; et surtout Amaury, l'un des grands patrons de presse, décide en mars 1975 au mépris de tous les accords de ne plus imprimer en grand format le *Parisien libéré*. Après une vaine occupation des locaux, la fédération française des travailleurs du livre en vient à des actions gauchistes : attaque des camionnettes de distribution (les « rodéos » selon les grévistes), banderoles autour de Notre-Dame, ainsi que des manifestations au tour de France cycliste, à la Bourse, sur le paquebot France, etc. ; en juin 1976, quatorze imprimeries sont laissées aux mains des travailleurs sans aucune perspective de règlement des conflits. Ce bastion cégétiste n'étant plus seul dans la confédération à recourir à ces modes d'action autrefois réprouvés, Georges Séguy traite du problème au congrès confédéral de 1975 : « *Le mécontentement longtemps accumulé finit toujours par exploser, comme en témoigne la recrudescence des luttes dans la métallurgie et les autre branches du secteur privé, dans le secteur nationalisé... Les conflits avec occupation se multiplient ; ils durent souvent plusieurs semaines et se terminent généralement à l'avantage des travailleurs* [163]. » Sensible évolution en regard du jugement sur les Lip.

---

163. citation in Notes et Documents du B.R.A.E.C., n° 4, p. 61.

La C.F.D.T. a quelques ennuis avec son aile gauche qui l'a entraînée à Besançon dans l'affaire des syndicats de soldats (fin 1975). Bien que le bureau national n'approuve pas l'initiative, la confédération intervient de tout son poids contre les perquisitions et l'emprisonnement de militants. Par ailleurs, en avril 1975, à la suite de la lutte contre la réforme du deuxième cycle, les étudiants autogestionnaires avaient fondé le M.A.S., organisation syndicale permanente qui tient à entretenir des liaisons avec les travailleurs, en particulier avec la C.F.D.T., tout en gardant son autonomie par rapport à la confédération qui, de son côté, reste dans une prudente expectative.

Pour le prochain congrès confédéral d'Annecy de début juin, six fédérations ont signé une contribution qui, même si elles s'en défendent, tient lieu de deuxième texte d'orientation. Amalgame des options de ceux qui accusent la ligne confédérale de mollesse, par dessein de ne pas vouloir nuire aux partis de gauche ni au courant des Assises, ce texte n'expose pas une véritable stratégie alternative ; les rédacteurs, C.E.R.E.S., P.S.U. et trotskistes, n'ont de point commun que le vocabulaire d'une doctrine marxiste-léniniste éculée. Les scores de 40% auxquels ils parviennent dans certains votes dénotent plus la méfiance des syndicats à l'égard du P.S. que la séduction de leurs propositions.

Dans l'apaisement progressif de la tempête de 1968, les grandes confédérations attendent l'arme au pied la victoire électorale de la gauche. C'est si vrai que G. Séguy lui-même s'en ouvre aux travailleurs : « *En novembre 1976, parlant devant des métallos réunis au congrès de Saint-Étienne, G. Séguy appelle leur attention sur le danger pour la C.G.T. de se borner à approuver le Programme commun. Certes, c'est la "seule solution réaliste", mais il ne suffit pas de scander dans les meetings et les manifestations : "Union, Action, Programme Commun", il nous faut aussi expliquer les motifs de notre engagement* [164]. »

---

164. *Ibid.*, p. 46.

La C.F.D.T., elle aussi, compte certainement sur un gouvernement de gauche pour négocier au moins partiellement la vaste « plate-forme de revendications et d'objectifs immédiats » qu'elle rend publique en juin 1977. Le choc de la rupture politique renvoie chacune des confédérations vers son partenaire. À la C.G.T., Henri Krasucki déclare : « *Pour nous, il n'y a jamais eu d'ambiguïté à ce sujet. Depuis 1972, les nationalisations des neuf groupes et de leurs filiales nous semblaient acquises. Nous nous y sommes engagés. Les gens de la base ne comprendraient pas si aujourd'hui nous reculions* [165]. » Pour nous, pas d'ambiguïté, cette manière de faire penser « les gens de la base » est du plus pur style stasicratique. La paire de socialistes de la commission exécutive vote contre la position confédérale, mais le monolithisme simplifiant bien des choses, une large majorité entérine la thèse du « virage à droite du P.S. ».

Telle n'est pas la situation chez les responsables cédétistes qui dénoncent le P.C., mais, n'osant pas appuyer le P.S. par crainte des réactions, réprouvent toute la gauche d'autant plus aisément que la C.F.D.T. n'a pas signé le Programme commun. Il semble qu'au niveau du secrétariat national, on ait immédiatement tiré la leçon de l'événement et préparé une stratégie basée sur l'échec de la gauche ; tel paraît être le sens du rapport de J. Moreau, ballon d'essai placé dans la perspective de la fin de l'unité d'action avec la C.G.T. Mais le gros de la confédération n'est pas prêt à une révision déchirante : malgré le peu d'enthousiasme des travailleurs pour ces cérémonies routinières, le 1er décembre 1977 a encore lieu une grande manifestation unitaire C.G.T.-C.F.D.T.-F.E.N. Le conseil national cédétiste de janvier 1978 repousse le rapport Moreau qui, selon son rédacteur, n'était pas une proposition mais une réflexion ; mûrement réfléchie, puisqu'elle constituera l'orientation du congrès de Brest un an et demi plus tard.

---

165. *Ibid.*

VI - Le regard de 1978 - 231

Au lendemain de la défaite électorale de la gauche, la réaction d'Edmond Maire est trop prompte pour ne pas avoir été préparée. Sa démarche auprès de Valery Giscard d'Estaing à qui il expose les revendications prioritaires de la Confédération, est assez mal comprise par les militants habitués à négocier après une lutte ardue. Ce franchissement du perron de l'Elysée symbolise l'impuissance de la gauche à offrir satisfaction aux demandes des travailleurs ; ce que le Programme commun n'apporte plus doit être obtenu de la droite, au plus haut sommet si possible, sinon plus lentement par des actions éclatées à objectifs immédiats, qui ramènent « l'espérance par des perspectives concrètes ».

De son côté, la C.G.T. prépare son 40e congrès sur le thème « La crise continue et s'aggrave, ses causes fondamentales demeurent » ; cependant il faut passer le gué ; certains adhérents ne prenant pas la déception de mars 1978 avec philosophie, on démocratise le fonctionnement : les organismes directeurs seront plus ouverts, moins visiblement noyautés par le P.C., mais tout aussi sûrs comme le démontre l'alignement permanent de la C.G.T. sur la ligne du Parti, affaire afghane incluse.

Les deux confédérations signeront encore des accords d'unité d'action ; mais, la date, la forme, le contenu des propositions de l'une ne conviendront jamais à l'autre. La crise de la sidérurgie met en lumière leurs divergences ; alors que la C.F.D.T. reconnaît le bien-fondé de la restructuration d'une industrie française rétrograde et propose un plan de reconversion des travailleurs, la C.G.T. se montre plus intransigeante sur la nécessité de maintenir et même d'accroître la production de fer, quitte à recourir à une nationalisation. Malgré la grève unitaire du 16 février 1979, la C.F.D.T. ne participe pas à la grande marche sur Paris du 23 mars qu'elle considère comme une opération de propagande. Les désaccords syndicaux engrènent sur les désaccords politiques.

Le déclin du P.S.U.

Nous ne parlerons pas des autres organisations d'extrême gauche qui, toutes sur une pente fatale d'affaiblissement, se resserrent stasicratiquement autour de l'appareil. Sans faire exception, le P.S.U. plus composite informe mieux, par son tassement et ses options, sur les orientations de la classe compétente.

L'opération des Assises a donc aspiré en automne la majorité des compétents de la gestion et, comme le soutien a la candidature Mitterrand avait fait s'envoler au printemps la plupart des compétents de la production, le congrès d'Amiens en décembre 1974 consacrera la longévité de ceux de l'idéologie. L'histoire n'est pas tout à fait aussi simple ; une minorité de rocardiens échappés à leur courant compose avec les trotskisants pour partager les places autour d'un texte d'orientation fourre-tout. Avec la sortie de la G.O.P., le P.S.U. ne s'était pas vidé complètement de tous ceux qui soutenaient cette tendance, pourtant bien structurée ; pour les regrouper, cinq militants dont moi-même présentent un deuxième texte intitulé *Pour un communisme autogestionnaire*, qui à la surprise des majoritaires obtient 4,5% des voix.

Par rapport à la G.O.P., ce texte de forme très imparfaite traduit une avancée : il reconnaît que les deux socialismes, l'étatique et l'autogestionnaire, sont des modes de production dominés par de nouvelles classes et que le second est le projet d'une classe compétente antagonique d'une classe exécutante. Dans ces conditions, le P.S.U. devrait être porteur d'un troisième projet, le communisme autogestionnaire qui donnerait la priorité aux intérêts des exécutants sans éliminer ceux des compétents ; on revient au primat du politique. À cette analyse s'ajoute un découpage interne du parti avec les rocardiens comme piliers centraux de la couche compétente et les trotskisants comme les propagandistes. Sans doute traumatisés par le départ de Rocard, nous avons à ce moment là mal perçu que notre passage de la primauté de classe ouvrière à la primauté de la classe exécutante était un rapprochement avec le *Manifeste du P.S.U.* qui mêle ouvriers et employés. Détectant dans la C.F.D.T une organisation exécutante, nous aurions déjà dû interpréter la stratégie des Assises comme un pas vers notre stratégie ; le fait que, gopistes, nous ayons préféré le P.S.U. à un nouveau groupuscule montrait que nous représentions les compétents de la production les plus proches de ceux de la gestion. Ces facteurs n'ont été décelés par personne et les trotskisants, dont nous n'avions pas compris le danger stasicratique, en profitèrent pour nous reléguer dans un ghetto, tandis qu'ils se renforçaient par l'entrée de l'Alliance Marxiste Révolutionnaire, petit groupe trotskiste, et qu'ils écœuraient suffisamment les compétents de la gestion pour leur faire quitter leurs postes dans l'appareil.

Au nom de la préservation de l'unité du parti, dans la passe difficile des Assises du socialisme, les compétents de l'idéologie réparaient les dégâts à l'aide d'une petite stasicratie à leur échelle.

Dès lors le P.S.U. vogue sans ligne politique au gré des mouvements : antinucléaires, de femmes (M.L.A.C.), de soldats (I.D.S.), etc., tout en désirant se voir reconnu par la gauche traditionnelle, avec un penchant pour le C.E.R.E.S. et même, pourquoi pas, le P.C. puisque Rocard est rejeté à la droite du P.S. Dès l'automne 1976, une « charte municipale » est mise en chantier pour les élections de l'année suivante, mais les majoritaires éclatent en deux courants, « A » et « B », les premiers voulant négocier un « pacte national » avec l'union de la gauche, les seconds, animés par l'ex-A.M.R., criant au réformisme et préférant un rapprochement avec l'extrême gauche et certains mouvements. Au nom du principe autogestionnaire, celui de laisser la décision à ceux qui mèneront l'action, un troisième courant, « C », reprenant l'analyse du texte *Pour un communisme autogestionnaire*, propose de donner tout le pouvoir aux sections suffisamment majeures pour choisir elles-mêmes la tactique locale la plus appropriée à la défense de la charte. Au conseil national de Joinville (octobre 1976), les « A » (62%) l'emportent sur les « B » (21%) et les « C » (17%). Au congrès de Strasbourg, en janvier 1977, le rapprochement avec l'union de la gauche est confirmé et, devant l'éventuelle victoire aux législatives, les majoritaires évoquent déjà l'éventualité d'un double pouvoir ; moins suivi, le courant « C » insiste sur le fonctionnement et précise sa théorie ; de son côté, quoique conservant son audience, la fraction dure des « B » organise sa sortie qui aura lieu en avril 1977 pour former les Comités communistes pour l'autogestion.

Le P.S.U. entre dans la zone des tempêtes complètement déboussolé ; au moment de la rupture du Programme commun, il était en contact suivi avec le P.C., pour définir leurs points d'accord et de désaccord : tout s'écroule. Mais il a tellement espéré qu'il ne peut plus désespérer ; jusqu'au bout les majoritaires s'accrochent : appel aux travailleurs, au P.S., à la C.F.D.T. De guerre lasse, ils créent un Front autogestionnaire vers lequel convergera un nombre restreint de combattants fatigués.

Dans la débandade personne ne sait où aller, sauf le petit courant « C » qui continue son approfondissement théorique, encouragé par la concordance de son analyse avec les événements. Le congrès de Saint-Étienne de janvier 1979 se bornera à un happening politique : au nom de l'autogestion on propose à la base, en guise de texte d'orientation, un pot où chacun peut verser sa contribution ; comme à l'accoutumée, le courant « C » s'insurge et obtient ses 11% ; des rocardiens font leur réapparition sans oser se compter. La campagne des élections européennes se déroule dans des conditions navrantes ; pour s'y préparer, une partie du bureau politique rallonge ses cartes de sollicitation d'Ellenstein à Françoise Giroud, l'envie piquante d'un parti radical à l'italienne ayant surgi chez certains. La direction politique de juin 1979 en éclate, puis se ressoude ; au congrès du Havre de novembre, quatre courants s'affrontent : les « C » coriaces, les nostalgiques de l'union de la gauche, les partisans de l'action tous azimuts et les indécis. La balance penche de plus en plus vers un P.S.U. invertébré, indiquant l'amaigrissement de ceux qui pensent encore en termes de luttes de classes : les « C » tombent à 6% et les unitaires, si nombreux avant mars 1978, ne recueillent que 22%. Le parti socialiste unifié a essuyé tous les grains, maoïsants, rocardiens, trotskisants, pour aboutir au naufrage. La classe compétente n'a plus de parti révolutionnaire.

Les dernières bulles

La période précédente avait été marquée par une prolifération de mouvements autonomes, le plus souvent animés par les divers groupuscules. C'est la défense de ces catégories particulières qui maintient encore un certain souffle contestataire.

Rappelons seulement ici que l'extrême gauche intervient dans l'ensemble social le plus important au moyen de groupes « femmes », qui, à l'aide de structures unifiantes comme, à partir de 1972, le mouvement pour la liberté de l'avortement et de la contraception (M.L.A.C.), ont réussi à imposer la rédaction et l'adoption de la loi Veil en janvier 1975. Depuis, ce mouvement continue sa lutte contre les insuffisances de la loi et surtout contre sa mauvaise application ; mais, tombant sous la coupe de la L.C.R. et de Révolution, il perd de son autonomie. Le mouvement des femmes se morcelle, tout en restant capable d'organiser des manifestations dynamiques comme la marche du 6 octobre 1979 sur le Palais Bourbon, avec un rassemblement sur le Champ de Mars, à propos du réexamen de la loi Veil par les députés.

Les comités de soldats ont débuté chez les marins de Toulon dans l'hiver 1973 et se sont étendus aux autres corps militaires. En août 1974, des appelés ont manifesté dans les rues de Draguignan, les meneurs seront condamnés à des peines symboliques (janvier 1975), car des démonstrations semblables ont lieu dans les caserne françaises à Karlsruhe et Tübingen. Une conférence nationale pour les droits des soldats se prononce, en mars, pour une campagne en faveur des syndicats de soldats et les revendications des militaires sont précisées dans « l'Appel des cent » circulant cet été là. En novembre, comme déjà exposé, une section syndicale est fondée au 19e R .G. de Besançon avec l'appui de l'union locale C.F.D.T. dont les attaches avec les Lip sont évidentes ; malgré le peu d'enthousiasme des partis nationaux et des confédérations syndicales, le mouvement des soldats se poursuit, soutenu par certaines structures C.F.D.T. qui s'associent aux protestataires, en particulier contre l'emprisonnement à Lyon (janvier 1976) de deux appelés ayant refusé de remplacer des éboueurs en grève. En mars 1977, sept délégués de comités annonçaient, dans une conférence de presse, l'élection de représentants de soldats pour contrôler les aspects de la vie en caserne ; action sans lendemain. L'agitation continue pourtant avec la parution régulière de bulletins locaux.

En janvier 1972 à Narbonne, s'était tenue une Rencontre des minorités groupant cent vingt militants bretons, corses, basque, catalans et occitans, en vue de coordonner les actions et d'approfondir la réflexion. Par leur nature même, ces mouvements sont retombés dans le régionalisme dès le fléchissement de la dynamique de mai 1968 ; ils prennent une tournure violente en Bretagne et en Corse. Des organisations meurent tandis que d'autres naissent. En octobre 1975, sept militants du Front de libération de la Bretagne, dont Guy Caro, ex-militant P.S.U., ex-animateur des comités d'action bretons, sont inculpés et le F.L.B. disparaît. De même, en 1974, à Lutte occitane succède "*Volem vivre al païs*". Les revendications nationalitaires, violentes ou non, restent vivantes mais se dispersent, rejoignant les actions des écologistes, comme à Plogoff contre la construction de la centrale nucléaire.

Cet aperçu accéléré de quelques mouvements montre combien la contestation a perdu son caractère quasi-permanent des six années précédentes. Rappelons enfin qu'en décembre 1978 les paysans du Larzac, venus à pied à Paris pour rencontrer le Président de la République, sont accueillis par une énorme manifestation de sympathie ; longue marche à l'image de cette longue lutte qui traverse les ans sans que se démente la résolution de ces quelques bergers ni l'unanimité politique réalisée autour d'eux. Comme les Lip pour la classe ouvrière, ces habitants du causse symbolisent pour la classe paysanne la résistance de travailleurs désirant conserver leur forme de travail la plus authentique.

La percée écologique

Pourquoi séparer l'écologie des autres mouvements ? A priori, rien ne justifie cette discrimination, puisque les écologistes ont des structures très lâches et se situent sur un terrain bien déterminé. Cependant, une différence essentielle les en sépare : leur participation aux élections, non en vue de proposer un projet de société et de l'imposer par la prise du pouvoir, mais pour mieux peser sur les forces politiques et obtenir satisfaction sur la défense de la nature, disent-ils. Cette présentation de candidats a une conséquence importante : elle leur assure une réelle indépendance face aux organisations politiques, plus particulièrement celles de l'extrême gauche. En effet, alors que militer dans un parti n'exclut pas une appartenance à un syndicat ou à un mouvement qui, ne participant pas aux élections, laisse disponible pour aider son parti en ces moments forts de la vie politique, cette double vie est beaucoup plus difficile à mener lorsqu'on est écologiste soutenant un candidat vert. Même s'il ne vise réellement pas au pouvoir, ce mouvement réussit de la sorte à éliminer de ses rangs les militants des autres organisations et à s'assurer une place bien particulière sur l'échiquier des forces sociales. Ne servant pas de tremplin ou de courroie de transmission à un parti, il place la lutte directement sur le terrain de la vie et de la nature. Les écologistes constituent un élément nouveau dans la société, que nous rattachons à la classe compétente tout en reconnaissant son caractère insolite de parti biologique.

Le groupe le plus important, les Amis de la Terre (A.T.), naît en 1972 autour de René Dumont, F. Donzel, P. Sigogneau et Brice Lalonde dont les liens avec le P.S.U. n'étaient pas dissimulés. À l'époque c'est un mouvement parmi d'autres. L'existence officielle de l'écologie date de l'élection présidentielle de 1974 avec la candidature de Dumont, d'ailleurs soutenue par le Mouvement Écologie (M.E.) créé à cet effet lors d'une convention à Issy-les-Moulineaux ; cette deuxième organisation persistera et concurrencera les A.T. pour la prééminence au cœur des « verts ». Les résultats électoraux, sans être brillants, sont assez encourageants par rapport aux autres candidats à gauche [166]. L'étude serrée des votes parisiens fait remarquer à R. Cayrol dans *Critique Socialiste* : « *Enfin, les résultats de René Dumont confirment que l'on se préoccupe plus d'écologie si l'on est déjà nanti par la croissance* [167]. »

La plupart des actions portent contre l'implantation des centrales nucléaires. En février 1975, à Paris de la République au square des Sorbiers, une grande manifestation des A.T., du M.E. et du P.S.U. rassemble une joyeuse foule de 20 à 30 000 personnes (selon les organisateurs) ; le colloque du lendemain précise les objectifs avec une marche sur Fessenheim prévue en mai. Chaque année, les vacances d'été attirent des militants-pèlerins sur les lieux de travaux en cours : en juin 1976, marche sur l'usine de retraitement de La Hague et déjà réaction des habitants de Plogoff contre l'usine nucléaire de la pointe du Raz ; en juillet, discussion de nombreux comités locaux sur l'occupation du site de Creys-Malville, réservé à l'emplacement du surgénérateur Super-Phénix, et sur une marche vers Naussac, petit village lozérien dont les terres seront noyées à cause de la construction d'un barrage.

---

166. Votes recueillis par les candidats se réclamant de la gauche :
    F. Mitterrand 43,2%   E. Muller   0,6%
    A. Laguiller   1,9%   A. Krivine 0,6%
    R. Dumont   1,1%
167. n° 18, août 1974.

VI - Le regard de 1978

L'agitation locale se prolonge dans la poussée électorale : aux municipales de mars 1977, les listes de Paris-Écologie qui incluent la fédération des usagers des transports publics atteignent 10,1% alors que Chirac et d'Ornano arrivent respectivement à 26,2% et 22,0% ; ce succès pose les écologistes comme seule force crédible en dehors des « quatre grands » (R.P.R., U.D.F., P.C. et P.S.).

L'été 1977, après un rassemblement à Nogent-sur-Seine, se produit, le 31 juillet, l'épreuve de force de Malville où les comités français et étrangers, regroupés autour du site, projettent d'atteindre l'usine en construction. L'atmosphère est lourde à tous les sens du terme aux alentours des quatre villages qui servent de points de ralliement (Montalieu, Poleyrieu, Courtenay et Morestel). La C.F.D.T. qui s'est prononcée pour un moratoire est présente, mais ne se joindra pas au cortège. Des groupes extrémistes veulent en découdre avec un service d'ordre particulièrement nombreux, bien équipé et bloquant tous les accès ; l'emploi de grenades offensives autorisé par le préfet Janin, un manifestant sera tué et plusieurs blessés. Le gouvernement montrait ainsi sa détermination à poursuivre à tout prix le programme nucléaire malgré la triple opposition des populations locales, des écologistes et de l'extrême gauche.

À l'approche des élections législatives de 1978, les écologistes se réunissent pour élaborer une plate-forme et une tactique. En novembre 1977, Écologie 78 repousse tout accord avec les partis, alors que les A.T. sont prêts à s'entendre avec certaines organisations, en particulier le Font autogestionnaire promu par le P.S.U. Ces divisions et aussi l'importance de l'enjeu électoral font chuter les voix écologistes, mais ces législatives prouvent que cette force sociale d'un type nouveau est la seule à pouvoir rallier autour d'elle un nombre suffisant d'électeurs pour influencer les choix politiques, ce que confirmera le résultat des élections européennes.

ET MAINTENANT, EN 1978 ?

Dix ans après mai 1968, pour avoir subi le régime nécessaire à l'évacuation des relents de la secousse et au retour à de nouveaux équilibres économiques, politiques et sociaux, la France est envahie par la léthargie d'une longue sieste. La bourgeoisie s'est fracturée en un clan transnational coordonné par l'U.D.F. et un parti national, le R.P.R., qui n'a plus d'avenir. À gauche, le divorce entre les tenants des deux modes de production socialistes, étatique et autogestionnaire, est consommé : le P.C.F. a repris sa place dans le camp mondial des stasicrates, flanqué de la C.G.T., expression de la classe populaire tandis que la classe compétente, guérie de sa fièvre révolutionnaire, laisse à la C.F.D.T., expression de la classe exécutante, le soin d'affaiblir le capitalisme. Deux nuages risquent de crever sur cette somnolence.

Primo, au P.S., persiste la coexistence entre des sociaux-démocrates, appuyés par les réalisateurs du système de marché, et des compétents, dirigeant en toute autonomie le système planificateur, malgré l'antagonisme des deux systèmes. Cette guerre larvée, qui à long terme devrait tourner à l'avantage des compétents de la gestion, ronge la puissance du parti socialiste qui doit constamment préserver son unité très fragile.

Secundo quel dessert sont en train de mitonner les écologistes? D'un style neuf, un peu inquiétant, d'où viennent-ils ? Ils surgissent, nous le savons du volcan de la classe compétente, le P.S.U. d'antan, qui les a crachés à partir de 1972. Ayant acquis leur personnalité propre en 1974, ils se ramifient depuis lors, encerclant les autres mouvements et les accaparant, jusqu'au P.S.U. Nous les rattachons au secteur de la recherche où il s'agit essentiellement de découvrir et de promouvoir du nouveau. Moteurs de la classe compétente, lorsque celle-ci a tendance à ralentir sa poussée sociale, ils apparaissent en pointe. Où vont-ils ?

VII - LE REGARD DE 1990

La décennie 80 s'est déroulée dans le cadre d'une lutte à trois protagonistes. En 1978, la bourgeoisie transnationale contrôlait le gouvernement, les stasicrates français paraissaient avoir digéré leur trahison de la poussée sociale et avoir rétabli la puissance de leur organisation, la classe compétente restait à l'affût au sein du P.S. Les suites les plus visibles de mai 1968 résidaient, à cette époque, dans la fin de l'agitation des groupuscules et des espérances révolutionnaires du P.S.U. Le regard de 1978 se terminait sur le devenir politique de la classe compétente sans le moindre écho sur celui du P.C. et de la stasicratie. Nul n'est prophète en son pays.

Or, sans grand signe avant-coureur, cette décennie 80 se clôt par un événement considérable : le sabordage de la stasicratie soviétique. Autrement dit, des trois modes de production, bourgeois, compétent et partisaire, qui s'étaient affrontés politiquement en mai 1968, le troisième disparaît miné sans doute par sa rigidité et son incapacité à s'adapter aux nouvelles forces productives. La lutte à trois adversaires sera désormais remplacée par une lutte à deux ; toutes les perspectives s'en trouvent simplifiées.

Devant une telle rupture, il n'est plus besoin de porter un regard très détaillé sur une décennie où le flux de la vie politique a repris l'allure moins tumultueuse d'une rivière rentrant dans son lit. Je réduirai donc mon regard de 1990 aux quatre points essentiels qui synthétisent au mieux la situation vingt ans après mai 1968 et qui préparent l'exposé des décennies suivantes

LES FORCES PRODUCTIVES

Le premier point met l'accent sur la restructuration industrielle qui suit le chemin sur lequel elle est engagée depuis la fin de la seconde guerre mondiale : remplacement de la main d'œuvre par des machines et déplacement des problèmes de la production proprement dite vers ceux de l'écoulement et de l'échange des marchandises. « *En résumé, avec une automation envahissant peu à peu tous les secteurs d'activités, l'organisation est devenue l'outil principal de l'expansion économique. Cette longue évolution a déclenché l'ébranlement de mai 1968 qui, dans les pays capitalistes, a précipité le déclin des empires coloniaux et le renversement des régimes autocratiques et qui, dans les pays du socialisme étatique, s'est prolongé par l'espoir populaire d'un socialisme à visage humain en rejet de la dictature du prolétariat* [168]. »

Les industries traditionnelles impossibles à rénover sont fermées comme l'ont été les houillères, ou démantelées comme le textile, ou chamboulées comme la sidérurgie. En revanche, les industries plus récentes, pétrole, nucléaire, informatique télécommunications... poursuivent leur essor. L'évolution des forces productives ne subit donc aucune inflexion : le nouveau non seulement apporte une extension des secteurs modernes, mais imprime sa griffe aux secteurs anciens allant même jusqu'à leur destruction avec la disparition de nombreux emplois. Le chômage s'installe durablement malgré la promesse de tous les gouvernements de le résorber.

LE DÉCLIN DU P.C.F.

Comme on l'a souligné dans le chapitre précédent, le premier signe de fêlure dans le système stasicratique français date de 1976, lorsque, à son XXIIe congrès, en accord avec la rédaction de la future constitution de l'U.R.S.S. préparée par Brejnev, le parti communiste français abandonne la notion de « dictature du prolétariat » malgré l'opposition de ce pauvre Althusser. En soulignant l'inutilité de la période transitoire pour parvenir au paradis prolétarien, le P.C.F. confond en quelque sorte stasicratie et communisme. Plus de projet doctrinaire,

---

168. André Fontaine, *op. cit.*, p. 239

mais une admiration constante pour les réalisations de la société soviétique. Comment y croire ? Les prolétaires français ne sont pas aussi naïfs.

En fait, ce n'était qu'une remise à jour. La doctrine était en capilotade depuis qu'en mai 1968 s'étaient confirmés l'opportunisme et l'hypocrisie d'un parti communiste plus attaché à défendre son pré carré qu'à conduire le prolétariat vers son apothéose. Pire, une fois l'enthousiasme retombé, la doctrine, même conservée dans sa pureté marxiste-léniniste par les groupuscules, perdait toute audience et, même légèrement amendée dans sa forme autogestionnaire, s'évanouissait avec un P.S.U. dont les militants se retiraient au sein du P.S. ou dans la nébuleuse écologiste.

Privés de doctrine, les communistes français rament à contre-courant ; la discipline des rameurs les maintient sur place pendant quelques années mais peu à peu ils sont emportés par les flots car ils subissent de plein fouet les conséquences de l'automatisation de la production, qui modifie la composition de la classe ouvrière et diminue l'importance des ouvriers qualifiés, réservoir privilégié du recrutement et du soutien au Parti. Le P.C.F., après avoir passé avec succès l'épreuve de la rupture du Programme commun, n'ose, en 1981, renouveler son refus de gouverner avec les socialistes. Les quelques bribes de socialisme étatique qui lui sont accordées ne compensent pas la perte de son audience auprès de tous les mécontents, puisqu'il participe désormais à la création des mécontentements. L'expérience gouvernementale sera une catastrophe. Le P.C.F. pouvait-il l'éviter ? Face aux évolutions technologiques, il n'a rien à proposer, même pas une doctrine désuète.

Le même phénomène se reproduit dans la stasicratie soviétique. Englué dans la primauté à l'industrie lourde, tout en développant certains secteurs de pointe comme le nucléaire et le spatial, le Parti ne peut éviter le changement des mentalités devant l'évolution des sociétés occidentales et le malaise de la société soviétique que traduit l'apparition des dissidents. Au bout du compte, l'U.R.S.S. se disloque d'elle-même et le mur de

Berlin est abattu. Les communistes français n'en croient pas leurs yeux et se veulent plus staliniens que les camarades soviétiques eux-mêmes ; mais ils se rendent vite aux évidences car le peuple français ne leur apporte plus que des suffrages de moins en moins nombreux.

MAIS QU'EST DONC LE P.S.?

Compte tenu du parcours qui a été le sien depuis sa refondation en 1969, il est légitime de s'interroger à nouveau sur la nature du parti socialiste. En reprenant le titre d'un paragraphe du chapitre précédent, on met l'accent sur la cécité toujours renouvelée du monde politique, quand il accepte de continuer à qualifier le P.S. de parti de gauche alors même qu'il a connu pendant la période de l'après mai 1968 des mutations profondes, d'abord par l'arrivée des conventionnels et l'installation de Mitterrand au secrétariat général, puis l'entrée du courant des Assises porteur d'une vision sociale d'une toute autre portée. Compte tenu de ce parcours, il est légitime de s'interroger à nouveau sur la nature du P.S.

À l'inverse du P.C. qui a vu, de 1978 à 1990, s'effondrer ses certitudes et son audience au point d'être en voie d'extinction, le parti socialiste, malgré ses remous internes, a préservé son unité et son emprise grâce aux habiletés manœuvrières de son secrétaire général qui en a fait un parti de gouvernement. Les espoirs de places ministérielles atténuent le déballage des divergences politiques et évitent les scissions.

Pendant ces années, le P.S. a conservé sa nature profonde : des sociaux-démocrates influencés par un certain compétentisme (les conventionnels) sont en charnière entre les vieux sociaux-démocrates et les compétents convertis au réformisme. Ce tiraillement ne va pas jusqu'à la rupture, car le socialisme démocratique qui puise la force de son idéologie dans le vivier des ouvriers réalisateurs n'a pas perdu toute sève nourricière à partir des petites entreprises du système de marché et s'accommode sans difficulté d'une cohabitation avec les compétents réformistes, qui lui apportent une certaine connivence avec le système planificateur où ces derniers jouent un rôle de premier plan.

Le premier septennat de Mitterrand a commencé par un coup de barre vers le socialisme démocratique classique : nationalisations, et même entrée de ministres communistes au gouvernement. Ce fut un échec et le remplacement de Mauroy par Fabius marque le retour à une ligne plus souple, proche des conventionnels. Ces louvoiements n'empêchent pas la défaite aux législatives de 1986. « *Heureusement, le RPR l'emporte sur l'UDF ; entre gens du même bord, c'est à dire du système de marché, on peut cohabiter. Et Mitterrand laisse Chirac assumer la responsabilité de la relance économique et s'enfoncer dans son image conservatrice* [169]. » En 1988, le champion de la « force tranquille » l'emporte et le Président change son fusil d'épaule : il commence son deuxième septennat par un gouvernement Rocard.

Toute la période peut s'interpréter comme un jeu de balancier entre des orientations favorables au « système de marché » (premier septennat) ou au « système planificateur » (début du deuxième septennat), ce qui traduit une sorte d'équilibre entre les deux systèmes dont le deuxième prend peu à peu le pas sur le premier par le rôle accru de la gestion au sein de la production et des échanges. Personne ne saisit sur quel sentier politique on chemine. C'est la grande incertitude et le remue-ménage du congrès de Rennes du P.S., où sept motions s'affrontent, n'apporte aucune clarification. Sans le clair soutien de son parti, Mitterrand se recentre sur ses plus chers partisans et fait appel à Edith Cresson, tandis que Mauroy reste à la tête du parti. Les éléphants continuent à se quereller dans une jungle toujours aussi inextricable. Cela convient à tous : le parti socialiste peut continuer à se déclarer parti de gauche sans avoir à se justifier pour son libéralisme.

---

169. André Fontaine, *op. cit.,* p. 260.

ÉCOLOGIE QUAND TU NOUS TIENS

Dans le grand magasin politique français, les mouvements écologiques sont, sans nul doute, les seuls qui subsistent en 1978 sur les rayons révolutionnaires si bien achalandés en mai 1968. Ils ne nient pas leur filiation : « *Il ne faut pas l'oublier, nous l'avons dit clairement en 1974, les Amis de la Terre le répètent en 1977, que la stratégie écologique est anticapitaliste, qu'elle est une recherche autogestionnaire* [170]. »

La composition sociologique de l'électorat qui se reconnaît dans l'écologie ne dément en rien cette appartenance à la sphère compétente. « *Dès les années 1970, l'électorat écologiste se caractérise prioritairement par sa jeunesse, son très haut niveau d'instruction, son appartenance aux couches moyennes (et notamment aux fractions du secteur non productif ; art, enseignement, santé, travail social, étudiant, ..) et ses revenus, également moyens, voire aisés* [171]. » Indépendamment de la référence ridicule à des « couches moyennes », qui n'apporte rien, les caractères mentionnés sont sans ambiguïté.

Ainsi vont les écologistes, tous de la classe compétente mais encore divisés en divers mouvements, organisations ou partis, écartelés entre deux options : être un groupe de pression ou une organisation politique. Comprenant que les élections restaient un bon moyen de pression, ils ont réglé le problème en se réunissant en 1984 dans un mouvement qu'ils ont nommé « Les Verts, Confédération écologiste-Parti écologiste. »

Le tour étant joué, les interrogations sur la définition d'une ligne sociale mises en arrière-plan, ils se considèrent comme les représentants de la société civile dans son ensemble,

---

170. René Dumont cité par Claude-Marie Vadrot, *Écologie, histoire d'une subversion*, Syros, 1978, p. 113.
171. Guillaume Sainteny, *Les Verts*, Que sais-je ?, 1991, p. 82.

car la défense de la nature concerne tous les hommes, ce qui autorise une méfiance vis à vis du politique traditionnel. « *Les écologistes reprennent les grands idéaux autogestionnaires en matière de modèle de société et il faut porter à leur crédit qu'ils les appliquent dans leur mouvement. Au cours de leurs débats revient sans cesse la crainte de voir les dirigeants se substituer à leurs mandants, comme il arrive dans les partis où se pratique la délégation de pouvoir. Ils veillent jalousement à la démocratie directe et à la rotation des cadres* [172]. » Par ce mode de fonctionnement, les Verts confortent le peuple dans sa suspicion naturelle à l'égard du politique et peuvent se gausser des grandes organisations partisanes. En réciproque, ces dernières versent des larmes de crocodiles sur les difficultés qu'ont les Verts à dégager une ligne sans zigzag et naturellement la presse, acquise à toutes les idées reçues, amplifie le message, tant elle est incapable d'admettre que des débats contradictoires pour dégager une majorité sur chaque problème sont l'essence même d'une véritable démocratie.

Les écologistes n'en désertent pas pour autant les estrades électorales. Après Dumont en 1974, Brice Lalonde, désigné lors d'une primaire comme candidat de l'écologie aux présidentielles de 1981, obtient le score honorable de 3,88% et ne se prononce pas pour le deuxième tour, fidèle à une position stratégique constante. « *En effet, les écologistes ont depuis toujours choisi la première stratégie : l'isolement, l'affirmation répétée et continuelle d'une différence structurelle fondamentale avec les autres forces politiques, insistant sur l'opposition "eux/nous" d'où découle le refus de toute stratégie d'alliance avec elles, présentée comme un compromis impossible et immoral* [173]. » En 1986, cette ligne est clairement affirmée par les Verts dont Antoine Waechter devient la figure de proue avec le slogan « ni gauche, ni droite » résumé en « ni, ni ». Ce retrait sur les

---

172. André Fontaine, *op. cit.*, p. 269.
173. Guillaume Sainteny, op. cit., p 34.

hauteurs n'est pas un repli sur la stricte défense de la nature, il ouvre sur une nouvelle vision du monde :

« *Elle appelle à l'économie des ressources et de la Nature, alors que la classe politico-financière se rassemble dans l'incantation à la croissance-panacée. Elle invite à rompre avec des réflexes de millénaires de passivité alors que les gouvernements conjuguent l'art de gouverner au rythme de leurs soumissions aux réalités* [174]. »

Qu'avec beaucoup de style et de doigté, ces choses-là sont dites, car la dénonciation de la croissance risque d'avoir un impact négatif sur tous les électeurs qui n'en sont pas les nantis. Cette contradiction entre un désir d'apolitisme et une pratique de sollicitation des suffrages est insoluble. Elle transparaît dans les résultats électoraux des Verts, extrêmement réduits aux élections législatives (en raison aussi du système électoral) et stables aux présidentielles de 1988 où Waechter est crédité de 3,78%. En revanche, il est symptomatique que les scores aux élections européennes ont été bien plus favorables (4,39% en 1979, 3,40% en 1984 et 10,60% en 1989), ce qui conforte l'engagement des écologistes en faveur de la construction européenne, même s'il n'est pas partagé par tous les militants.

BILAN

Mon *Regard de mai 1968* était celui d'un participant, à la fois étonné et ravi de l'effondrement d'un monde englué dans des certitudes désuètes.

Celui de 1978, très détaillé, réussissait à intégrer la grande diversité politique, à gauche comme à droite, dans la lutte des classes qui se sont révélées par la brutalité de leur confrontation lors du mois de mai 1968. Ces dix premières années se sont terminées par une nouvelle attitude de la classe compétente : sûre d'être portée par les nouvelles forces productives, elle se

---

174. Antoine Waechter, *Dessine-moi une planète, l'écologie maintenant ou jamais,* Albin Michel, 1990, p. 13.

contente d'une position réformiste tout en laissant sa frange écologique saper le productivisme bourgeois.

Celui de 1990, plus sommaire, se contente de l'analyse précédente du comportement de la classe compétente, qui s'est confirmé pendant une nouvelle décennie et surtout prend acte de l'effondrement de la stasicratie soviétique.

« *L'histoire s'est chargée de dissiper les nuées derrière lesquelles les membres de la Confrérie avaient établi leur dictature. Il n'en sera pas forcément de même pour les porteurs de la compétence qui ces dernières années ont effacé les traces de leur présence dans le corps social. Abandonnant sans remords les mots d'ordre de socialisme et d'autogestion portés en avant lors de leur tentative révolutionnaire de mai 1968, ils en sont venus à un pragmatisme plus sûr pour progresser cachés derrière les haies de l'écologie et de l'apolitisme* [175]. »

Effectivement, « il n'en sera pas forcément de même » puisque la classe compétente continuera et continue à cacher sa nature et ses ambitions au sein d'un P.S. dont personne n'ose douter qu'il œuvre à la défense des exploités.

---

175. André Fontaine, *op. cit.*, p. 240.

VIII - LE REGARD D'AUJOURD'HUI

> « *Ce qui caractérise le monde contemporain, ce sont bien sûr les crises, les contradictions, les oppositions, les fractures, etc., mais ce qui me frappe surtout, c'est précisément l'insignifiance. Prenons la querelle entre la droite et la gauche. Actuellement, elle a perdu son sens. Non pas parce qu'il n'y a pas de quoi nourrir une querelle politique et même une très grande querelle politique, mais parce que les uns et les autres disent la même chose.* »
> CORNELIUS CASTORIADIS, *Post-scriptum sur l'insignifiance.*

Plus les événements de mai 1968 s'éloignent dans le temps et plus le mode de production compétent s'affirme, reléguant les autres au deuxième plan. Cependant, comme il n'est toujours pas analysé en tant que tel, il en résulte une situation idéologique et politique confuse où chacun cherche ses repères.

Au début des années 1990, les lambeaux de la doctrine se sont envolés à tous les vents : aucun socialisme n'a plus la moindre audience, l'autogestionnaire a disparu dès 1980 et l'étatique s'effondre. Les incantations anticapitalistes d'Arlette Laguiller attirent encore quelques mécontents mais ne semblent pas devoir régénérer une pensée socialiste ; quant aux maoïstes, ils assistent au tournant chinois vers une sorte de capitalisme sous dictature du Parti qui n'hésite pas à perpétrer les massacres de la place Tien An Men.

La socialisation des moyens de production est devenue, pour ainsi dire, une vieille lune ; la politique de nationalisations de Mitterrand à son arrivée au pouvoir a rapidement été abandonnée. L'équilibre de la société française, où pendant les « trente glorieuses » ont coexisté des sociétés privées et des secteurs monopolistiques aux mains de l'État, est depuis mai 68 en train de se rompre. À la Libération, les communistes et les socialistes avaient obtenu du gouvernement de Gaulle des réformes sociales importantes qui ont sans doute participé à la relance du développement économique du pays. Ces réussites sont maintenant passées sous silence et, qui plus est, accusées d'être responsables des déconfitures économistes actuelles.

Les différents regards ci-dessus ont montré que la lutte politique à trois protagonistes de mai 68 s'est poursuivie pendant deux décennies, à la fin desquelles un des concurrents a rendu l'âme. Le duel des deux autres persistent mais dans des conditions qu'il convient de préciser. Par quels tours de passe-passe est-on passé de révolutionnaires chantant l'Internationale (« Du passé, faisons table rase ») ou proclamant « l'imagination au pouvoir » à l'insignifiante situation de 1990 ? Quelles sont les vagues de fond derrière lesquels chacun a poussé ses avantages ? Ils nous apparaissent plus nettement aujourd'hui et ce sera l'objet d'un premier chapitre. Le deuxième sera consacré aux démêlés politiciens et aux nouvelles forces productives qui ont mené à l'équilibre actuel dans lequel la bourgeoisie nationale a perdu son audience et la production matérielle son impact social.

LA SITUATION EN 1990

Comment se fait-il que la formidable poussée sociale de Mai 68 n'ait pas eu plus de conséquences sur le fonctionnement des institutions ? Deux facteurs principaux ont joué : la faiblesse idéologique des révolutionnaires et surtout le fait que les différents gouvernements ont eux même travaillé à détruire l'État national qui s'était incarné dans la Ve République, et dont le Président était désigné par les étudiants comme le responsable du maintien d'une société hiérarchisée dépassée, « *la chienlit, c'est lui* ». Ce chapitre, consacré à un retour en arrière sur deux décennies, soulignera certaines questions un peu négligées dans les exposés précédents : plus particulièrement l'utilisation de l'élan destructeur de mai 1968 par les pouvoirs successifs pour saper dans ses fondements l'humanisme transmis jusque là par l'école bourgeoise et pour le remplacer par un utilitarisme économiste soutenu par les institutions européennes et internationales.

FAIBLESSE IDÉOLOGIQUE DES SOIXANTE-HUITARDS

Elle transparaît ci-dessus dans les descriptions des luttes et dans les propositions du socialisme autogestionnaire. Répétons-la en quelques phrases. Avec l'automatisation des machines et la complexité de la gestion, les propriétaires des entreprises devenaient de plus en plus une classe sans pouvoir réel. L'idée que tous les participants au processus de production devaient devenir les vrais décideurs, s'est exprimée à travers l'aspiration à l'autogestion. Mais, comment l'organiser ? Comment se débarrasser de la tutelle des propriétaires des moyens de production ?

Fut alors avancée la seule solution bien connue : créer une société sans classe bourgeoise. On est retombé dans la doctrine, dans la soupe stasicratique léniniste ou maoïste ; même le *Manifeste du P.S.U.* ne peut y échapper. Il est certain, comme l'avait toujours remarqué Marx, que le problème de la propriété est crucial dans la marche vers le communisme ; en mai 1968, malgré tous les slogans libertaires, beaucoup ne virent pas d'autres perspectives que d'interdire la propriété privée des moyens de production pour la transmettre à l'État ou d'autres collectivités, tout en jetant l'anathème sur le P.C. et sur les staliniens. La contradiction était évidente et difficile à résoudre. Les anarchistes, eux, réglaient le problème en prônant une société sans État. N'était-ce pas utopique?

Qu'était donc l'autogestion ? Pour les syndicalistes, elle commençait par l'entreprise qui devenait propriété collective des travailleurs. Mais, qui réglait les rapports dans cet ensemble d'entreprises ? On a vu dans *Le regard de 1978* que ce fut l'objet de débats homériques au sein du P.S.U. d'où ne sortit rien de bien clair et ce, à un moment où la question ne se posait plus dans les mêmes termes que quelques années auparavant.

Si, en mai 1968, la production était encore au cœur des problèmes dans les entreprises, elle perdait petit à petit sa prééminence au profit des services de gestion qui mettaient sous leur tutelle tous les secteurs : production elle-même, écoulement des produits finis, recherche et commercialisation. Cette évolution est soulignée par les luttes internes au P.S.U. où les compétents de la production sont marginalisés très rapidement. L'extension des services gonfle le secteur tertiaire qui, dès 1975, occupe la première place. Le pouvoir des propriétaires se réduit de plus en plus au profit d'une classe compétente qui multiplie les organismes comme Jésus les pains.

Dès lors, pourquoi supprimer une classe bourgeoise dont le rôle est de plus en plus marginal ? Inutile de parler de socialisme pur et dur ou d'autogestion : une politique réformiste et une alliance avec ceux qui parlent de socialisme démocratique sont devenues suffisantes pour accompagner le mouvement des forces productives. Finie la révolution : seuls l'écologie et l'apolitisme restent à l'ordre du jour de la classe compétente. Ce n'est pas un repli mais une adaptation stratégique, car les évolutions technologiques et politiques poussent d'elles-mêmes à la réalisation de l'objectif : dominer la société en confisquant la loi de son mode d'action.

LE DÉBUT DE LA FIN DE L'ÉTAT NATIONAL

Le changement de constitution, en 1958, à la suite des événements d'Alger, traduisait la nécessité d'instaurer un régime présidentiel, un peu plus despotique, pour faire avaler la pilule de la fin de l'empire colonial à la bourgeoisie nationale. Cette adaptation ayant sauvé les apparences politiques d'un État revigoré, on pouvait croire la situation stabilisée. À propos de cette nouvelle constitution, on pourrait aussi reprendre le l'interprétation de Serge Mallet, déjà cité : « *la France, sous le sceptre gaulliste, entre politiquement et institutionnellement, dans la phase du "capitalisme d'organisation"* pour reprendre l'expression d'Herbert Marcuse. »

Ces deux interprétations de la naissance de la Ve République ne sont que deux formes de description d'un même phénomène : la France était soumise à la pression de l'impérialisme états-unien qui, en poussant au démantèlement des empires coloniaux, étendait son « système planificateur » aux mains des multinationales. D'un côté la bourgeoisie française hésitait à perdre son pré carré, d'un autre la classe compétente y trouvait son compte. L'alternative ne dura pas longtemps ; si le général de Gaulle ne cachait pas ses intentions de contenir la poussée états-unienne, ses successeurs ne tarderont pas à rentrer dans les rangs de l'atlantisme.

En mai 1968, l'assaut contre la bourgeoisie nationale montait du plus profond du pays et s'en prenait au cœur de sa domination : son centralisme. Elle ne s'en relèvera pas, d'autant qu'un président de la République, militaire d'origine, était une cible facile. Le détonateur ayant éclaté dans l'université, beaucoup se rassurent : ce n'est qu'une poussée d'adolescents qui, comme tous les jeunes, critiquent le monde antérieur et demandent leur place dans une société qui demain sera la leur. Mais la critique était si profonde qu'elle s'est propagée au sein des entreprises ; Pompidou ne s'y est pas trompé en mettant tous ses espoirs dans les accords de Grenelle. Concession qui s'avéra impuissante à colmater la brèche : le système était en proie au doute sur sa légitimité. Il fallut toutes les manœuvres gaulliennes pour rassembler dans un sursaut les forces conservatrices, unies derrière des institutions dont l'effondrement risquaient de compromettre leurs privilèges.

Les institutions sauvées vont être utilisées par la classe compétente et ses alliés transnationaux pour détruire les assises de la bourgeoisie tant décriées sur les murs qui avaient eu la parole. De même que la proclamation de la Ve République avait aidé à franchir le cap de la décolonisation, de même sa constitution et les systèmes électoraux, imaginés pour dévoyer l'expression de la volonté nationale, seront à la disposition des gouvernants pour faire avaler les revendications de Mai 68 à une classe bourgeoise, cocue et contente.

À peine requinqué par les élections de la peur et par les concessions des patrons aux ouvriers et à leurs organisations syndicales, le gouvernement doit éteindre le feu dans les universités. Edgar Faure, dont la finesse et la démagogie n'étaient pas à négliger, est nommé ministre de l'Éducation nationale. C'est un homme très ouvert qui est prêt à prendre en considération la contestation étudiante. Il faut aller vite, de peur qu'elle ne renaisse. Comment répondre aux invocations comme « *soyez réaliste demandez l'impossible (Censier)*[176] » ? D'autres, tout aussi subversives, sont plus faciles à prendre à la lettre : peut interpréte « *L'ortografe est une mandarine (Sorbonne)* . » Le ministre n'hésite pas ; comme il ne s'agit que des universités, on donne satisfaction aux étudiants par la loi d'orientation de l'enseignement supérieur. Elle en surprend plus d'un dans la classe politique, mais elle est cependant votée, en novembre 1968, par toute la Chambre à l'exception des communistes qui s'abstiennent.

Elle prévoit la participation de l'ensemble des personnels (étudiants, professeurs et personnels de service) à la gestion des établissements et la refonte de l'enseignement dans le sens d'une plus grande interdisciplinarité. Une seule mesure soulève quelques réticences : le report de la langue latine de la sixième à la quatrième, mesure un peu symbolique mais qui en dit long sur la volonté de supprimer toutes références aux humanités, c'est à dire de fait à l'humanisme. En même temps, on décrète la construction d'un centre universitaire expérimental sur un terrain militaire en bordure du bois de Vincennes.

Ce centre allait rapidement devenir la faculté de Vincennes, dotée d'un statut dérogatoire qui lui permettait d'autogérer son découpage des disciplines. Haut lieu de l'application de la rage contestataire de Mai 68, on y voit entre autres, des étudiants et des professeurs se tutoyer et des cours ex-cathedra remplacés par des discussions, comme pour

---

176. Julien Besançon, *Les murs ont la parole*, citations recueillies par l'auteur, Tchou, 1968, p. 88 et 167.

éliminer le moindre sentiment de supériorité. On ouvre les cours à des non bacheliers issus du monde ouvrier et des postes de professeurs à des gens du privé. Moins symbolique : les examens sont remplacés par un contrôle continu et sont divisés en un certains nombre d'unités de valeur, dont quelques-unes, au nom de l'interdisciplinarité, peuvent être acquises dans d'autres disciplines ; on prétend aussi moderniser en faisant place à des matières plus en accord avec la réalité actuelle. Rémi Faucherre souligne que la loi d'orientation et la mise en place de Vincennes ont été préparées par un groupe où « *la plupart des enseignants avaient une excellente connaissance du système universitaire américain et même, pour le plus grand nombre, avaient séjourné voire enseigné aux États-Unis. Le système américain servira de modèle pour Vincennes* [177]. »

Pauvres gauchistes. Après avoir manifesté contre la guerre du Vietnam, ou occupé la Sorbonne, des enseignants bien intentionnés à leur égard prenaient exemple sur les États-Unis. Ils ne sont pas tout à fait dupes car dès le 5 novembre 1968 sont publiées dans le journal *Action* les 21 conditions des étudiants :

« *1) Il n'y a que deux forces en présence le gouvernement d'une part qui veut sauver l'ordre bourgeois, le mouvement des étudiants et des travailleurs d'autre part...*

2) L'action du mouvement n'est payante que si elle ne se laisse pas intégrer dans le cadre des institutions universitaires, l'exemple des syndicats ouvriers s'absorbant dans la gestion des cantines, "bibliothèque et colonie de vacances" *est le modèle de ce qu'il ne faut pas faire ; etc.* »

Dans les premières années, s'affronteront, parfois violemment, ceux qui acceptent de participer et ceux qui refusent. Mais au cours du temps, les seconds se feront rares. Contrairement à ce qu'ont cru les opposants, il ne leur était nullement proposé de sauver « l'ordre bourgeois » mais d'entrer

---

177. Rémi Faucherre, *Atypie-utopie : Vincennes, naissance d'une université (mai 1968 - janvier 1969)*, maîtrise d'histoire, Paris.

dans le processus de sa destruction progressive pour laisser la place à un ordre compétent américanisé. Ce contresens, qui ne fut pas seulement le leur, a pesé sur toutes ces années et se prolonge aujourd'hui.

L'enseignement supérieur n'est pas seul touché ; qui ne se souvient de la suppression des notes ou du remplacement des notes chiffrées par des lettres (cinq, pas celles auxquelles on pourrait penser, mais A, B, C, D, E). Il va en être ainsi pendant des décennies ; chaque ministre proposant sa réforme, l'Éducation nationale erre sans Lumière car la nation française a perdu son phare : l'humanisme. Certes, ce dernier lui a été légué par des siècles bourgeois, mais fallait-il le remplacer par l'utilitarisme anglo-saxon sans autre forme de procès ? C'est ce qui sera fait : dès l'école primaire et tout au long des études, les matières générales sont diminuées ; au collège, au lycée, on voit apparaître l'apprentissage de techniques, comme la gestion, l'informatique, etc., avec l'approbation des parents d'élèves qui, en cette période de chômage, ne voient plus qu'un objectif à l'enseignement : apprendre un métier rémunérateur à leurs enfants. Ceci reçoit un accueil chaleureux des chefs d'entreprise qui économisent ainsi les mois de productivité réduite des nouveaux employés.

Ce même laxisme dans les apparences égalitaires se propage dans les entreprises et les administrations ; les rapports entre les individus ont perdu toute raideur hiérarchique. Dans des services, on s'appelle par son prénom comme pour faire croire à une grande famille, où tous les employés, même les plus hauts placés, seraient des frères, mais pas jusqu'à la fiche de paie. On s'éloigne du temps où la C.F.D.T. parlait de limiter de 1 à 6 l'écart des salaires.

Ce grand chambardement, ce dérapage non contrôlé vers une société à l'américaine n'ont pas échappé à certains historiens : « *En d'autres termes, ce n'est plus l'homme, le salarié, mais l'entreprise qui devient l'objet prioritaire de la politique économique. En dépit de discours lénifiants, ces conceptions sont partagées par la droite (ce qui est conforme à ses traditions) et par la gauche (ce qui représente une conversion radicale au libéralisme)* [178]. » ; ni à un sociologue : « *Ce qui était patrimoine commun de tout homme cultivé devient érudition de spécialistes. Les humanités s'évanouissent et avec elles l'humanisme qui les inspirait* [179]. » ; ni à quelques philosophes : « *Telle est notre situation : sur les plans politique, éthique, esthétique, scientifique, religieux même, nous avons perdu toute possibilité de nous référer sans autre forme de procès à des évidences... Le ciel des idées est vide* [180]. »

Que toute cette lucidité sur la disparition du bon sens et de l'humanisme, n'aboutisse pas à la question « pourquoi cette dégénérescence ? » est la marque d'une classe dominante qui préfère en rester aux analyses idéalistes plutôt que d'encourager la caractérisation sociale de sa propre nature. Cette fin du XXe siècle est presque un cas d'école pour l'exposé du matérialisme historique : les forces productives d'après la seconde guerre mondiale ont engendré de nouvelles idées, celles de la classe compétente ; leur mûrissement a provoqué l'explosion de mai 1968, qui est la révélatrice du nouveau mode production en train de supplanter le capitalisme ; les idées nouvelles à leur tour favorisent le développement des forces productives dans le même sens. En 1990, il semble que les dominants privilégiés ne soient pas encore suffisamment assurés de la neutralité des dominés : il faut éviter de les réveiller, d'où cet immense voile jeté sur toute réflexion générale et ce rejet de Mai 68 vers le simple objectif d'une libération des mœurs, maintenant réalisée.

Par ailleurs, déjà en 1957, les traités de Rome avaient mis les doigts de la France dans l'engrenage de la délégation des compétences nationales à la communauté économique

---

178. S. Berstein et P. Milza, *Histoire de la France au XXe siècle de 1974 à nos jours*, Éditions Complexe 1994 et 2006, p. 124.
179. Henri Mendras, *La Seconde Révolution Française 1965-1984*, Folio Essais, Gallimard, 1994, cité in ibid., p. 302.
180. Luc Ferry, *La morale du XXIe siècle : un humanisme négatif*, in *Le Monde*, 21 novembre 1987, cité in S. Berstein et P. Milza, *op. cit.*, p. 285.

européenne et à sa célèbre commission, exécutif indépendant des gouvernements nationaux, qui a un droit d'initiative exclusif. Fondé sur le principe de la libre concurrence, le traité prévoit l'instauration de politiques communes non seulement dans le domaine du commerce et de la concurrence, mais dans ceux du transport et de l'agriculture également. Dorénavant, il suffira de traités d'aménagement sur des compétences nouvelles pour démanteler les États nationaux. On assiste d'abord à un élargissement vers d'autres États membres : 6 en 1957, ils sont 9 en 1973, 10 en 1981 et enfin 12 en 1986. L'entrée du Royaume-Uni avait été en 1972, soumise à référendum par Pompidou. Cette consultation n'avait pas soulevé les foules : le oui l'emportait sur le non, mais les abstentionnistes étaient majoritaires. Les questions européennes ne sortent guère de la sphère de politiques qui lentement vont de l'avant en catimini.

En 1986, lors de la première cohabitation, la signature de l'acte unique, préparé par Jacques Delors accentue l'emprise de la C.E.E. et préconise la création de l'Union Européenne pour 1992. Et Chirac ne se désolidarise pas des entreprises européennes de Mitterrand ; la dégringolade de la bourgeoisie nationale se poursuit.

LA FIN POLITIQUE DE LA BOURGEOISIE NATIONALE

Comme on vient de l'écrire, la période de 1990 à nos jours s'ouvre dans un contexte de dégradation de la puissance bourgeoise tant sur le plan économique que sur celui de l'idéologie et du contrôle de l'État. Le processus politique obéira au même yoyo que celui de la période précédente : passage d'une majorité bourgeoise à une majorité social-démocrate compétentisée et réciproquement, l'une et l'autre accentuant la destruction de l'État national. Dans l'exposé de ce va-et-vient, on fera quelques détours vers des signes peu remarqués en contradiction avec ce processus général.

L'élargissement des institutions européennes et les consultations populaires qu'il entraîne provoqueront des remous dans la plupart des partis français, sans que le R.P.R., l'U.D.F. et le P.S. n'infléchissent pour autant leur ligne.

LA DESCENTE DES MARCHES (1990-2002)

Les années 1990 commencent par les hésitations de Mitterrand provoquées par la dispersion du parti socialiste lors du congrès de Rennes. Le chef de l'État n'est pas seul à hésiter et, pendant deux décennies, la France va bégayer dans des débats politiques sans grande signification puisque beaucoup de décisions ne sont que l'application de directives élaborées dans des structures occultes pour le peuple français.

Ce sont, au début de cette période, deux questions internationales qui animèrent les débats, d'une part la réunification allemande, d'autre part la mise au point du traité prévu par l'Acte unique ; la France traînant des pieds sur la première, et l'Allemagne sur la seconde, firent un compromis, chaque pays aidant l'autre à parvenir à ses fins. Le traité de Maastricht est signé en février 1992, traité constitutif de l'union européenne ; il se situe dans une vision d'une Europe mieux coordonnée dans tous les domaines, en particulier par un large abandon de compétences variées des États nationaux et par la création, avant le 1er janvier 1999, de l'euro, monnaie commune devant être gérée par une banque centrale européenne. « *François Mitterrand aurait souhaité que le document élaboré à Maastricht comportât un volet social inclus dans le texte même du traité. Mais le gouvernement conservateur britannique s'étant déclaré hostile à une charte sociale dont il répudiait l'inspiration socialiste, on dut se contenter d'introduire cette question en annexe* [181]. »

Sans doute pour embarrasser ses adversaires gaullistes et restaurer ainsi son aura, Mitterrand décida de soumettre à

---

181. S. Berstein et P. Milza, *op. cit.*, p. 390.

référendum la ratification du traité. Cette manœuvre eut l'effet escompté mais faillit tourner à la déconfiture de son initiateur. La France gaullienne emboîte le pas aux opposants les plus fermes, Pasqua et Seguin ; au R.P.R., Chirac reste encalminé dans un « oui » soutenu aussi par l'U.D.F. tandis qu'à gauche les communistes et une frange du P.S. militent pour le « non » et qu'à l'extrême droite Le Pen étale tout son patriotisme. Malgré des sondages qui, avant la campagne électorale, donnait une large majorité au oui, les votants se partagèrent entre un oui à 51% et un non à 49% avec 3,4% de bulletins blanc alors que les abstentionnistes culminaient à 30,3%.

« *Le "oui" ne fut acquis qu'à une petite majorité... : ceux d'une France plus "moderniste", plus diplômée, plus citadine, moins touchée par les restructurations et le chômage que celle qui a répondu par la négative* [182]. » Analyse qui montre que la fin de l'État national est souhaitée par la classe compétente et ses alliés transnationaux. Chez les « non » se rassemblent tous les inquiets : la classe ouvrière, la petite bourgeoisie nationale et les employés du secteur de marché. Le P.S. reste une organisation majoritairement influencée par la classe compétente où subsistent des représentants de l'ancienne social-démocratie. Rien de bien nouveau. Comme Pompidou avec la Grande-Bretagne, Chirac se retrouve dans le camp du oui, preuve s'il en était que les plus hauts dirigeants du R.P.R. n'ont qu'une confiance limitée dans l'avenir d'une bourgeoisie gaulliste.

Le score assez inattendu du non est le symptôme d'une certaine résistance au mode de production montant, qui se manifeste aussi par quelques petits événements politiques. Au P.S., Chevènement tire les conséquences de la « dérive gestionnaire » des socialistes et, quittant l'organisation dont il était l'un des fondateurs et le théoricien averti d'un socialisme marxisant, transforme le Mouvement des Citoyens, fondé en 1992, en parti politique, dont il prend la présidence. Cet appel

---

182. *Ibid.*, p. 391.

aux citoyens et non aux prolétaires traduit son éloignement d'une doctrine morte et le retour à la pensée du siècle des Lumières. Ce compétent de l'idéologie, selon la caractérisation que j'ai donnée du C.E.R.E.S., sort du parti en récusant son trop fort ancrage européen ; devenu vrai social-démocrate à la Jaurès, il en appelle à une synthèse avec la République de 89.

Déjà, quelques années auparavant, des failles étaient apparues chez les exécutants. Des grèves (PTT, infirmières), animées par une coordination où les militants C.F.D.T. sont impliqués, sont très mal appréciées par la confédération. Début novembre 1988, la section du centre de tri de Lille, la majorité des syndicats de la poste d'Ile-de-France et l'union régionale professionnelle dirigée par Annick Coupé, sont mises sous tutelle et les délégués destitués. Ils créent SUD-PTT dans les semaines qui suivent ; le nom, acronyme de Solidaires, Unitaires, Démocratiques, est l'idée d'un militant toulousain. Le premier congrès de SUD-PTT du 19 au 22 septembre 1989 se donne des orientations originales par rapport aux autres syndicats : « *Le syndicat n'a pas le monopole de l'impulsion de l'action ni de sa représentation. Il n'est qu'un des éléments d'un collectif dont les décisions reposent avant tout sur les travailleurs.* » Des syndicats S.U.D. verront peu à peu le jour dans d'autres secteurs, pour s'écarter d'une C.F.D.T. trop prête à s'aligner sur la ligne du parti socialiste en transigeant sur les intérêts immédiats des travailleurs.

Rien ne va plus en Mitterrandie. Les élections législatives de 1993 tournent à une débâcle accentuée par le scrutin à deux tours ; si elle ne touche pas trop le P.S., elle lamine ses alliés communistes et verts. Toujours est-il que la droite l'emporte largement, que le P.S. chute et que le parti communiste plonge à 9,18%, dépassé qu'il est par un front national à 12,42% : les mécontents ont viré de bord. Quant aux écologistes, qui, aux élections européenne et municipale précédentes, avaient enregistré des scores au-dessus de 10% et qui, dans les sondages, planaient vers 15%, ils atterrissent à 7,60%.

Chirac, échaudé par la première cohabitation, délègue un de ses plus fidèles lieutenants, Édouard Balladur, au poste de Premier ministre. Ce dernier, plus consensuel, réunit dans son équipe le camaïeu de la droite à l'exception du F.N. même si le ministre de l'Intérieur, Charles Pasqua, en reprend les thèmes de la sécurité et de l'immigration. Le chef du gouvernement applique prudemment sa politique libérale, en essayant d'entretenir des rapports corrects avec le Président. Au début très apprécié et, même si sa popularité baisse un peu avec les années, Balladur paraît, à l'approche des élections présidentielles, comme le candidat de droite le mieux à même de réunir un maximum de suffrages.

Rien ne va plus en Chiraquie. Heureusement, dans le camp opposé les querelles vont leur train et, malgré le soutien de Mitterrand, Fabius ne réussit pas à s'imposer ; les premiers secrétaires se succèdent : 1992 Fabius, 1993 Rocard, 1994 Emmanuelli, 1995 Jospin qui deviendra le candidat du P.S. aux élections présidentielles après le refus de Jacques Delors d'assumer ce rôle. Devant la candidature Balladur, Chirac ne se démonte pas ; soutenu sur sa gauche par Philippe Seguin qui le pousse vers un gaullisme social et sur sa droite par Alain Madelin, chantre d'un ultralibéralisme, il entre en campagne sur le thème de la « fracture sociale » qu'il s'engage à réduire, alors qu'il accuse son concurrent de l'approfondir. Cette posture démagogique va lui réussir puisqu'au premier tour il obtient 20,84% des voix contre 18,58% à Balladur. On retrouve les mêmes tendances qu'aux législatives : un Le Pen à 15% épaulé par un de Villiers à presque 5%, progression de Laguiller et régression de Hue et de Voynet ; Jospin s'en sort bien, en tête du scrutin avec 23,3% .

Le second tour de mai 1995, en donnant la victoire à Chirac, le place devant la « fracture sociale ». Il l'oubliera vite : Seguin ne fait pas partie du nouveau gouvernement dirigé par Juppé, alors que Madelin, momentanément ministre de l'économie et des finances, est remercié deux mois après. Le plan Juppé, pas tellement éloigné des vues du fugitif ministre de l'Économie, soulève en décembre une vague de grèves des services publics, surtout des cheminots qui bloquent toute activité pendant de nombreux jours. Provisoirement sorti d'affaire grâce à quelques reculs et concessions, Juppé se trouve en porte à faux : « ... *la nécessité de réduire les déficits fin 1997 pour respecter les critères de Maastricht, conduit inéluctablement à une aggravation de la politique de rigueur très mal admise par l'opinion publique* [183]. »

Là se place le plus beau pataquès de la Ve République : sur la foi d'économistes annonçant une dégradation prochaine de la situation, et sur la foi des renseignements généraux qui prédisent la victoire de la majorité à des élections immédiates, Chirac hâte les échéances et dissout la Chambre. Effectivement la remontée de la gauche aux élections de 1997 fut très modérée, mais la chute de la majorité R.P.R.-U.D.F. fut suffisante pour amener Jospin au pouvoir. Le gouvernement de « gauche plurielle », porté, contre toute prévision, par une conjoncture économique favorable, peut entreprendre la mise en place des avantages sociaux, promis lors de la campagne électorale, dont la fameuse « loi des 35 heures » critiquée de toute part car, si elle diminue la durée du travail, elle en aggrave la flexibilité.

Le fiasco des élections de 1997 n'a en rien ressoudé les clans de la droite et ils se chamaillent devant un Président, entravé par la cohabitation, qui joue le retrait sur l'Aventin et refuse de trancher même parmi ses propres partisans. Les élections européennes de juin 1999, certes boudées par plus de 50% des électeurs, étalent au grand jour les divisions du R.P.R : une liste dissidente menée par Pasqua (13,04%) devance la liste officielle menée par Sarkozy (12,92%). La politique de libre circulation des capitaux encouragée par Maastricht déchaîne la spéculation financière et accentue les délocalisations vers des pays à faible coût de main d'œuvre. La banque centrale

---

183. *Ibid.*, p. 178.

européenne est créée en 1998, l'euro en usage depuis 1999 est mis en circulation sous sa forme fiduciaire en janvier 2002.

Au grand étonnement des analystes, le gouvernement Jospin fut le plus grand privatiseur de services ou entreprises publiques ; ne s'étonnent que ceux qui ne veulent pas voir la vraie nature du P.S. Ainsi la France jospiniste se maintient parmi les concertistes libéraux, presque comme premier violon et elle affirme sa constance idéologique atlantiste avec un ministre de l'Éducation nationale, l'inénarrable Jack Lang, qui, malgré le maniement défectueux de la langue française par les écoliers, leur impose des heures de langues étrangères dont il est sûr que le choix des parents se portera sur l'anglais.

Dans un grand élan de modernisation, Premier ministre et Président de la République s'accordent pour que la durée du mandat présidentiel soit ramenée à 5 ans et que les élections législatives soient couplées avec les présidentielles pour être bien sûr qu'aucune cohabitation ne polluera la tyrannie du mandaté ; belle leçon de démocratie : même les États-Unis élisent une part de leur chambre des représentants à mi-mandat présidentiel. Et cette troisième cohabitation tournera à l'avantage du Président et se terminera par un sévère coup de semonce à l'encontre du parti socialiste.

L'IMBROGLIO

Les résultats de la présidentielle de 2002 témoignent de la perplexité du peuple français : une abstention proche de 30%, Jospin derrière Le Pen, Chirac qui se qualifie pour le deuxième tour avec moins de 20% et plusieurs candidats avec des scores voisins de 5%. On voit alors se former pour le deuxième tour une insolite coalition de la L.C.R. au R.P.R., de tous contre un. Sans la moindre campagne, Chirac l'emporte haut la main.

Peut-être en raison de son faible score au premier tour, le Président pousse à la création d'un grand parti de la droite : l'U.M.P. Certes la bourgeoisie nationale n'avait pas fait preuve d'une grande vigueur ; la réunir avec tous les transnationaux ne pouvait conduire à sa régénérescence. Cette disparition du R.P.R. entérine la fin d'un parti autonome de la bourgeoisie nationale ; qu'elle soit décidée par un Président issu du gaullisme n'améliore en rien la compréhension de la situation politique.

Seule une fraction de l'U.D.F., derrière François Bayrou refuse de se perdre dans ce tonneau ballotté sur un fleuve dont on ne sait vers quel rivage il s'écoule. Au P.S., on préfère ne rien savoir et François Hollande se trouve d'emblée confirmé dans sa place de premier secrétaire. L'imbroglio est loin de se dénouer : personne ne sait qui il est et toutes les politiques se ressemblent, déterminées qu'elles sont par les directives de Bruxelles issues de décisions prises pour l'essentiel à l'unanimité

Le gouvernement formé par Raffarin, toujours engoncé dans le chômage et les critères de Maastricht, baisse les impôts des plus aisés au nom d'une croissance en devenir et lève désespérément les yeux au ciel à la recherche de lueurs annonciatrices. Chirac a un sursaut gaullien en mars 2003 ; approuvé par une majorité du peuple français, il refuse de cautionner la seconde guerre d'Irak et d'y participer. Villepin s'élève même contre elle dans un magnifique discours qui reçoit les applaudissements de l'Assemblée générale de l'O.N.U.

Et pendant ce temps-là, les multinationales écoutent avec ravissement les flons flons de la valse européenne : « *Les quinze pays de l'Union européenne ont choisi, lors du Conseil européen de Laeken, en décembre 2001, de convoquer une Convention qui a eu pour mission d'examiner les questions essentielles soulevées par l'élargissement de l'Union et d'élaborer un projet de Constitution... Le Conseil européen a désigné Valéry Giscard d'Estaing comme Président de la Convention... L'enjeu de cette Convention est de déterminer le cadre institutionnel et politique "définitif" (ou espéré comme tel) de l'Union européenne... Après d'ultimes négociations, le texte de la Constitution a été adopté à l'unanimité par les 25 chefs d'État et de gouvernement lors du Conseil européen de*

Bruxelles des 17 et 18 juin 2004. La signature officielle du traité, à Rome le 29 octobre 2004, marque l'ouverture de la phase du processus de ratification [184]. »

Les élections européennes de 2004 avaient montré le manque d'enthousiasme du peuple français. Parmi les 43% de suffrages exprimés, une majorité d'environ 58% se répartissait entre les trois listes P.S., U.M.P. et U.D.F.. Chirac, après consultation des partis et pour ainsi dire assuré d'une réponse positive, décide d'un référendum sur la question : « *Approuvez-vous le projet de loi qui autorise la ratification du traité établissant une Constitution pour l'Europe ?* » . La date en est fixée au 29 mai 2005. Les premiers sondages donnent le oui largement vainqueur mais, au fur et à mesure du déroulement de la campagne, l'autre camp, au son d'une Marseillaise qui termine certains de ses meetings, se gonfle de tous les électeurs opposés à un texte de près de 200 pages, quasiment illisible. Il sera rejeté avec une confortable majorité de 55%.

Chez les vaincus, la consternation est d'autant plus grande qu'ils représentent les principales formations arrivées en tête un an auparavant, auxquelles on peut ajouter les Verts. À mon sens, il est clair que le « système planificateur » a voté oui et le « système de marché » non ; malgré sa prééminence économique, le premier est électoralement minoritaire dans un référendum. Les divisions durant la campagne et les résultats des sondages dégagent l'hétérogénéité des grands partis. L'U.M.P. soutenue, d'après les sondages, par ses électeurs à 80%, n'a connu que la petite dissidence gaulliste de Dupont-Aignan (la bourgeoisie nationale ne pèse plus lourd). Le P.S. est plus secoué : lors d'un référendum interne les partisans du oui l'avaient emporté à plus de 58%, mais les partisans du non n'ont pas désarmé et ont mené leur propre campagne ; parmi eux, de vrais sociaux-démocrates comme Emmanuelli ou Mélanchon, mais aussi, plus étonnant, Fabius, véritable héritier

---

184. Documentation française, *Vers une constitution européenne ?*, Internet.

des conventionnels et de Mitterrand, c'est à dire d'une sensibilité social-démocrate teinté d'un fond de compétentisme. Sa présence manifeste une certaine fracture entre la petite bourgeoisie et ses maîtres multinationaux. Il y a aussi le flair politique de l'homme car les sondages montrent que les électeurs du P.S. se seraient plutôt prononcés pour le non. Le même phénomène s'est produit chez les Verts qui après s'être rangés derrière le oui, ont vu nombre de leurs militants faire campagne pour le non et être suivis par les électeurs.

L'Union européenne sort très affaiblie de cette censure des Français, qui sera complétée peu après par celle des Néerlandais, plus vigoureuse encore. Les gouvernants désavoués feront la sourde oreille à cette condamnation populaire, prétextant du caractère conjoncturel des arguments avancés par la campagne du non. Pourtant il est clair que le texte proposé allait dans le sens d'une constitution un peu plus fédérale et reprenait le principal dogme de Maastricht, une « concurrence libre et non faussée ». Le peuple ne s'y est pas trompé : le traité de Maastricht, il le subissait depuis une décennie et il a voté en toute connaissance de cause, alors qu'il avait, sur le bout des lèvres, accepté en 1992 un texte en devenir. Logique, il a repoussé l'amélioration des institutions européennes car admettre une efficacité plus grande dans la marche vers une destinée peu engageante eût été du masochisme.

La clairvoyance populaire n'a pas le moindre impact sur les grands partis ; réfugiés dans la tranchée d'un système électoral qui garantit la pérennité de leurs fauteuils, leurs membres attendent dans un immobilisme total les prochaines échéances. La France se stasicratise. La confusion est à son comble au P.S. dont les tiraillements entre la social-démocratie qui survit grâce aux réalisateurs du « système de marché » et une ligne compétente favorable au « système planificateur » alimentent des courants tout aussi tiraillés, qui régulièrement se réconcilient pour préserver les places de chacun.

LES FORCES PRODUCTIVES ACTUELLES

Elles poursuivent dans le sens d'une dévalorisation de plus en plus affirmée du travail de production et d'une création immodérée de services ou d'organismes de gestion, de contrôle, de recherche, de marketing, de démarchage et même de communication. On en arrive à parler de « réservoirs de pensée » : les idées, mises en boîte comme les haricots verts, sont vendues à l'encan sur le marché. Ces « progrès » s'appuient sur les progrès technologiques, en particulier dans le domaine de la numérisation des informations : l'informatique envahit tous les secteurs. Les conséquences sont considérables mais il n'en découle pas une dispersion généralisée du travail intellectuel ; au contraire il se concentre dans une classe compétente de plus en plus transnationale qui domine un « système de marché » de moins en moins producteur, tout au moins en France.

Le progrès technologique

À l'ère d'Internet, les individus sont sensibles aux énormes possibilités de liaison que leur apporte ce merveilleux réseau. Ce n'est qu'un stade révélateur du développement de la saisie automatique des informations, de leur miniaturisation et de leur stockage. Quoi que certains puissent imaginer, l'informatique n'a pas changé dans sa conception : les microprocesseurs et la programmation ne diffèrent guère de ceux des anciens ordinateurs, en revanche la quantité de données dans un volume réduit a cru de façon exponentielle et a atteint des proportions considérables même par rapport aux années 80 où le phénomène commençait à se mettre en place. Comme le remarquait Hegel, à partir d'une certaine dimension un changement quantitatif devient un changement qualitatif.

Effectivement, à l'heure actuelle, il est peu de machines auxquelles ne soient associées des organes informatisés branchés sur des interfaces de saisie et de commande. La tendance à l'automatisation s'accélère. L'intervention humaine se réduit à un contrôle ; le fonctionnement d'une machines aussi complexe qu'un avion de ligne peut être confié à un pilote automatique surveillé par une équipe limitée à quelques individus.

Dans les processus de production, la standardisation des produits et la saisie de plus en plus fine des paramètres de la transformation des matières et leur traitement de plus en plus souple sont tels que la réalisation des objets est suivie dans tous ses détails, atténuant les bruits par rapport au projet aussi compliqué soit-il. Les concepteurs accumulent sur eux la loi du mode d'action pris en charge par des machines, des applicants et un nombre faible d'intervenants.

Pour la production d'articles sophistiqués ou très volumineux, les assemblages des pièces entre elles restent parfois difficiles et ne peuvent être inclus dans la chaîne elle-même. La tendance actuelle est de multiplier les unités autonomes de production de chaque pièce en leur imposant des normes strictes, pour faciliter les assemblages finaux. Rien ne s'oppose alors à recourir à une sous-traitance avec laquelle on négocie des contrats favorables grâce à la pression du plus fort au plus faible. Le fonctionnement d'une production émiettée multiplie l'importance des services de gestion. Lorsqu'il a été nommé à la direction d'Airbus, Louis Gallois a déclaré que, pour réaliser des économies, il s'efforcerait de faire passer le nombre des sous-traitants de 20 000 à 5 000 en leur demandant de se regrouper. Bel exemple du découpage « système planificateur » et « système de marché », avec concentration de la direction centrale des sociétés et dispersion du travail dans une multitude de petites entreprises dont le contrôle et la gestion frôlent l'inefficacité.

Cette informatisation de tous les phénomènes et de toutes les activités s'accompagne de la numérisation des données qui sous cette forme peuvent être confiées à des ordinateurs. Dès qu'on possède des possibilités de stockage énorme, cette numérisation pose de moins en moins de problèmes car un phénomène continu peut être découpé en une série de marches dont le nombre est choisi de façon à respecter la précision de la mesure. L'exemple type en est la numérisation des images avec toutes les conséquences qu'on connaît ; encore fallait-il mettre au point des capteurs miniaturisés ; ce fut encore une fois les applications militaires qui ouvrirent cette voie, en particulier en raison de la volonté d'améliorer la résolution des images fournies par les satellites d'observation. Par la même occasion, ces données sous une forme numérique pour ainsi dire universelle peuvent circuler dans des systèmes standards quelle que soit l'information : textes, images, son, nombres, etc. Aujourd'hui pour mesurer une distance rectiligne de quelques centaines de mètres avec une grande précision, supérieure à celle des moyens terrestres, on utilise une constellation de satellites.

On arrive ainsi à la révolution « Internet » ; elle n'est révolutionnaire que par la diffusion généralisée qu'elle offre, car ce n'est qu'une utilisation en réseau de moyens déjà connus : antennes émettrices et réceptrices, lignes téléphoniques et ordinateurs ; en revanche, c'est un chef d'œuvre d'organisation et de gestion, irréalisable n'eût été la formidable explosion de la puissance de petits ordinateurs peu encombrants, à l'intérieur même du réseau ou dans les mains des destinataires. Les puces, les ordinateurs personnels remontent aux années 70-80 ; actuellement, chacun manipule des émetteurs-récepteurs qui tiennent dans une boîte de quelques centimètres, capable de fonctions quasiment impensables, il y a une trentaine d'années.

La circulation tous azimuts à la vitesse de la lumière des informations ne fait pas pousser les carottes et les conséquences sur le secteur agricole sont encore limitées ; on peut cependant entrevoir un temps où des unités de contrôle commanderont à des machines situées ailleurs, fort loin, comme le montrent les engins qui circulent sur la Lune ou sur Mars et se livrent à des analyses et à des prélèvements.

Par ailleurs, cet échange instantané des informations bouleverse les services de gestion dont les résultats sont immédiatement transmis aux « décideurs ». Comme chacun veut tout savoir sur tout, on assiste à une inflation galopante des demandes ; contrairement à ce qu'on aurait put penser, les commodités et la rapidité offertes dans la gestion ont peu pesé sur le nombre des personnels affectés à ces tâches, mais pèsent sur la délocalisation de la production en apportant une aide à l'installation d'unités dans des lieux mieux appropriés soit en raison du coût de la main d'œuvre, soit en raison de la proximité de nombreux clients. Conjuguées à la libre circulation des capitaux, toutes ces facilités d'échange des informations ont entraîné une spéculation boursière effrénée ; on peut vendre à Paris et acheter à New York à la même heure. Aujourd'hui on en mesure peut-être les effets.

À ces conséquences pratiques, s'ajoute la recrudescence de l'individualisme : devant son ordinateur personnel, son téléphone portable, l'individu se pense comme un « deus ex machina » ; il a à sa portée les possibilités de recevoir ou de transmettre des textes, des images, des sons. Plus besoin de l'aide d'artisans ou de machines spécialisés ; il peut presque croire qu'il détient toutes les clés alors qu'il n'est en fait qu'un intervenant qui utilise un appareil lui imposant un mode d'action fixé par les concepteurs des logiciels. En tant qu'individu, il a accru ses registres d'intervention mais en même temps il se standardise. Son individualisme consiste à accepter, et même à concourir lui-même, à devenir semblable aux autres individus. Il se banalise.

L'évolution des classes

Ce changement de mode de production entraîne des transformations : dégénérescence des classes bourgeoise et ouvrière, montée des classes compétente et exécutante. Les données les plus sûres sont fournies par les recensements de l'I.N.S.E.E., quoiqu'elles soient parfois délicates à interpréter.

Pour juger, par exemple de l'importance de la classe bourgeoise, on considère qu'elle est liée à l'importance du secteur industriel qu'on peut évaluer en pourcentage de P.I.B. ou de population active. Tous les nombres convergent et indiquent une décroissance continue ; on estime que l'industrie en 2003 ne représente plus que 23% de la population active, alors qu'en 1968 ce pourcentage était autour de 40%. En même temps on observe une diminution en nombre des entreprises grandes, moyennes et petites, et une augmentation des entreprises très petites ou de celles sans employé. Comme beaucoup des grandes entreprises sont aux mains de multinationales, on peut admettre que ces quelques données ne contredisent pas l'hypothèse de l'existence d'un « système planificateur » qui a digéré la majeure part d'une bourgeoisie nationale devenue transnationale et d'un « système de marché » où s'affaire encore une petite bourgeoisie.

Les statistiques sur les catégories sociales, résultats des derniers recensements, sont plus directement interprétables.

	1999	1990	1982
Agriculteurs	642 167	1 012 937	1 470 904
Artisans, commerçants	1 659 052	1 822 856	1 829 788
Cadres, prof. intellect.	3 165 335	2 693 062	1 897 872
Professions interméd.	5 762 885	4 713 972	3 938 696
Employés	7 809 091	6 912 800	6 252 048
Ouvriers	7 061 742	7 623 343	7 798 260
Total actifs	26 100 272	24 778 970	23 187 568

Alors que le nombre des actifs progresse sur vingt ans de 10%, celui des ouvriers suit une évolution inverse (-9%) qui s'amorce en 1990. Mais « *ce n'est pas seulement en termes d'effectifs que se mesure le déclin de la "classe ouvrière" longtemps assimilée au prolétariat de la grande industrie. Aux tâches proprement industrielles, à la concentration dans de grandes unités de production se substituent des formes d'activités moins directement liées à la production – manutention, gardiennage, entretien, nettoyage, etc. – des localisations plus dispersées relevant d'entreprises aux destinées souvent éphémères, un émiettement du personnel fourni par les entreprises d'intérim, une forte mobilité de l'emploi* [185] ». Les deux historiens constatent les profonds bouleversements structurels mais sans tenter d'en chercher des causes générales. Dans tout le paragraphe dont est tirée la citation, ils accumulent les détails d'une vision sociologique et, ayant mis la classe ouvrière entre des guillemets, ils soulignent que sa conscience d'appartenir à un ensemble social cohérent se brise en même temps que se brise la production dans la société française. La corrélation entre idées et formes de travail est claire mais elle ne devient pas l'axe d'un modèle explicatif plus large ; peut-être ont-ils peur de retomber dans l'ornière de la doctrine.

C'est une évidence que la chute générale des effectifs ouvriers est compensée par la montée des autres catégories, en particulier de celles des employés qui progressent dans les années 90 de plus de 10%. Ce phénomène ne tient pas seulement à l'expansion du secteur tertiaire en général, il se retrouve au sein même des entreprises les plus modernes. Beaucoup plus spectaculaires, les hausses relatives des nombres des catégories « cadres, professions intellectuelles » et « professions intermédiaires ». « *La catégorie des "cadres" au sens large, embrassant le monde des professions libérales et intellectuelles, continue à bien des égards à donner le la à l'ensemble du corps social* [186]. » Pour ce qui est des professions intermédiaires qui, comme le nom l'indique, représente une sorte de fourre-tout, elles forment, pour Berstein et Milza, les couches moyennes sans aucune homogénéité mais avec un noyau à identité forte (enseignants et services sociaux) et une catégorie dont les individus ont été suivant Henri Mendras « *les*

---

185. S. Berstein et P. Milza, *op. cit.*, p. 256.
186. *Ibid.*, p. 264.

inventeurs et les diffuseurs du style de vie post-soixante-huitard, dont le concubinage prémarital a été l'innovation la plus spectaculaire [187] ».

On redécouvre en désordre les constituants du mode de production compétent, qui ont pris une ampleur supérieure à ceux du capitalisme. En l'occurrence, il est à remarquer que dans un livre d'histoire générale, avec un ordonnancement plutôt économiste des événements sans point de vue marqué, les auteurs mettent l'accent sur la désindustrialisation d'une société française où ce sont les cadres qui donnent le la. Et, s'ils trouvent l'occasion de faire allusion à Mai 68, ce n'est pas pour en faire le révélateur politique de ces faits sociaux mais pour sacrifier à la mode de n'y voir que l'épiphénomène de la libération des mœurs, avec une pointe de mépris. En ce début du XXIe siècle, l'Histoire s'évanouirait-elle ?

Il est impossible de ne pas ajouter à ce recul des activités de production l'énorme diminution du nombre des agriculteurs qui en 1999 est égal à celui de 1982 divisé par 2,5. La petite paysannerie est en train de disparaître et les fermes tendent à ressembler à de petites entreprises subissant la pression des multinationales de distribution.

---

187. Mendras Henri, *La Seconde Révolution Française 1965-1984,* cité in S. Berstein et P. Milza, *op. cit.,* p. 265.

IX - LE GESTIONNISME

Après quarante années écoulées, le sens historique révélé par mai 1968 s'est étoffé et le modèle conçu vers 1975 à partir du matérialisme historique m'a autorisé à voir dans la suite des événements la poursuite d'un processus général : le passage du capitalisme à un nouveau mode de production. On pourra s'écrier : ce parti pris est trop général, trop simplificateur. Or, c'est là sa principale qualité, car seule une vision abstraite peut faire émerger de la mer des détails un socle où amarrer le frêle esquif d'une compréhension. Se souvenir de Hegel : ne pas regarder par un trou de serrure, embrasser du regard l'ensemble pour le réduire à quelques abstractions et ainsi le rendre pensable. Tout autre démarche que celle de définir d'abord un modèle conduit à un obscurantisme, religieux ou non, au remplacement de la raison par une foi.

Ayant évité pareil écueil, on a pu aborder le niveau sous-jacent et examiner les facteurs qui pèsent sur les moyens de production et les luttes des classes, dans lesquels les différents regards précédents relèvent des continuités et des ruptures. L'évolution des moyens de production a bénéficié des perfectionnements techniques continûment apportés à la numérisation de l'information. Les premiers calculateurs électroniques sont nés pendant la Deuxième Guerre Mondiale, les performances se sont améliorées pour en arriver à des ordinateurs personnels qui mettent à la disposition de chacun, pourrait-on dire, le monde entier des connaissances, des plus futiles aux plus judicieuses. Ces nouvelles possibilités individuelles se conjuguent à une efficacité plus grande des machines productrices automatisées qui se chargent de pans entiers des processus de fabrication, faisant disparaître la majeure part des activités ouvrières.

Cette continuité dans la croissance technologique a peu à peu influé sur les luttes des classes dont les ruptures s'extériorisent dans des manifestations sociales. Celle qui donne le branle, c'est la révolution de Mai 1968 qui libère les frustrations accumulées depuis plus de vingt ans en raison de l'écart entre les forces productives et l'immobilisme social.

Les trois autres étapes distinguées par leur date finale se terminent chacune sur une rupture visible, corrélée qu'elle est à des événements politiques. La première des trois couvre l'histoire agitée des remous de groupuscules encore dynamiques ; elle se clôt par le retour à un calme relatif et la victoire de Mitterrand aux présidentielles. Surtout le P.S.U. entre en déliquescence, laissant le socialisme autogestionnaire perdre son support partisan et ses militants se convertir en écologistes. Cette mutation très importante signifie la fin de l'idéologie politique révolutionnaire de la classe compétente qui abandonne toute velléité de supprimer la propriété privée des moyens de production. Cette classe penche vers une forme d'action plus feutrée qui la soustrait à l'impopularité attachée à cette exigence marxiste. Refusant la disparition des capitalistes, elle prend le chemin d'un compromis avec eux, et se détourne de l'entente avec les prolétaires, comme le supposait le mot « socialisme ».

De même que le socialisme étatique d'avant la Révolution bolchevique s'est ensuite concrétisé en une stasicratie, de même le socialisme autogestionnaire s'abâtardit dans la réalisation d'un régime dominé par la « compétence gestionnaire ». Tout en s'en tenant à son option réformiste, la classe compétente a accentué son emprise par la multiplication des organismes de gestion et, comme elle garde intact le capital, elle peut en faire un bouc émissaire pour exorciser ses propres privilèges vis à vis des classes dominées. Cette attitude, née vers 1980, sera une constante, on chemine non vers le socialisme autogestionnaire mais vers un mode de production, qu'on va nommer le « gestionnisme », puisque la détermination de la loi du mode d'action des entreprises et de la société n'appartient plus aux capitalistes mais à ceux qui contrôlent la gestion.

Le P.S. et ses relents de socialisme démocratique forme le nid douillet où éclôt une ligne politique dont les ambiguïtés compétentes seront facilement couvertes par une pratique qui n'oublie rien de la subtilité de la devise molletiste remise au goût du jour : « Socialiste pour accéder au pouvoir, libéral une fois au gouvernement. »

La rupture en fin de la deuxième période est bien plus éclatante : la stasicratie soviétique se saborde. Elle avait connu, depuis 1968, des épisodes douloureux (Tchécoslovaquie, guerre d'Afghanistan, contestation syndicale polonaise) apparemment contenus ; personne n'aurait pu penser qu'un système aussi répressif se saborde lui-même, les communistes français moins que quiconque. Cette révolution accélérera le déclin du P.C.F. qui avait déjà bien du mal à colmater les suites de sa trahison du mouvement social de mai 1968. Son influence politique tombée au plus bas, il ne reste plus que deux grands camps : le parti socialiste entouré des écologistes, des chevénementistes, des radicaux de gauche, face au duo bourgeois R.P.R. et U.D.F. On entre dans une ère politique confuse car les deux antagonistes sont moins opposés qu'ils essayent de le proclamer, puisque l'un et l'autre se retrouvent dans le soutien aux directives de Bruxelles.

La troisième période sans véritable colonne vertébrale s'achève par la mort du parti de la bourgeoisie nationale, le R.P.R., dont le chef a cru bon de le dissoudre dans l'U.M.P. où il va côtoyer plus fort que lui : les partisans d'une bourgeoisie transnationale venus de l'U.D.F. ou autres formations libérales et atlantistes. Cette mort annoncée en mai 1968 a été précédée d'une longue agonie, car le mourant avait un si long passé derrière lui que son influence idéologique ne pouvait disparaître avant qu'une génération nouvelle formée par une éducation nationale loin de l'humanisme ait accédé à l'âge d'homme. Cette longue agonie a été accompagnée par Chirac qui, déjà présent lors des contacts du gouvernement avec les syndicats en mai 1968, a bâti toute sa carrière comme défenseur des valeurs du gaullisme tout en se compromettant avec les forces les plus libérales et en finissant dans l'abandon de toute autonomie politique. De lui aussi on pourrait dire : « Gaullien pour accéder au pouvoir, européiste une fois au gouvernement. » En un sens, il a été l'homme de la situation, suffisamment démagogue pour survivre en louvoyant au milieu des cohabitations, en flattant les restes d'une France agricole et en détruisant une France industrielle, en restant immobile après une dissolution catastrophique pour son camp et après le désaveu d'un référendum. Homme d'une cause perdue, il n'a pas su tirer la leçon des événements de mai 68 pour au moins sortir l'humanisme des griffes de l'utilitarisme anglo-saxon ; il a su en revanche faire passer devant ses partisans et ses électeurs les défaites bourgeoises pour des victoires.

Ses successeurs seront libérés du boulet bourgeois mais héritent d'une Nation sans âme. La politique au sens plein du terme a disparu avec la décomposition du contrat social. Transnationaux et compétents règnent en maîtres sur et dans un pays dont les citoyens se désintéressent de leur sort collectif. Les grands partis, les gouvernements les précipitent dans une Union européenne d'un libéralisme débridé par le Traité de Maastricht. Le nouveau président Sarkozy court tout au long des remparts passant sa tête à tous les créneaux pour faire croire la citadelle défendue par une nombreuse garnison. Au lieu de lever leurs boucliers pour arrêter les flèches extérieures, les ministres et les députés se contentent de poser des emplâtres sur les plaies provoquées par les directives de Bruxelles, auxquelles ils ont par ailleurs donné leur accord.

Notre société dite de consommation, plus que de biens matériels, est gavée d'idées reçues hors de toute raison.

L'OBSCURANTISME ÉCONOMISTE

Les moindres discours politiques tournent à des leçons d'économie. Tous les intervenants se renvoient des arguments statistiques au rythme des tartes à la crème dans les films comiques. Chacun y va de ses suggestions, on interroge des spécialistes et rares sont ceux qui ont l'honnêteté de dire qu'ils ne savent rien. À l'aide de théories, des professeurs nous expliquent ce qui vient de se passer et tout ce qui va s'ensuivre. Personne ne s'interroge : comment se fait-il que sachant tout, ils ne nous aient pas préservés des effets défavorables que nous endurons ? Les astronomes semblent mieux informés que les économistes : quand ils prévoient une éclipse de soleil à la minute près, elle se produit à la minute prédite. Constatation d'une évidence telle que personne ne songe à en tirer la conclusion : les économistes ne seraient-ils pas à la science ce que sont les astrologues à l'astronomie ?

La lecture de mon dictionnaire *Larousse* est éclairante : « sciences économiques » renvoie à « économie politique », ce qui semble bien impliquer qu'il n'y a pas de science économique en soi, qu'elle ne se conçoit qu'associée à une politique, à une ligne d'action subjective. Ceci rassure la raison sur les absurdités, les bourdes sans cesse répétées dans les chaires ou dans les médias, mais ne rassure pas sur l'état de notre société. En poursuivant la lecture, on trouve des explications dont il vaut la peine de citer le début et la fin : « *les économistes ont récemment substitué à l'expression* ÉCONOMIE POLITIQUE *celle de* SCIENCE ÉCONOMIQUE... » Après avoir souligné l'absence de consensus dans la définition, le rédacteur de l'article conclut : « *L'étude de l'économie politique apparaît ainsi comme l'étude des doctrines, des méthodes et des théories des diverses économies et des diverses écoles.* » Le doute est ainsi levé la science économique n'a rien d'une science à proprement parler, ce n'est que l'exposé des façons de voir de certaines écoles, comme la philosophie et même la poésie. L'imagination des hommes étant infinie, il n'est nullement étonnant que dans un secteur déterminé fleurissent doctrines et théories.

L'intérêt de cette lecture réside dans la date de publication de mon *Larousse* : 1970. La contestation de la société ancienne a été, alors, si radicale qu'elle a érigé des notions contestables en vérité scientifique, paradoxe dont le moment indique à quelles explications on peut recourir. Et ce n'était qu'un début. Sans continuer le moindre combat, la compétence économique est devenue le dieu auquel tout doit être sacrifié. Aujourd'hui, où ces fausses certitudes ont fait la preuve de leur nuisance, certains crient encore « il faut sauver le système », exactement comme en 1968, où les gauchistes agitaient encore le drapeau de la doctrine marxiste.

Parmi ceux qui osent la critique et le doute, on retrouve J.K. Galbraith qui, plus de trente ans après, reprend ses analyses de *La science économique et l'intérêt général*, résumées dans un petit livre intitulé *Les mensonges de l'économie* avec comme sous-titre *Vérité pour notre temps*. Il est intéressant de remarquer que dans son texte le mot « technostructures » a disparu du vocabulaire, sans doute parce qu'elles se font plus rares ; il préfère les termes de « société anonyme », mieux adaptés à des organismes plus gestionnaires qu'industriels. Ce petit livre, en quelque sorte son testament, a l'avantage de la brièveté ; il condense en quelques paragraphes chacun des thèmes sur lesquels ironise l'auteur. « *Le mensonge commence par un fait d'une évidence incontournable, mais généralement oublié : on ne peut anticiper avec certitude le comportement futur de l'économie... Les prédictions sont surabondantes mais les connaissances ne sont pas solides.* » Il passe en revue tous les facteurs imprévisibles et il termine : « *Conclusion plus qu'évidente : la résultante de tant d'inconnues ne peut être connue* [188]. » Pour parler en langage scientifique, on dirait que les phénomènes économiques sont des phénomènes chaotiques, c'est à dire non susceptibles d'être réductibles à des modèles mathématiques. L'existence de ce genre de phénomènes a été reconnue, au siècle dernier, par la recherche météorologique. Or, on sait l'énorme difficulté de prévisions du temps qui dépassent deux ou trois jours, alors qu'elles obéissent à des lois physiques dont chacune en particulier peut être mise en équation, mais leur nombre et leur interdépendance à l'échelle

---

188. J.K. Galbraith, *Les mensonges de l'économie*, Grasset et Fasquelle, 2004, p. 57-58.

de notre planète sont si grands qu'elles peuvent aboutir à des divergences imprévisibles ; « un papillon qui se pose sur une fleur en Australie peut déclencher une tempête en Europe. »

De tout cela les économistes n'ont cure ; pourtant les phénomènes économiques n'obéissent à aucune loi naturelle, ils sont liés aux « formes de la vie sociale », aux comportements de milliards d'individus. Même à une échelle très réduite, on est dans l'incapacité de reproduire des expériences dans des conditions identiques : « *On ne peut entrer deux fois dans le même fleuve* [189]. » J.K. Galbraith est encore plus critique : « *Cet essai se propose de montrer comment sur la base des pressions financières et politiques et des modes du moment, la théorie et les systèmes économiques en général cultivent leur propre version de la vérité. Une version qui n'entretient aucune relation nécessaire avec le réel... Ce qui arrange chacun, c'est ce qui sert, ou ne gêne pas les intérêts économiques, politiques et sociaux dominants* [190]. »

À cette sentence sur la science économique, l'économiste états-unien ajoute ses dénonciations du pédantisme trompeur du vocabulaire : « *L'expression* ÉCONOMIE DE MARCHÉ *est creuse, insipide et mièvre* », ou encore le mot si à la mode de « management » dont il fait la feuille de vigne de bureaucrates : « *Les membres de la structure managériale sont peut-être des individus inutiles, ineptes, intéressés, mais pas des bureaucrates.* » Il continue dans sa dénonciation de la bureaucratie des sociétés anonymes et n'hésite pas : « *Le pouvoir sur l'entreprise appartient à l'équipe de direction, bureaucratie qui contrôle sa tâche et sa rémunération. Une rémunération qui frise le vol. C'est parfaitement évident* [191]. »

La grande habileté fut de laisser croire que toutes les activités étaient toujours soumises à une loi inéluctable qui contraint le capital à croître indéfiniment au prix d'une

---

189. Héraclite, *op. cit.*, p. 188.
190. J.K. Galbraith, *Les mensonges de l'économie*, op. cit., p.10-11.
191. *Ibid.*, p. 23, 41, 49.

exploitation éhontée. Les seuls coupables sont les capitalistes partisans de ce système. Depuis plus d'un siècle, les marxistes ne cessent de répéter cette assertion, elle est ancrée dans toutes les têtes et un anticapitalisme proclamé est un brevet de vertu prolétarienne. Pour mener à bien certaines entreprises, comme par exemple le viaduc de Millau, il faut un énorme capital, de même pour installer des usines automatisées. Sont-ce les propriétaires du capital qui dirigent les travaux de la construction du viaduc et gèrent son exploitation ? Non, ce sont les bureaucrates de la société anonyme créée à cet effet, personne ne pense à eux, sauf J.K. Galbraith.

Devant la simplicité de toutes ces évidences et la persistance des abus dénoncés, la mise sous le boisseau de la société par les idées de la classe dominante devient elle aussi une évidence. Que personne dans les partis, dans les médias ou parmi les intellectuels ne s'élève contre une telle dénégation de la raison, montre combien le gestionnisme imprègne toutes les mentalités et combien les privilèges de la classe compétente passent pour nécessaires à l'intérêt général. « *Chaque nouvelle classe, qui prend la place de celle qui dominait avant elle, est obligée, ne fusse que pour parvenir à ses fins, de représenter son intérêt comme l'intérêt commun de tous les membres de la société ou, pour exprimer les choses sur le plan des idées : cette classe est obligée de donner à ses pensées la forme de l'universalité, de les présenter comme étant les seules raisonnables, les seules universellement valables* [192]. »

Telle fut effectivement la mission du siècle des Lumières pour écarter la noblesse. Quoique cette noblesse fût depuis longtemps une classe inutile et que le vieux monde ait déjà accompli sa révolution comme le montre Tocqueville, il fallut l'énorme poussée de la Révolution française pour que la bourgeoisie commençât à installer une société docile à ses intérêts. Le règne de la raison a violemment butté sur le règne d'un monarque de droit divin.

---

192. Marx-Engels, *L'idéologie allemande, op. cit.*, p. 88.

Après avoir raisonnablement proclamé les hommes libres et égaux en droit, il est indispensable de persuader le peuple que les nouveaux privilèges de quelques uns ne peuvent être contenus ou supprimés par de bonnes lois. Toute société raisonnable est minée par le problème des inégalités, car, le bon sens étant la chose du monde la mieux partagé, comment expliquer que les uns vivent dans l'opulence et les autres dans le manque ? C'était là l'inquiétude de Tocqueville face à la marche vers l'égalité de conditions à l'œuvre aux États-Unis et dans les États européens, dont il pensait qu'elle menait au « despotisme démocratique ».

Il avait oublié le baume étendu sur les plaies inégalitaires : elles sont divines ou scientifiques.

Quand la France était la fille aînée de l'Église et le monarque inspiré par Dieu, les pauvres savaient que le paradis leur appartiendrait. Que sont les quelques années de larmes sur terre devant l'éternité ? Tout est pour le mieux dans le meilleur des mondes ou, tout au moins, incritiquable puisque ordonnancé de main divine. L'alliance du pouvoir et de la religion est le plus sûr garant de solidité et de pérennité des liens sociaux. Son remplacement par un contrat social entre citoyens libres et égaux, aussi raisonnable soit-il, a permis aux révolutionnaires d'abolir les privilèges anciens, mais non de justifier ceux des bourgeois. Le culte de la raison n'a vécu que le temps des Hébertistes, celui de l'Être Suprême guère plus. Pour asseoir le pouvoir de la bourgeoisie, Napoléon a signé le Concordat et rétabli une sainte alliance qui ne se démentira pas tout au long du XIXe siècle.

Marx et Engels ont dénoncé tous les pièges de la pensée idéaliste et de l'égalité des droits édictés par les États bourgeois, mais, lorsqu'ils voulurent proposer des solutions politiques, ils en sont venus à une doctrine qui faisait du prolétariat le nouveau messie. Pour mieux étayer cette doctrine, dans un siècle positiviste, ils se sont entourés d'une considération d'un poids incontestable : leur socialisme était scientifique. Animés par la foi en l'homme communiste de demain, encadrés par une organisation scientifiquement experte, les ouvriers ont poussé l'ordre bourgeois dans ses retranchements et renversé le gouvernement provisoire de Kerenski dans l'espoir d'une société sans classes. La foi était grande, mais la force fut indispensable pour mettre en place un mode de production qui eut bien du mal à cacher les nouveaux privilégiés.

Malgré la stasicratie soviétique, la foi en la doctrine a persisté quelques années. On peut remarquer que la constitution de Brejnev lui a peut-être porté le coup fatal en déclarant que la dictature du prolétariat était terminée, que l'U.R.S.S. était l'exemple d'un socialisme réalisé. Plus besoin de l'irrationalité d'une foi en des lendemains radieux, les hommes avaient devant les yeux une société prolétarienne clés en main. La foi inutile, la raison a repris ses droits et de cette réalité personne n'a voulu. Le système n'avait plus d'auréole, il a rendu l'âme.

Sûre de la protection légale de son capital, la bourgeoisie française, toujours sensible aux envolées égalitaires de la Révolution française, s'est légèrement divisée face aux ouvriers chantant *Ni Dieu, ni maîtres* et a voté les lois sur la laïcité. Cette séparation des Églises et de l'État est d'une très grande nouveauté dans l'Histoire ; peut-être est-elle prémonitoire de grands changements dans les forces productives. Ce radicalisme à la française a duré tout le XXe siècle malgré son absence de dogme pour justifier les imperfections d'une société qui en accumulait beaucoup. Au milieu d'une vie politique et sociale mouvementée, ce côté laïque fut en partie compensé par l'existence de partis chrétiens. Tout récemment, il semble que le nouveau président de la République tente de combler le fossé entre les structures étatiques et les structures religieuses. Retrouverait-il le réflexe de tous les monarques ?

N'aurait-il pas compris qu'une nouvelle foi est née ? L'obscurantisme économiste ne promet aucun paradis céleste, mais apporte la résignation. Comme le signale *Larousse*, l'économie politique s'est, vers 1970, muée en science économique. Il était temps ; après la dénonciation des valeurs bourgeoises par tant de paroles inscrites sur les murs, la classe compétente en pleine ascension a trouvé la parade sans réplique dans la justification de ses salaires indus. Ne pouvant se recommander d'une quelconque divinité, mais conformément à sa propre nature de porteuse de la compétence et en accord avec la période, elle s'est coulée dans l'air du temps. Qui pourrait nier que la science est à la source de perfectionnements pratiques dans tous les domaines que ce soit dans la production, dans les loisirs, dans la santé... ?

Merveilleuse supercherie : le wagon de l'économie fut accroché au train du progrès scientifique. La « loi » du marché fut parée des mêmes plumes que le théorème de Pythagore quoique le deuxième ne porte en lui aucune contingence sociale. Même si la « concurrence libre et non faussée » s'apparente à la loi du plus fort, c'est la loi d'une science à laquelle on ne peut s'opposer : si vous êtes pauvres, c'est la faute au marché. D'ailleurs, rien de meilleur que les inégalités pour dynamiser la concurrence, soi-disant base du fonctionnement de l'économie et, par là, de l'enrichissement général. Par de tels truismes, on oublie que les sociétés humaines ne sont pas uniquement des banques affairistes. Qui plus est, ces truismes sont articles de foi ; dès que se manifeste le moindre défaut dans les prévisions sur les bienfaits de mesures inégalitaires, utiles à la croissance, la cause toute trouvée en est l'absence de confiance. La foi dans les paroles des voleurs, tel est le principal moteur de la science économique ; jamais dans l'Histoire on ne vit pareille religion.

Alors que la Renaissance et le siècle des Lumières ont sorti l'homme d'une religiosité moyenâgeuse pour proposer un humanisme basée sur la raison, nous assistons, plusieurs siècles plus tard, à un retour de l'obscurantisme. Le développement des connaissances a commencé par l'étude des phénomènes naturels abordés avec un esprit scientifique de plus en plus prégnant : « *Les dieux font de la géométrie.* » Devant l'élargissement continu des domaines d'application et les réussites technologiques, la science est devenue au XIXe siècle synonyme de progrès, elle est entrée en politique avec le marxisme ; au XXe siècle, plus aucun secteur ne lui fut épargné, l'histoire est devenue une science humaine, la sociologie une science sociale et l'économie politique la science économique.

Personne ne se réclame plus de l'esprit de finesse, l'humanisme se meurt. Le triomphe de la raison scientifique est tel, qu'elle en est devenue déraisonnable, servant de caution à une classe dominante qui se prévaut de sa capacité à peser sur des phénomènes chaotiques par nature incontrôlables. Comble de l'illogisme, cette apothéose intervient à un moment où ceux qui avaient eu recours à la même caution pour s'installer au pouvoir en Russie, ont fait la preuve de leur incapacité à augmenter les forces productives malgré leur affirmation d'être en mesure de le faire grâce à la science économique. Mais ne nous plaignons pas, nous ne sommes pas dans une situation semblable ; notre société, malgré son libéralisme économique inégalitaire, est, elle, démocratique.

L'IMPOSTURE DÉMOCRATIQUE

Nous disposons des libertés de parole, de réunion... de pensée ; nous vivons dans un État de droit où tous nos gouvernants ont sans arrêt le mot « démocratie » à la bouche, sans compter ceux qui font la guerre pour imposer leur régime démocratique. Sommes-nous pour autant en démocratie ? Si nous avons le pouvoir de nous exprimer librement, cette liberté pèse-t-elle sur les décisions politiques ? À Athènes, cité où fut instituée une démocratie, le fonctionnement de l'Assemblée du peuple était fondé sur l'*isegoria* : l'égalité de parole. Il est probable que des orateurs comme Démosthène s'exprimaient plus que d'autres, mais le principe était là et l'assemblée comprenait l'ensemble des citoyens.

Il n'en est pas de même aujourd'hui ; on a d'ailleurs inventé un terme pour désigner tous ceux qui sont hors de la sphère politique : la société civile. « *Et un pouvoir politique signifie en dernier ressort le pouvoir de ceux qui n'ont pas de raison naturelle de gouverner sur ceux qui n'ont pas de raison naturelle d'être gouvernés* [193]. » Cette définition de J. Rancière s'applique à la démocratie, car elle est la forme politique qui s'oppose à toutes celles dans lesquelles les gouvernants revendiquent un titre à s'approprier le pouvoir, que ce soit la richesse, la naissance, la vieillesse, la compétence... Naturellement elle s'attire les foudres de toutes celles-là et le mot « démocratie » est resté synonyme d'abomination pour tous ceux qui pensaient que le pouvoir revenait de droit à ceux qui y étaient destinés par leur naissance ou appelés par leur compétence ou par je ne sais quoi encore : « *Le scandale de la démocratie, et du tirage au sort qui en est l'essence, est de révéler que ce titre (à gouverner) ne peut être que l'absence de titre, que le gouvernement des sociétés ne peut reposer en dernier ressort que sur sa propre contingence* [194]. »

La démocratie, dès l'antiquité, n'a pas manqué d'être dénoncée par de nombreux auteurs, Aristophane par le rire ou Platon dans ses réflexions politiques. Comment admettre que tous soient aptes à gouverner ? Pour Protagoras cette technicité était inhérente à l'homme, animal qui vit dans des cités ; tous les individus sont capables de maîtriser les problèmes politiques puisqu'ils n'exigent qu'un simple bon sens. On peut aussi remarquer avec J. Rancière : « *Le tirage au sort était le remède à un mal bien plus grave et bien plus probable que le gouvernement des incompétents : le gouvernement d'une certaine compétence, celle des hommes habiles à prendre le pouvoir par la brigue* [195]. »

Dès qu'on rappelle la démocratie athénienne, l'objection est immédiate, la démocratie directe n'est bonne que pour les cités de l'antiquité ou pour de très petites nations ; dans la plupart des États modernes, elle ne peut s'appliquer et elle doit être remplacée par une « démocratie représentative ». Là

---

193. Jacques Rancière, *La haine de la démocratie*, La Fabrique, 2008, p. 54.
194. *Ibid.*, p. 54.
195. *Ibid.*, p. 49.

encore J. Rancière s'insurge : « ... *la représentation n'a jamais été un système inventé pour pallier l'accroissement des populations... Elle est de plein droit, une forme oligarchique, une représentation des minorités qui ont titre à s'occuper des affaires communes* [196]. » Il retrouve sur ce terrain le philosophe du contrat social : « *La souveraineté ne peut être représentée par la même raison quelle ne peut être aliénée ; elle consiste essentiellement dans la volonté générale, et la volonté ne se représente point, elle est la même ou elle est autre ; il n'y a pas de milieu. Les députés du peuple ne sont donc ni ne peuvent être ses représentants, ils ne sont que ses commissaires* [197]. » À partir du concept de « contrat social », avec une logique simple et claire, J.J. Rousseau déroule dans son livre les conséquences du principe : la souveraineté appartient au peuple. Il en dégage que les députés, les gouvernants n'ont qu'une mission : synthétiser la volonté générale et s'assurer de la validité des lois édictées en les soumettant à l'approbation du peuple. N'étant pas ses représentants, ils ne doivent jamais croire qu'individuellement ou collectivement ils ont sa caution pendant la durée de leur mandat, sous prétexte qu'ils se sont présentés et ont été élus un certain jour passé. De même le peuple ne doit jamais accepter un système politique où la décision ne lui appartiendrait pas en dernier ressort. « *Le peuple anglais pense être libre, il se trompe fort ; il ne l'est que durant l'élection des membres du parlement ; sitôt qu'ils sont élus, il est esclave, il n'est rien* [198]. »

Au regard de ces considérations, il est évident que nous ne sommes pas en démocratie mais dans un système qu'on pourrait nommer « oligarchie élective ». À partir des deux critères ci-dessus que la souveraineté populaire est inaliénable et que l'essence de la démocratie réside dans la désignation des gouvernants par tirage au sort, on peut classer les « oligarchies

---

196. *Ibid.*, p. 60.
197. J.J. Rousseau, *op. cit.*, p. 118.
198. *Ibid.*, p. 118.

électives » dans l'ordre de leur proximité aux valeurs démocratiques. Ici, on ne veut pas jouer les constitutionnalistes, mais simplement remarquer qu'on assiste à une lente dégradation du système politique français dans le sens d'une réduction progressive de l'expression de la volonté générale.

Le tirage au sort, dans quelque domaine qu'il soit appliqué, fournit un échantillon reproduisant la répartition des caractéristiques de l'ensemble dont il est issu. Lorsque les caractéristiques sont bien connues et en nombre relativement limité, un échantillon formé proportionnellement à leur présence dans l'ensemble a la même vertu. Si par exemple on admet que les partis participent à la formation de l'expression politique de la nation, un vote étendu à tous les citoyens détermine les proportions à prendre en compte et fixe ainsi la répartition des députés des différents partis parmi les gouvernants. On peut espérer alors que des débats en leur sein dégageront des décisions les plus en accord avec la volonté générale.

Le vote à la proportionnelle intégrale a rarement été appliqué. Dès la IVe République, il a été tempéré, si on ose dire, par diverses règles, en particulier un vote à deux tours, assorti des apparentements en 1951, pour éviter que les deux grands partis P.C.F. et R.P.F. aient une trop forte représentation. Pendant la Ve République, les modalités d'élection des députés subissent les bons vouloirs de la chambre en place qui les oriente toujours vers l'élimination de la représentation des minorités, alors que le pouvoir du Président est augmenté et qu'à partir de 1962, il est élu par un scrutin uninominal à deux tours. Quand on est passé à la réduction à 5 ans du mandat du Président, on a vu Chirac et Jospin s'entendre pour associer les élections législatives à l'élection présidentielle de façon à avoir une chambre inféodée au Président et éviter toute cohabitation. Toutes les modifications ont donc abouti à la suppression de véritables débats politiques au sein des gouvernants qui n'ont qu'un souci : complaire aux vœux particuliers des électeurs de leur petite circonscription pour être réélus à une place probablement enviable. On est loin de la recherche de la volonté générale. On en est venu à vivre pendant cinq ans sous une tyrannie présidentielle sans aucun contrôle.

Le sommet de l'absence de démocratie a été atteint le 29 mai 2005. Le référendum ayant avec une bonne majorité repoussé un traité constitutionnel qui reprenait la plupart des dispositions de Maastricht, non seulement le corps politique ne prit aucune mesure pour se conformer à la volonté exprimée, mais encore il a continué à reprendre les décisions de Bruxelles conformes au texte repoussé. Le nouveau Président, pour bien montrer que les gouvernants bafouaient sans vergogne les principes démocratiques, a demandé au Parlement d'approuver le même texte ; députés et sénateurs ont acquiescé, prouvant qu'ils n'étaient pas les commissaires du peuple mais qu'ils se substituaient à lui pour prendre des mesures en contradiction avec une volonté générale parfaitement exprimée.

Ceci ne les empêche pas de proclamer leur vertu démocratique, mais il n'échappe pas à J.J. Rancière que « la haine de la démocratie » est le véritable motif qui les anime. Les gouvernants refusent l'instauration du débat en leur sein, seul moyen pour dégager une volonté générale, car alors se révélerait leur mépris de cette volonté et leur soif à satisfaire en priorité les intérêts de leur clan, de leur classe ou de leur caste, sans oublier leur intérêt personnel à rester en place. Pour eux le débat engendre la « pagaïe » car animés d'aucune vertu politique, ils sont incapables d'en extraire une solution conforme à l'intérêt général. Ils ne conçoivent pas que chacun doive s'incliner devant la souveraineté du peuple et que « *ce qui provoque la crise du gouvernement démocratique n'est rien d'autre que l'intensité de la vie démocratique* [199]. » Mais les gouvernants ne sont pas seuls en cause. Il suffit de se reporter aux commentaires journalistiques sur les débats récents au P.S. pour y trouver la même « haine de la démocratie » ; les débats ont été décrits comme ridicules alors que seule était

---

[199]. Jacques Rancière, *op. cit.*, p.13.

répréhensible l'impuissance à distinguer une harmonie à travers les contradictions. Le parti socialiste n'est pas héraclitéen et en sacrifiant à la mode antidémocratique d'un secrétaire général élu au suffrage direct uninominal, il s'est embourbé.

Que les discussions à la chambre des députés soient vives et aboutissent au rejet de propositions gouvernementale est le lot d'une véritable démocratie. Que des députés, élus dans un certain contexte, manifestent un point de vue différent quelques mois après dans un autre contexte est moins répréhensible que des votes bloqués. Il est préférable que les majorités se forment autour des problèmes à résoudre et non une fois pour toute autour des problèmes évoqués au moment des élections ; sinon, on tombe dans la solution actuelle de tyrannie présidentielle et sous le coup de la critique de J.J. Rousseau : le peuple n'est souverain que le jour des élections.

Pour en venir à supprimer toute discussion politique, les gouvernants ont invoqué l'instabilité engendrée par la recherche de la volonté générale relative à chaque question et donnent comme exemple le défilé des Premiers ministres au cours de la IVe République. Ce fut le thème de la propagande gaulliste pour justifier le changement de constitution et, 50 ans après, il réapparaît encore. Pourtant pendant cette période d'instabilité ministérielle, la France a connu une augmentation du niveau de vie bien supérieure à celle qu'offrent les gouvernances actuelles. Malgré toutes ses difficultés dans une période de décolonisation et de guerre froide, la IVe République a mis en œuvre le programme de la Résistance : nationalisations bancaires et industrielles, sécurité sociale, statut de la fonction publique, développement des secteurs de pointe (atome, E.D.F., spatial...). Ce ne fut pas une démocratie idéale, mais la critique sur sa prétendue inefficacité est sans fondement, surtout par rapport à ce que nous connaissons ou avons connu.

Pour persuader le peuple d'abandonner sa souveraineté dans les mains d'élus qui se prétendent aptes à gouverner à sa place, on invoque la continuité nécessaire à l'application des mesures politiques et on organise des systèmes électoraux qui éliminent les controverses d'où pourrait surgir quelque lumière défavorable aux décisions en cours. Pour se prémunir vis à vis des citoyens, la société française s'ébrouant avec délice dans l'utilitarisme et l'obscurantisme, on a inventé le « vote utile » ; on leur demande de ne pas faire état de leur préférence et de voter pour les fanfares les plus bruyantes.

Comment faire entendre la musique douce de la volonté générale, lorsque le niveau sonore de certains baffles politiques couvre la moindre remarque raisonnable ? Depuis Montesquieu, nous savons qu'un régime républicain où les citoyens sont à la fois des gouvernants et des gouvernés a pour ressort la « vertu politique » dont il donne la définition : « *J'ai donc appelé vertu politique, l'amour de la patrie et de l'égalité* [200]. » Or ces « compétents gestionnaires » qui propagent les idées de la classe dominante, la leur, sont à l'opposé de l'amour de la patrie et de l'égalité. Ils ne jurent que par le cosmopolitisme des sociétés anonymes et par l'inégalité incluse dans leur économisme. Encore une fois aucun doute n'est permis : l'absence de vertu politique et les distorsions de l'oligarchie élective de notre pays vers de moins en moins de démocratie, c'est à eux que nous les devons.

LA DÉCRÉPITUDE DE L'HUMANISME

La Renaissance a posé l'universalité de l'homme et de ses valeurs : « *Chaque homme porte en soi la forme entière de l'humaine condition.* » Lorsque les Lumières ont ouvert le champ politique à la raison, il a fallu expliquer la grande diversité des peuples. Mais, comme il l'écrit lui-même, Rousseau s'intéresse d'abord à la question même de l'existence des nations, il insiste : « *Je cherche le droit et la raison et je ne dispute pas des faits* [201]. » Les principes du droit politique ne découlent pas d'une analyse des réalités sociales mais sont à

---

200. Montesquieu, *op. cit.*, p. 228.
201. J.J. Rousseau, *op. cit.* p. 42.

l'inverse les résultats d'une réflexion abstraite, d'un « contrat social » entre des hommes libres et égaux. « ... *et nous ne commençons proprement à devenir hommes qu'après avoir été citoyens. Par où l'on voit ce qu'il faut penser de ces prétendus cosmopolites qui, justifiant leur amour pour la patrie par leur amour pour le genre humain, se vantent d'aimer tout le monde, pour avoir à n'aimer personne* [202]. » Tout individu ne peut se concevoir sans son appartenance à un groupe : « L'homme est un animal social », comme l'avait classé Aristote.

Face à la construction abstraite d'un « contrat social » qui lie des individus au sein de nations, Alain Finkielkraut dans son livre *La défaite de la pensée* montre que se dresse le concept de *Volksgeist* introduit dès 1774 par Herder dans son œuvre *Une autre philosophie de l'histoire*. Ce concept a marqué le XIXe siècle et le début du XXe. « *Les nations ont une âme générale et une véritable unité morale qui les constitue ce qu'elles sont. Cette unité est surtout annoncée par la langue* [203]. » En même temps que se développe la notion de l'identité culturelle des peuples, ses partisans grossissent les rangs de ceux qui combattent pour un retour à la tradition contre la vision politique concrétisée par la Révolution française et propagée par la *Déclaration des droits de l'homme et du citoyen* ; c'est plutôt dans ces arrière-pensées politiques qu'il faut chercher les motifs de leur critique.

La référence à l'esprit des peuples (*Volksgeist*) n'est pas contradictoire avec le contrat social qui soude chaque nation ; on peut même dire que les deux approches se complètent. Les individus portent les caractères innés de l'espèce et les caractères acquis auprès du peuple dans lequel leur naissance les insère, mais ce n'est que par une association raisonnée qu'ils

---

202. J.J. Rousseau, *première version du Contrat social, in op. cit.,* p.64.
203. Alain Finkielkraut, *La défaite de la pensée*, Gallimard, 1987, p. 30 (citation de Joseph de Maistre).

forment une nation. La confusion vient en partie de Rousseau qui parle de « peuple » pour désigner l'ensemble des associés qui sont « citoyens *comme participants à l'autorité souveraine, et* sujets *comme soumis aux lois de l'État* [204] » et aussi de Joseph de Maistre qui parle « d'âme et d'unité morale » de la « nation » alors qu'il devrait parler de celles du « peuple ». L'emploi d'un mot pour l'autre et réciproquement est à la source de bien des querelles qui durent encore. Parfois une nation est formée d'un seul peuple ce qui lui confère une cohésion améliorée mais on connaît des peuples divisés entre plusieurs nations et des nations composées de plusieurs peuples, le tout soumis aux aléas de l'Histoire.

La confusion dans le vocabulaire alimente des faux procès à la Révolution française ; Finkielkraut résume ainsi les arguments des accusateurs : « *Mais par une résolution aussi absurde que celle qui consisterait à déclarer la langue française caduque et à lui substituer par décret un idiome artificiel et valable pour tous les hommes, les révolutionnaires ont choisi de* faire *une constitution universelle. Faire au lieu de recueillir ; universelle au lieu de conforme aux usages de leur pays* [205]. » Rousseau n'a jamais prétendu à l'universalité d'un contrat social, il souligne au contraire ses formes variées en fonction des réalités naturelles ou historiques qui pèsent sur l'ensemble des citoyens qui le créent. Ce qui déclenche cette accusation de vouloir instituer une constitution universelle, c'est avant tout le désir de s'appuyer sur le *Volksgeist* pour récuser le principe d'hommes libres et égaux en droit et de la souveraineté des citoyens dans toute nation, pour préserver le pouvoir des gouvernants traditionnels sur un ensemble de sujets. Le siècle des Lumières ne peut cependant être exempté de toute culpabilité car il a eu tendance à se considérer comme porteur d'une civilisation supérieure que tous devaient envier et que les guerres de la Révolution et de Napoléon devaient leur apporter.

---

204. J.J. Rousseau, *op. cit.*, p. 55.
205. Alain Finkielkraut, *op. cit.*, p. 27.

Le *Volksgeist* s'est en Europe levé contre l'impérialisme français, puis a conduit à une hiérarchisation dans les civilisations des peuples qui a justifié le colonialisme.

Marx réconcilie tout le monde contre lui, en montrant que les contrats sociaux instaurés par les bourgeoisies ne sont que des soutiens à un contrat de travail inique. Il ne s'aventure pas dans le labyrinthe de l'identité culturelle des peuples ou des nations : « Prolétaires de tous les pays unissez-vous. » Universel il l'est, à la suite d'une analyse poussée de la réalité sociale ; il prône en quelque sorte un contrat politique étendu à tous les pays, reléguant lui aussi la pensée de Rousseau à l'arrière plan.

Au cours du XIXe siècle et du début du XXe, alors que, au nom de l'identité culturelle, on cherchait en Europe un équilibre d'États relativement bien superposés à la mosaïque des peuples, les États-Unis liquidaient les peuples indiens et les nations européennes asservissaient ceux d'Afrique. Le droit des peuples à disposer d'eux-mêmes n'était bon que pour ceux de la civilisation occidentale. La contradiction ne pouvait durer.

Elle sera levée en 1948 par la *Déclaration universelle des droits de l'homme*, en faveur du *Volksgeist* et même de chaque individu. Cette Déclaration enterre toute idée de contrat social, l'absence du mot citoyen qui a disparu du titre et ne figure dans aucun des articles, marque bien la rupture avec la déclaration de la Révolution française. On parle d'individu, de personne, de peuple et jamais, sauf une fois dans le Préambule, de nation. Dès la première phrase du premier article, « *Tous les êtres humains naissent libres et égaux en dignité et en droit* », on mesure, malgré l'apparente similitude, tout le chemin parcouru quand la dignité, valeur personnelle, précède le droit. Les hommes sont devenus « tous les êtres humains », pourquoi ? Que peut bien vouloir dire « libres... en dignité » ? La deuxième phrase est tout aussi ambiguë : « *Ils sont douéS de raison et de conscience et doivent agir les uns envers les autres dans un esprit de fraternité.* » La raison est affublée de la conscience et conduit à une proposition morale.

Jeane Kirkpatrick assimilait ce texte à une « lettre du Père Noël » ; il m'apparaît comme un fourre-tout, un cahier de revendications en 30 articles, adaptées, qui plus est, plutôt aux pays développés. On est loin de la rigueur et de l'homogénéité des 17 articles de la *Déclaration de l'homme et du citoyen* de 1789. Certes ce ne sont que des déclarations sans caractère contraignant, mais elles portent en elles une philosophie politique. Celle de 1948 n'est-elle pas surtout une large ouverture sur l'individualisme et l'utilitarisme anglo-saxon ? Étant donné sa date d'adoption, j'y vois aussi la première manifestation du nouveau mode de production et la première atteinte aux nations dont on craint la résistance vis à vis de la gestion mondialisée opérée par les multinationales. Les individus sont considérés comme éléments de l'ensemble « monde » pour éliminer toute structure proche sur laquelle ils pourraient avoir une influence. Plus le pouvoir est lointain, moins il est contrôlable.

De son côté, se référant à l'apport de Lévi-Strauss à partir de son analyse de la société des Indiens du Brésil, Finkielkraut souligne : « *Il y a bien civilisation, mais elle n'est pas unique. L'ethnologie parle de* cultures, *au pluriel... Pensée sauvage ou pensée savante,* logos *ou sagesse barbare, bricolage ou formalisation - tous les hommes raisonnent, rétorque Lévi-Strauss, les plus crédules et les plus néfastes étant ceux qui se considèrent comme les détenteurs exclusif de la rationalité* [206]. » Ainsi, tout groupe humain a son *Volksgeist* et tous se valent. La colonisation n'a plus la mission civilisatrice qu'on avait voulu lui donner, elle ne va pas tarder à disparaître, mais paradoxe : sans se soucier de l'identité culturelle des peuples devenus membres d'États sans repères citoyens autres que ceux laissés par les colonisateurs. En fait le monde s'occidentalise, disons plutôt s'américanise.

Lorsque mai 68 éclate, beaucoup de ses intervenants avaient milité pour l'indépendance des colonies et contre la

---

[206]. Alain Finkielkraut, *op.cit.*, p. 80, 82.

guerre d'Algérie. Comme la France est libérée du poids moral de la colonisation, il ne reste plus, du point de vue idéologique, qu'à sortir d'une culture bourgeoise, ointe de tous les sacrements de l'infamie. Il faut délivrer les individus d'un carcan intellectuel élitiste pour le remplacer par un épanouissement prolétarien et les groupuscules maoïstes n'ont d'yeux que pour la Révolution culturelle. Une chose est certaine : tous sont persuadés que la révolution passe par celle des mentalités. La Sorbonne doit être mise sens dessus dessous et les murs se déchaînent : « *Non à la Révolution en Cravate (Beaux-Arts)* » ; « *Déculottez vos phrases pour être à la hauteur des sans culottes (Sorbonne)* » ; « *L'art est mort, libérons notre vie quotidienne (Sorbonne)* [207] ».

La Révolution de 89 s'était politiquement entichée de l'antiquité gréco-romaine ; Babeuf s'était prénommé Gracchus. Quoique le romantisme ait remis en honneur le Moyen Âge, la Restauration et les régimes suivants sont restés fidèles à la Renaissance et à l'étude des humanités, ne serait-ce peut-être que pour bénéficier de la bienveillance de l'Église catholique, apostolique et romaine. La révolution de Mai 68, au nom de l'universalisme prolétarien et de la libération des individus, se doit de balayer le moindre relent de culture française. Tous les peuples ont le droit de se recommander de leur identité culturelle sauf le français car la sienne se confond avec celle de la bourgeoisie. Ne puisant ses valeurs dans aucun passé, Mai 68 ne trouve aucun répondant et laisse la Nation sans racine. C'est la porte grande ouverte à l'américanisation dont profite la classe compétente pour accentuer son emprise sociale, aidée par une bourgeoisie transnationale en formation.

Il est difficile d'arracher du jour au lendemain un peuple à son identité culturelle. Brassens chante « *les imbéciles heureux qui sont nés quelque part* » mais aussi « *la complainte de Sète* » ; contradiction inhérente à tout individu en quête de nouveaux caractères acquis. Avant même d'entrer à l'école, les

---

207. Julien Besançon, *op. cit.*, p. 101, 76, 174.

enfants s'imprègnent de leur langue maternelle et de leur environnement ; l'Éducation nationale prend le relais pour leur apprendre à mieux maîtriser et critiquer leurs acquis. Pour Mai 68, révélateur d'un nouveau mode de production, le monde ancien est périmé, il faut changer les mentalités, créer de toute pièce un nouvel individu. Edgar Faure s'y attelle, mais l'imagination lui fait défaut et, le regard tourné vers l'autre bord de l'océan atlantique, il prépare le remplacement de la culture humaniste française par la culture utilitariste états-unienne, société exemplaire pour les nouveaux privilégiés.

Tous les gouvernements suivront la même voie. Il en a résulté des réformes de l'école sur une longue durée, car les caractères acquis ne peuvent disparaître qu'avec la disparition des individus qui les portent, d'où une lente progression et la nécessité de s'appuyer sur les jeunes pas encore complètement ancrés dans le passé de leur peuple. « *Je me demande ce qui a bien pu se passer à un moment donné, quelle espèce de maléfice a pu frapper notre génération pour que, soudainement, on ait commencé à regarder les jeunes comme les messagers de je ne sais quelle vérité absolue. Les jeunes, les jeunes, les jeunes* [208]. »

Les disciplines de formation générale comme le latin et le grec ont été d'emblée allégées, car elles mettent les lycéens en présence d'une culture dans laquelle l'humanisme a puisé toute sa sève. Au nom de leur utilité dans la vie, on apprend des techniques. L'informatique est reine alors qu'elle qui n'a qu'une valeur dé-formatrice en ramenant les travaux intellectuels à des apprentissages. Pour être moderne, on croit que la connaissance des mathématiques peut commencer par la fin, par une conceptualisation qui a mis des siècles à se construire. Tous nos acquis, toute la somme de nos connaissances, sont le fruit d'une longue réflexion historique qui a suivi la voie la plus facile, chaque marche ne pouvant être gravie qu'à partir de la précédente. Comment nos enfants pourraient-ils être plus

---

208. Alain Finkielkraut, *op. cit.*, p. 175, (citation de Fellini).

intelligents et sauter allègrement de la première à la dernière marche? Qu'il faille commencer par la science grecque, l'arithmétique et la géométrie, que l'étude de Platon soit plus formatrice que la télé réalité, est insupportable à ceux qui ne rêvent que d'un obscurantisme économiste dans lequel le fait de ne rien comprendre n'empêche pas de s'octroyer des salaires mirobolants.

Le point le plus fort de toute culture, celui auquel il faut s'attaquer pour la détruire, c'est la langue maternelle car elle est l'acquis primordial qui a façonné notre cerveau, le rendant apte à comprendre les autres et à s'intégrer dans le groupe qui s'exprime de la même façon ; elle est le support de nos premières pensées. Là-dessus l'école primaire n'a pas lésiné pour brouiller l'acquis de la langue française par des méthodes dont le résultat fut à terme l'absence de maîtrise de la langue. Certes la présence des enfants d'immigrés posait quelques problèmes, accentués par l'irrésolution de la nation : faut-il les intégrer ou respecter leur communautarisme ? Mais cette question a été surmédiatisée, la destruction de la langue française a une autre cause : son remplacement par la langue anglaise indispensable à l'intégration dans le mode de production des multinationales. Depuis un demi-siècle le processus est en marche : au nom du respect de leur identité culturelle, on a libéré les peuples colonisés et en même temps on a poussé à la colonisation du monde et de la France par les États-Unis. Ces derniers inondent la planète de leurs productions culturelles en toute impunité. En France, non seulement les gouvernements ne prennent aucune mesure, mais encore se glorifient de leur appartenance à cette aculture en opposition au véritable humanisme.

La plupart des peuples, en particulier le nôtre, ont perdu les finesses de leur langue maternelle et se contentent d'une pensée abâtardie pour accéder au statut de consommateur. Comme le décrypte Finkielkraut, nous assistons à la « *défaite de la pensée* ». Dans son ouvrage, il montre bien le caractère politique du choix entre « contrat social » ou *Volksgeist* au cours du XIXe siècle et de la première moitié du XXe. Il remarque que la décolonisation est liée à la notion de « culture » vue comme formée de faits culturels qui regroupent habitudes matérielles et spiritualité. Le « culturel » se substitue au « cultivé », la culture au sens sociologique du terme prend le pas sur la culture au sens individuel du terme. On parle de la culture d'un peuple et d'autre part de celle d'un homme cultivé, celle du premier est inscrite dans les acquis de chaque individu et celle du second a l'ambition d'être universelle.

Cette distinction mène Finkielkraut à développer des remarques très révélatrices sur la société postmoderne, comme il la qualifie ; mais il évite d'en chercher les causes politiques. Quand Malraux devenait ministre de la Culture, il avait en vue d'aider les citoyens à s'approprier un tant soit peu l'esprit de finesse accumulé dans les œuvres les plus marquantes de notre patrimoine, à se cultiver. Quand Jack Lang occupe le même poste, il se tourne vers les jeunes et les encourage à se considérer comme suffisamment cultivés ; dès qu'il devient ministre de l'Éducation nationale, il impose l'étude des langues étrangères (en fait de la langue anglaise) à l'école primaire. « Nous sommes tous des Américains », mais de seconde zone, celle dans laquelle nous ne sommes plus qu'une colonie en train de perdre son identité culturelle. Envolé l'universalisme prolétarien ou la responsabilité citoyenne, notre pensée est en déroute devant l'obscurantisme.

PETITE CONCLUSION

Placer Mai 68 dans l'Histoire signifiait : examiner si le processus historique qui l'avait précédé et celui qui l'avait suivi pouvaient être considérés comme continus. La première partie étant « histoire réfléchie » du siècle antérieur, elle demandait de choisir une méthode et de l'expliciter. Mon intuition de 1975 se situait dans le cadre de la lutte des classes, j'y suis resté fidèle en précisant que, par mon ralliement même au matérialisme historique, j'excluais toute obédience à la doctrine marxiste.

La marche vers la stasicratie est exemplaire comme démonstration des corrélations entre la doctrine marxiste puis marxiste-léniniste et l'essor des forces productives. On y voit le passage de la manufacture à la fabrique, puis à l'industrie mécanique en corrélation avec le socialisme prolétarien du *Manifeste*, puis le socialisme scientifique d'Engels, puis la dictature du prolétariat de Lénine et enfin le socialisme étatique constitutionnalisé par Staline sous la forme despotique du pouvoir d'une Confrérie de privilégiés.

La deuxième partie qui recouvre des décennies de ma propre vie doit être considérée comme « histoire originale » à laquelle la vitre du concept de la lutte de la classe compétente ajoute une coloration particulière. Elle est abordée suivant la même méthode, le matérialisme historique, qui donne à tout l'exposé sa continuité et sa compréhension.

Ce rapide résumé abstrait ne peut faire oublier le violent souffle libertaire, égalitaire et fraternel qui pendant quatre semaines a ébranlé toutes les convictions bourgeoises ou prolétariennes. On ne peut se tourner vers ces souvenirs tumultueux sans quelque nostalgie. Le désastre obscurantiste, despotique et inhumain auquel nous sommes parvenus est bien loin des objectifs de ces foules qui ont envahi la Sorbonne et les rues.

Ce nouveau mode de production gestionniste dans l'état où il nous apparaît maintenant se caractérise par son rejet de tout recours à la raison sur les plans économique, politique ou idéologique. C'est au troisième que s'en est pris la révolte de Mai 68. La dénonciation de la culture bourgeoise et l'exaltation de l'individualisme ont englouti l'homme citoyen, c'est à dire cet homme qui, dépassant ses caractères acquis dans le groupe ou peuple où il est né, accepte un contrat social conforme à sa raison. La destruction du politique a dégagé le chemin à un économisme délirant et au « despotisme peu démocratique ».

Ce bouleversement de la pensée était en germe dans la *Déclaration universelle des droits de l'homme* de 1948, qui, contemporaine de la victoire américaine, est sans doute le premier témoignage de notions favorables au nouveau mode de production en train de se mettre en place outre-Atlantique. Ce texte se dit universel (les révolutionnaires de 1789 n'avaient pas une telle prétention), il parle de droits mais fait disparaître le citoyen et ignore la nation. Il suinte l'hypocrisie de puissants anonymes qui flattent l'individu et les peuples pour les laisser désarmés face à leur asservissement. L'analyse sociologique a évincé la philosophie.

L'exercice de la raison est rejeté dans les oubliettes du passé ; nous voilà semblables à Grotius dont « *la plus constante manière de raisonner est d'établir le droit par le fait* [209] ».

Mai 68 se situe, ainsi, dans la continuité de l'Histoire à une époque où, en France, montait l'automatisation de la production et des échanges au sein d'un mode de production capitaliste mâtiné d'un zeste de socialisme étatique. Le nouveau mode en gestation a été précédé de signes avant-coureurs de l'affaiblissement des nations bourgeoises (*Déclaration universelle des droits de l'homme*, décolonisation) et de l'apparition dans notre pays de nouvelles forces sociales (P.S.U. et C.F.D.T.).

Mai 68, ce fut d'abord la tentative de la classe compétente de regrouper autour d'elle les exécutants, ouvriers ou employés, transformés en manœuvres ou en presse-bouton de machines ou d'ordinateurs, en les appelant à l'autogestion des usines et des services. Ce fut aussi le grand défoulement des compétents contre le communisme soviétique et contre les contraintes bourgeoises en commençant par la mise à bas de l'école et de l'université.

---

209. J.J. Rousseau, *op. cit.*, p. 46.

IX - Le gestionnisme

Mai 68 s'est poursuivi par des décennies d'échecs du Parti et de la bourgeoisie nationale pour aboutir à un mode gestionniste où la production est le plus possible réduite ou éliminée par envoi dans des pays étrangers. La classe compétente française liée aux multinationales se trouve face à sa classe antagonique, la classe exécutante, et aussi face à la petite bourgeoisie à qui elle a dévolu le secteur du marché.

BIBLIOGRAPHIE

Archinov, *La makhnovchtchina, L'insurrection révolutionnaire en Ukraine de 1918 à 1921*, Spartacus, 2000
Aristote, *Les politiques,* GF Flammarion, 1993
Aristote, *Métaphysique, A, 2,* Magazine littéraire, février 2008
Barjonet André, *La C.G.T.*, Éditions du Seuil, 1968
Berstein S. et Milza P., *Histoire de la France au XXe siècle de 1974 à nos jours*, Éditions Complexe, 1994, 2006
Besançon Julien, *Les murs ont la parole*, citations recueillies, Tchou, 1968
Ciliga Anton, *Lénine et la révolution*, Spartacus, 1975
Chomsky Noam, *Le Langage et la Pensée*, Petite bibliothèque Payot, 1970
Engels Friedrich, *Ludwig Feuerbach et la fin de la philosophie classique allemande*, Éditions sociales, Paris, 1946
Engels Friedrich, *Socialisme utopique et socialisme scientifique*, Éditions sociales, 1973
Finkielkraut Alain, *La défaite de la pensée*, Gallimard, 1987
Fontaine André, *Les socialismes : l'Histoire sans fin*, Spartacus, 1992
Galbraith John Kenneth, *La société économique et l'intérêt général*, NRF, Gallimard 1974
Galbraith John Kenneth, *Les mensonges de l'économie*, Grasset et Fasquelle, 2004
Gonin, *Histoire du mouvement ouvrier*, édition CFDT, 1970
Guesde Jules, *Discours au congrès d'Amsterdam*, Brochure du parti socialiste de France (compte-rendu du congrès d'Amsterdam)
Hegel G.W.F., *La raison dans l'Histoire*, Bibliothèques 10/18, Librairie Plon, 1965

Héraclite, *Traduction et commentaires de Jean Bouchart d'Orval*, Les Éditions du Relié, 1997
Hérodote, *Histoire*, texte numérisé et mis en page par F.D. Fournier, Internet
Histoire du Parti Communiste Bolchevik de l'URSS, sous la direction de Staline, Institut d'études marxistes, Internet
Kay Jean Michel, *Prologue*, in André Fontaine, *op. cit.*
Lefranc Georges, *Histoire du travail et des travailleurs*, Flammarion, 1975
Lefranc Georges, *Le syndicalisme en France*, Que sais-je ?, P.U.F., 1968
Lénine, *Que faire ?*, Éditions sociales, 1971
Lénine, *Karl Marx et sa doctrine*, Éditions sociales, 1971
Lénine, *L'État et la révolution*, Éditions sociales, 1976
Mallet Serge, *La nouvelle classe ouvrière*, Éditions du Seuil, 1969
Marx, *Le Capital, Livre 1*, Garnier-Flammarion, Paris, 1969
Marx-Engels, *L'idéologie allemande*, Éditions sociales, 1974
Marx-Engels, *Manifeste du Parti communiste*, Éditions sociales, 1973
Marx Karl, *Le 18 Brumaire de Louis Bonaparte*, Éditions sociales, 1969
Marx Karl, *La guerre civile en France - Adresse du conseil général de l'association internationale des travailleurs -* Éditions sociale, 1968
Mendras Henri, *La Seconde Révolution Française 1965-1984*, Paris, Gallimard, Folios Essais, 1994
Merleau-Ponty Maurice, *Humanisme et terreur*, Gallimard, 1947
Mexandeau Louis, *Histoire du Parti Socialiste*, Tallandier, 2005
Montesquieu, *De l'esprit des lois*, Œuvres complètes II, Gallimard 1951

Morin Edgar, *La méthode*, Seuil, 1977
Poulantzas Nicos, *Les Classes sociales dans le capitalisme d'aujourd'hui,* Paris, Le Seuil, 1974.
Rapport général du XXXVI congrès, in *Syndicalisme Hebdo*, numéro spécial, supplément au n°1436, 1973.
Rancière Jacques, *La haine de la démocratie*, La Fabrique, 2008
Rousseau Jean-Jacques, *Du contrat social*, Classiques de la philosophie, Livre de poche,
Sainteny Guillaume, *Les Verts*, Que sais-je ?, P.U.F., 1991
Thucydide, *La Guerre du Péloponnèse*, Folio classique, Gallimard, 1964
Tocqueville Alexis de, *L'Ancien Régime et la Révolution*, Œuvres III, Gallimard, 2004
Tocqueville Alexis de, *De la démocratie en Amérique*, Œuvres II, Gallimard, 1992
Vadrot Claude-Marie, *Écologie, histoire d'une subversion*, Syros, 1978
Waechter Antoine, *Dessine-moi une planète, l'écologie maintenant ou jamais*, Albin Michel, 1990
Zinoviev Alexandre, *Les hauteurs béantes*, L'Âge d'Homme, France, 1977

TABLE DES MATIÈRES

INTRODUCTION	9
I - COMPRENDRE L'HISTOIRE	15
QUELLE HISTOIRE !	16
COMPRENDRE	21

RETOUR SUR LE PASSÉ

II - LA STASICRATIE	43
LES FONDEMENTS DOCTRINAUX	44
LA MARCHE EN AVANT	61
LA STASICRATIE INSTALLÉE	73
CONCLUSION	79
III - LA CLASSE COMPÉTENTE	83
LES FORCES PRODUCTIVES	84
(début du XXe siècle)	
COMPÉTENT ET EXÉCUTANT	91
IV - LES FORCES SOCIALES	115
LES SYNDICATS : PARTIS PROLÉTARIENS	116
LE PARTI COMMUNISTE FRANÇAIS	134

LE MONDE DE MAI 68

V - LE REGARD DE 1968	143
VI - LE REGARD DE 1978	169
LA FRANCE APRÈS FLORÉAL (1968 - 1974)	170
LES DISPUTES IDÉOLOGIQUES	198
LA FRANCE APRÈS FLORÉAL (1974 - 1979)	216
VII - LE REGARD DE 1990	241
VIII - LE REGARD D'AUJOURD'HUI	251
LA SITUATION EN 1990	252
LA FIN POLITIQUE DE LA BOURGEOISIE NATIONALE	260
IX - LE GESTIONNISME	277
L'OBSCURANTISME ÉCONOMISTE	280
L'IMPOSTURE DÉMOCRATIQUE	288
LA DÉCRÉPITUDE DE L'HUMANISME	294
PETITE CONCLUSION	302
BIBLIOGRAPHIE	307

L'HARMATTAN, ITALIA
Via Degli Artisti 15 ; 10124 Torino

L'HARMATTAN HONGRIE
Könyvesbolt ; Kossuth L. u. 14-16
1053 Budapest

L'HARMATTAN BURKINA FASO
Rue 15.167 Route du Pô Patte d'oie
12 BP 226
Ouagadougou 12
(00226) 76 59 79 86

ESPACE L'HARMATTAN KINSHASA
Faculté des Sciences Sociales,
Politiques et Administratives
BP243, KIN XI ; Université de Kinshasa

L'HARMATTAN GUINÉE
Almamya Rue KA 028
En face du restaurant le cèdre
OKB agency BP 3470 Conakry
(00224) 60 20 85 08
harmattanguinee@yahoo.fr

L'HARMATTAN CÔTE D'IVOIRE
M. Etien N'dah Ahmon
Résidence Karl / cité des arts
Abidjan-Cocody 03 BP 1588 Abidjan 03
(00225) 05 77 87 31

L'HARMATTAN MAURITANIE
Espace El Kettab du livre francophone
N° 472 avenue Palais des Congrès
BP 316 Nouakchott
(00222) 63 25 980

L'HARMATTAN CAMEROUN
Immeuble Olympia face à la Camair
BP 11486 Yaoundé
(237) 458.67.00/976.61.66
harmattancam@yahoo.fr

L'HARMATTAN SÉNÉGAL
« Villa Rose », rue de Diourbel X G, Point E
BP 45034 Dakar FANN
(00221) 33 825 98 58 / 77 242 25 08
senharmattan@gmail.com

605218 - Avril 2015
Achevé d'imprimer par